ALFRED BOISSIER, DR PHIL.

CHOIX DE TEXTES

RELATIFS A LA DIVINATION

ASSYRO-BABYLONIENNE.

AVEC 4 PLANCHES.

GENÈVE

HENRY KÜNDIG, Éditeur,
11, CORRATERIE, 11.

1905

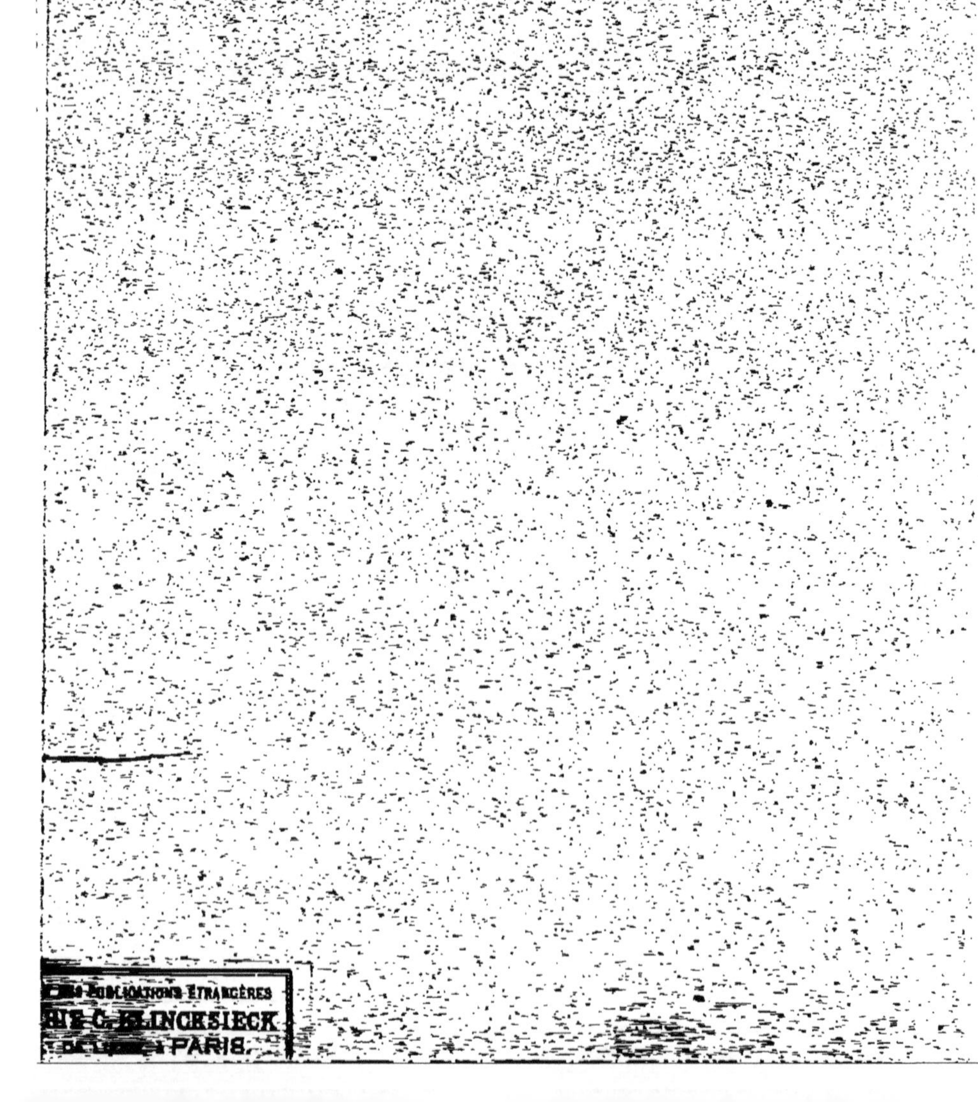

CHOIX DE TEXTES

RELATIFS A LA DIVINATION

ASSYRO-BABYLONIENNE.

ALFRED BOISSIER, DR. PHIL.

CHOIX DE TEXTES

RELATIFS A LA DIVINATION

ASSYRO-BABYLONIENNE.

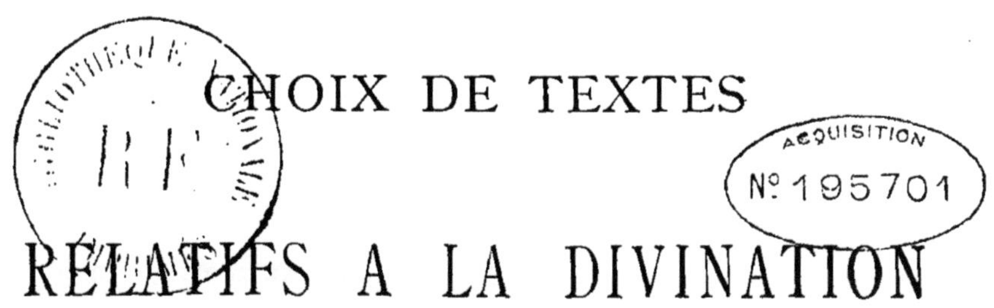

AVEC 4 PLANCHES.

GENÈVE

HENRY KÜNDIG, Editeur,

11, Corraterie, 11.

1905.

AVANT-PROPOS.

Dans mes *Recherches sur quelques contrats babyloniens* publiées en
1890, j'ai donné la traduction d'un texte qui appartient à la littérature
augurale et qui est un specimen unique en son genre. Il s'agit des
conséquences funestes qui résultent pour le pays, si le roi n'obéit
pas à la loi divine (*ana dîni lâ igul*). Pour les Babyloniens, comme
pour les Assyriens, la loi était une révélation suprême et un avenir
heureux était assuré à ceux qui s'y soumettaient entièrement, depuis
le monarque, jusqu'au plus humble sujet de son royaume. Loi et
révélation étant presque synonymes, il s'ensuit que le langage du
législateur et celui des textes divinatoires empruntent les mêmes
formules. En réunissant dans ma thèse de doctorat, des textes
juridiques avec un document, comme celui publié IV R 48 (seconde
édition), je me trouvais circonscrire mes recherches dans un seul et
même domaine. En 1894 j'ai commencé la publication de mes
Documents Assyriens relatifs aux présages, et, ce recueil terminé en
1899 comprend trois fascicules formant un total de 269 pages. Ces
trois fascicules sont de valeur inégale et le premier surtout laisse
grandement à désirer au point de vue de l'exactitude des textes.
Cependant, grâce à cinq ou six photographies et à une certaine
expérience que je crois avoir dans ces matières, j'ai pu joindre à ce
volume une liste de corrections importantes. J'ose espérer que ce
compendium, supplément indispensable à mon grand recueil de documents, rendra quelques services à l'étude de la divination assyro-
babylonienne. Il fallait donner quelques essais de traduction et je
tiens aujourd'hui ma promesse en faisant part de quelques-unes de
mes tentatives d'interprétation. Je le reconnais, c'est fort peu de

chose,[1] mais pour ce travail ingrat, j'ai dû le plus souvent m'appuyer sur des textes fragmentaires et copiés à la hâte, au risque de m'égarer bien souvent dans le domaine obscur de l'haruspicine. Je n'ai pu trouver encore le fil directeur, qui nous permettra de parcourir sans hésitation ce labyrinthe trompeur et j'ai vainement cherché pendant mes trop courts séjours à Londres la tablette magique, qui seule nous mettra sur la bonne voie. En attendant cet heureux événement, j'ai glané quelques modestes épis et j'ai jugé utile de grouper ici un grand nombre de documents de même espèce, sortes de pièces justificatives destinées à une brochure en préparation. Cet opuscule résumera tout ce que nous connaissons de la divination, telle qu'elle était pratiquée à Babylone ; j'espère en outre pouvoir donner une suite à ce volume, supplément, qui comprendra des extraits de textes inédits et un glossaire général des mots assyriens. Il n'y a donc pas lieu d'anticiper sur ces publications ultérieures. On m'a reproché de n'avoir pas reproduit les textes par "séries," mais ce reproche ne me paraît guère fondé, puisque dans le second fascicule, la classe des ⟨signes cunéiformes⟩ s'y trouve presque en entier. Les tablettes manquantes n'ont pour la plupart aucune importance et ce qui est sans valeur ne mérite pas d'être imprimé. Quant aux autres documents, je n'ai pu prétendre à les étudier tous ; ils sont tellement nombreux, qu'il faudrait passer plusieurs années au British Museum, si l'on voulait en reconstituer toutes les séries. Plus encore, ces documents sont depuis quelque temps refusés à ceux qui voudraient les utiliser et destinés à être édités dans un avenir plus ou moins rapproché. Je crois qu'il est avantageux pour ceux qui ne peuvent consacrer que de courts instants au British Museum, de varier leurs études et de laisser ces publications soi-disant systématiques à ceux qui y sont attachés à titre officiel. L'achèvement du Catalogue, œuvre colossale et très utile, mais fort peu systématique, comme j'ai pu m'en rendre compte par moi-même, a permis à quelques assyriologues

---

[1] Quand cette étude n'aurait eu pour résultat que de faciliter les transcriptions futures, je m'estimerais déjà satisfait. C'est ainsi, qu'on ne transcrira plus doré-navant : *summa na-ḫa-a*, etc., comme le fait Zimmern dans ses Ritualtafeln, p. 99 ; ⟨signe cunéiforme⟩ avait déjà été déterminé dans l'introduction du second fascicule de DA. paru en 1896, p. vii, § 10, et *ḫa-a* = *ḫaldu*.

de spécialiser leurs recherches et de procéder à des classements dont je suis loin de méconnaître le mérite. Si les Rawlinson, les Norris, les G. Smith, les Pinches et d'autres avaient attendu pour faire paraître le grand monument national de l'Assyriologie, que toutes les tablettes aient été étiquetées, il y a mille chances à parier, que cette science serait encore dans sa plus tendre enfance. Pour ce qui est des textes divinatoires, l'abondance des matériaux m'a montré, que c'eût été peine perdue et même folie, de vouloir prétendre à une édition systématique et complète.[1] J'ai donc fait un choix de tablettes triées sur le volet, dont la valeur intrinsèque me paraissait absolue, autant que leur publication me semblait urgente.

En procédant à une sélection de ce genre, je voudrais avoir contribué pour une faible part à une classification nouvelle et définitive, qu'on ne saurait exiger du catalogue actuel. Cette classification s'impose pour l'avenir. M. Bezold sera le premier à reconnaître que pour qu'une œuvre aussi vaste, que celle qu'il a menée à bonne fin soit durable, le concours de tous est indispensable. C'est dire combien nous a été précieux ce répertoire, qui malgré ses lacunes inévitables,[2] restera longtemps encore le guide de ceux, auxquels il sera accordé, de faire connaître les trésors du Musée Britannique. Je dois en terminant, exprimer ma reconnaissance à M. W. Budge, qui m'a autorisé à faire photographier deux documents remarquables, reproduits dans ce volume et qui permettront de contrôler mes copies ; cela diminue pour moi le regret de n'avoir pu réexaminer les originaux. L'on ne saurait assez louer la rapidité avec laquelle la direction du British Museum fait paraître ses recueils de textes cunéiformes, ce qui me fait espérer, que le jour n'est pas loin où nous pourrons embrasser dans son ensemble le champ immense, que

---

[1] Il serait même à désirer, qu'on ne publiât, que les tablettes augurales ayant une réelle importance, car parmi les centaines que j'ai pu rapidement examiner, il y en avait fort peu d'intéressantes. Mon recueil renferme les plus remarquables.

[2] Pour ne citer qu'au hasard du Catalogue ; dans le Vol. V, p. 2012, il n'y a pas trace d'astrologie dans le groupe intitulé " Forecasts partly astrological " ; p. 2025 et p. 2146, les déterminations suivantes, " Omens partly relating to public affairs," et d'autres, sont trop vagues, puisqu'on ne se rend pas compte à quelle classe appartiennent ces présages. Voir encore ce qui est dit à la page 123 du présent volume.

se sont disputé les grands pontifes de la mantique chaldéenne.[1] Nous constaterons alors, combien a été considérable l'influence que cette association puissante a pu avoir sur les rois ; il lui est arrivé plus d'une fois, au cours des siècles, de faire évoluer à son gré la politique assyrienne. Les textes divinatoires nous en donneront la preuve ; dès lors nous leur reconnaissons une valeur non seulement philologique mais encore historique.

Le Rivage près Genève
Octobre, 1904.

[1] Le fondateur de la secte des haruspices est, comme l'a vu Zimmern, le vieux roi *Emmeduranki* (Εὐεδώραχος) de Sippar, qui a son correspondant dans le Mède *Manuschir* le fondateur de la congrégation des Mages ; sur les analogies entre ces deux célèbres institutions religieuses voir *P.S.B.A.*, 1902, p. 230.

CHOIX DE

TEXTES RELATIFS A LÀ DIVINATION
ASSYRO-BABYLONIENNE.

PRÉSAGES TIRÉS DES ANIMAUX.

§ 1. Les *serpents*, K. 2128 (publié dans mes "Documents," p. 262) ; Sm. 936, les différents mouvements que fait un serpent en présence d'un homme, etc., etc.

K. 2128 + K. 4098. Il est question de certains mois où il est fâcheux de rencontrer un serpent ; c'est en général un mauvais signe, quand on croise sur son chemin un de ces reptiles ; pour atténuer les mauvais effets de ces rencontres, l'homme doit accomplir certains rites. Voir sa vie abrégée était ce que le babylonien redoutait le plus, aussi est-il toujours question de " longs jours " ou de " jours de courte durée " dans les présages.

14. [1] *Si un serpent est furieux contre un homme, et siffle et que sa langue sort, cet homme deviendra vieux et sera tué*

Šumma ṣîru ana pâni amêli (NA) innadirma irammum u lišânišu uṣṣâ amêlu šuâtu ilabirma iddâk

15. *Si un serpent devant l'homme à droite tombe,[2] chute de son — ? il s'en ira, le non bien-être dans son corps*

Šumma ṣîru ana pâni imitti amêli imqut maqat[3] EN.KA.ŠU ina lâ ṭûb libbi illak [4]

---

[1] Documents assyriens relatifs aux présages, p. 264.
[2] Littéralement, est tombé.
[3] *Nadat*, c'est l'infinitif substantif employé ici.
[4] Ou *izzaz*, il se tiendra.

A

16. *Si un serpent devant l'homme à gauche tombe, réalisation du désir*

   Šumma ṣîru ana pâni šumêli amêli imqut kašad ṣibûti [5]

17. *Si un serpent tombe derrière un homme, réalisation du désir*

   Šumma ṣîru ana arki amêli imqut kašad ṣibûti

18. *Si un serpent tombe sur l'épaule d'un homme,[6] malheur, l'homme
   mourra*

   Šumma ṣîru ana pûdi amêli imqut mukîl kuri amêlu imât

19. *Si un serpent tombe dans le sein d'un homme, ses fils mourront*

   Šumma ṣîru ana burki (purki) amêli imqut mârêšu imâtû

Le document énumère avec ampleur les différents lieux où il
peut arriver à un serpent de choir, et les pronostics pour le malade.

Le serpent entrait-il dans une maison, l'on examinait les cachettes
où il pouvait se glisser; le voyait-on émerger de dessous un lit,
c'était un mauvais signe tant pour la maison que pour l'habitant, qui
était menacé d'assassinat (*cf.* K. 3953). S'enroulait-il autour du
bâton de l'homme (⊨Ⴈ ⵤ, K. 3953), ou bien encore en compagnie
d'autres serpents[7] le voyait-on se dévaler du haut de la poutraison
d'un édifice, (K. 1908) cela suffisait pour faire réfléchir les dés-
œuvrés et les superstitieux.

<h3 style="text-align:center">§ 2. Le Kamunu, K. 3953.</h3>

Si un kamunu (Brünnow, 4563) *est vu dans un lieu désert, ce désert
   deviendra un centre habité*

Šumma *kamunu*[8] ina ḫurbati innamir ḫurbatu šî utaššab

Si un kamunu *est vu dans une maison habitée, cette maison sera
   ruinée*

Šumma *kamunu* ina bîti ašbi innamir bîtu šuâtu innadi

---

[5] On le voit, le fait, que c'est à *gauche* et non à *droite*, que se trouve le serpent
n'empêche pas, que l'omen ne soit favorable.

[6] *pûdu* = la partie supérieure du dos, l'épaule ; *cf.* Jensen, *Epen.*, p. 414.

[7] Šumma ṣîrê kima pikurti sukluma (šukluma) ištu ûrê ana qabal bîti imqutû.
   *Si des serpents comme une grappe (faisceau) — ? et depuis les poutres (d'un
   toit) sur le milieu d'une maison tombent.*

[8] *Kamunu* désigne un petit animal.

Si un anzuzu *est vu dans la maison d'un homme, cette maison sera détruite*

Šumma *anzuzu* ina bîti amêli innamir bîtu šuâtu innadi

Il est une espèce de serpent cornu, qui paraît avec d'autres dans K. 1908 ; on le voit souvent représenté sur les *kudurrus*,[9] rien d'étonnant à ce que le reptile, qui joue un si grand rôle dans les vieux mythes, l'être intelligent et rusé de la Genèse, n'ait sa place parmi les animaux omineux. K. 743 traite des cas où un serpent entrait dans les édifices consacrés aux dieux et au déesses.

§ 3. *Le Katarru*, K. 7749.

1. *Si on voit un* katarru *dans (sur) une paroi (placée) au sud, telle chose arrivera*

Šumma *katarru* ina lâni šûti innamir, etc.

2. *Si un* katarru *se trouve dans la maison de l'homme à côté du mur qui (est) au nord le maître, (l'homme) de la maison mourra et cette maison sera détruite.*

Šumma *katarru* ina bîti amêli ina aḫât igâri ša iltâni ibašši amêlu bîti imâtma bîtu šuâtu issappaḫ

3. *Si un* katarru *se trouve dans la maison de l'homme à côté du mur qui (est) à l'est, la dame de la maison mourra, cette maison sera détruite*

Šumma *katarru* ina bîti amêli ina aḫât igâri ša šadi ibašši, bêltu bîti imâtma bîtu šuâtu issappaḫ

4. *Si un* katarru *se trouve dans la maison de l'homme à côté du mur qui (est) à l'ouest, le fils de l'homme mourra, cette maison sera détruite*

Šumma *katarru* ina bîti amêli ina aḫât igâri ša aḫarri ibašši mâr amêli imâtma bîtu šuâtu issappaḫ

5. *Si un* katarru *est vu sur une paroi de ? le fils de la maison mourra*

Šumma *katarru* ina lâni ibši (ipši) innamir, mâr bîti imât

---

[9] Le serpent à deux têtes, c'est-à-dire l'amphisbène, est également mentionné dans ces documents ; pour l'amphisbène, voir *P.S.B.A.*, Vol. XXII (1900, p. 106).

6. *Si un* katarru *est vu sur une paroi de?, de la servante le*
   serviteur de l'homme se détachera, il mourra

   Šumma *katarru* ina lâni kidi (qidi) innamir ina amti arad
   amêli išabbas imât

7. *Si un* katarru *est vu sur une paroi de? la fiancée de la maison*
   mourra

   Šumma *katarru* ina lâni rukbi (ruqbi) innamir kallat bîti imât

Après avoir énuméré d'autres endroits où le *katarru* peut-être observé tels que le ⟨signe⟩ ⟨signe⟩, c'est-à-dire le grenier à huile ;[10] le bît *papaḫ,* c'est-à-dire le sanctuaire ; le bît *niribi,* c'est-à-dire les couloirs ; le bît *gipare,* le document signale les *katarrus* qui diffèrent entr'eux par la couleur.

8. *Si un* katar *noir se trouve dans la maison de l'homme, etc, etc.,*
   le § se termine par :

9. *Si des* katars *noirs remplissent la maison de l'homme, le proprié-*
   taire de la maison sera fortuné, son fondement sera stable

   Šumma *katar* ṣalmê bîta amêli malû bêl bîti mešra iši išidsu
   ikân

La réponse du devin dans ces cas n'offre rien d'imprévu ; l'abondance des *katars* présage l'abondance de biens.

10. [*Si un* ka]tar *rouge du — ? dans la maison de l'homme se trouve,*
    ·*cette maison marchera (vers) la catastrophe ?*

    [Šumma *ka]tar* sâmu ša miqtu muni ina bîti amêli ibaši bîtu
    šuâtu kartu (qartu) illak

Ce même animál peut-se trouver dans le bît *ṭaḫâ (daḫâ)* ou dans une écurie de chevaux, ou dans le bît *tallakti* de la maison de l'homme, ou dans un bît *apti,* c'est toujours un mauvais signe. L'on peut rencontrer des *katars* jaunes (verts) dans une maison ; c'est un bon augure si l'on en voit un jaune dans la maison de l'homme,[11] dans une écurie c'est un mauvais signe ; on peut en voir à la porte d'un *niribu,* dans une maison à droite, dans une maison à gauche, dans la maison d'un homme giparû (⟨signes⟩) dans des

---

[10] C'est un bon augure, les greniers seront remplis, déborderont.

[11] ⟨signes cunéiformes⟩

greniers (ina lib 𒀭 𒁁 𒁹) ; si on voit dans la maison de l'homme un *katar* blanc et un *katar* rouge (𒁁) c'est un mauvais signe, cette maison sera détruite un jour ; si des *katars* jaunes (verts) remplissent la maison de l'homme, mauvais signe.

Voici transcrits en caractères assyriens les lignes dont j'ai donné la traduction plus haut ; l'original est rédigé en babylonien.[12]

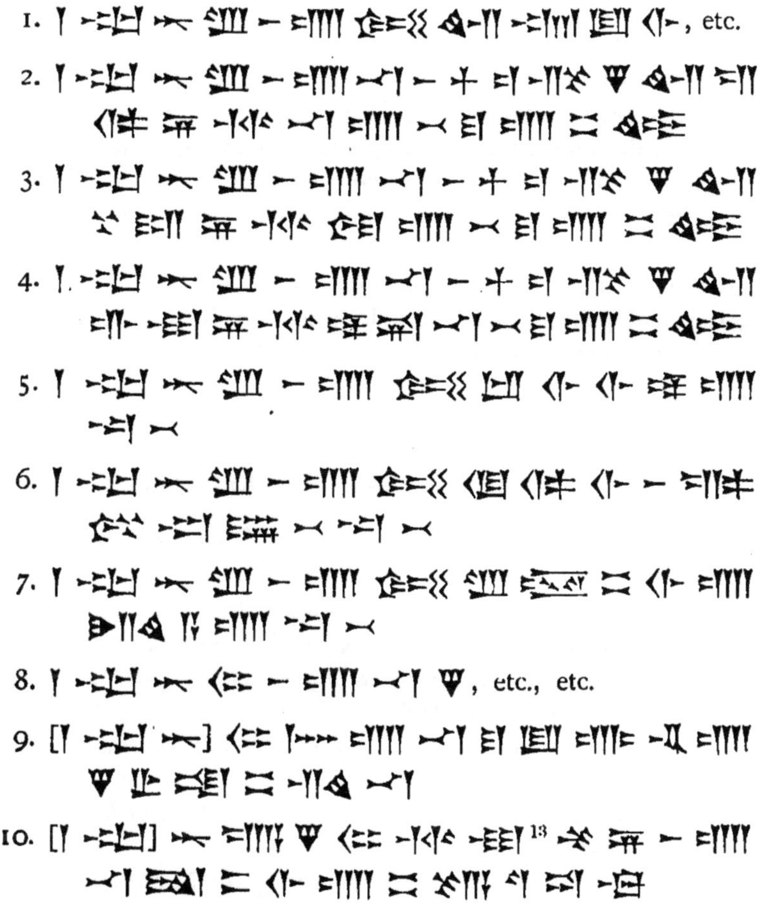

1. [cunéiforme], etc.

2. [cunéiforme]

3. [cunéiforme]

4. [cunéiforme]

5. [cunéiforme]

6. [cunéiforme]

7. [cunéiforme]

8. [cunéiforme], etc., etc.

9. [cunéiforme]

10. [cunéiforme] [13]

---

[12] Je ne produis ici que des extraits de textes suffisants pour orienter dans le domaine vaste de la divination. Les Nos. des lignes des textes correspondent seulement à ceux de la transcription, sans se rapporter à ceux des documents originaux.

[13] *miqtu muni*, cf. *miqti ḫammu* (Meissner, *Suppl.*) et *miqtu* (King, *Ḫammurabi*, p. 19, l. 10), noms de plantes ; *miqtu muni* désigne peut-être aussi une plante.

Cette tablette fait partie de la grande série : Si une ville est située sur une hauteur.   Pour le mot *katar* voir aussi K. 2192.   Si un *katar* blanc dans la maison de l'homme, etc., et 82, 5–22, 518.

Un animal dont on tire des présages est le 𒀫 𒌋𒌋 𒌋𒌋 voir Rm. 2, 532 ; dans K. 7985 on lit : Si une chèvre met au monde un cheval, ou un chacal, ou un serpent, ou un 𒀫 𒌋𒌋 𒌋𒌋, ou un 𒀫 𒁉 𒐈 𒌍,[14] ou un corbeau, ou un 𒀫 𒌋𒌋 𒀭 𒌍, ou un (une) *silita*, telle chose arrivera.

D'autres animaux omineux sont le *ḫumuṣiru*, le 𒀫 𒀫, le *ḫamaṣirum?* (ḫamaṣi ⊢), le scorpion, etc., K. 3953 ; pour les augures du scorpion *cf.* K. 3974.   C'est à tort que Meissner a cité dans son dictionnaire un certain nombre de termes comme se rapportant au scorpion ; ces termes extraits de Rm. 2, 149 publié à la page 31 de mes "Documents," désignent les organes humains. Il s'agit là des piqûres du scorpion, qui suivant les endroits qu'elles atteignent peuvent être mortelles ; le remède le plus efficace est comme toujours l'incantation.

§ 3.   *Le Scorpion.*

Docum. Assyriens, p. 31.   Rm. 2, 149.

1. *Si un scorpion son* [15] *membre* [*pique?*], *son épouse mourra et* . . .
2. *Si un scorpion son* šir *droit* [*pique?*] . . . .
3. *Si un scorpion son* šir *gauche* [*pique?*] . . . .
4. *Si un scorpion son (sa)* UR *gauche* [*pique?*], *la seconde année (pendant deux ans) la marche ne sera pas possible (il ne pourra pas marcher)*
5. *Si un scorpion son* UR *gauche* [*pique?*], *la seconde année la marche sera possible*
6. *Si un scorpion son* gudu *droit* (*pique?*), *dans la désolation il sera?*
7. *Si un scorpion son* gudu *gauche* (*pique?*), *dans la désolation son?* . . . . . .
8. *Si un scorpion son jarret droit* (*pique?*), *la seconde année le mesiru le saisira*

---

[14] Lire pour ce terme l'intéressante explication de Jensen, *K.B.*, VI, 538. *C.T.*, XVI, Pl. 39, l. 215, semble donner raison à Jensen.   Cependant il ne serait pas impossible que ce mot ne désignât un gros rat.

[15] C'est-à-dire le membre de l'homme.

9. *Si un scorpion son jarret gauche (pique?), dans le malheur* [16] *le puissant favorable, on aura de quoi manger*
10. *Si un scorpion son* kabartu *droit (pique), le* mesiru *le saisira*
11. *Si un scorpion son* kabartu *gauche (pique), il verra un cœur de vie*
12. *Si un scorpion son* šapul *droit (pique), il sera éprouvé?*
13. *Si un scorpion son* šapul *gauche (pique), son cœur vivra*
14. *Si un scorpion son* asit *droit (pique), la ruine? le saisira*
15. *Si un scorpion son* asit *gauche (pique), il verra l'énergie*
16. *Si un scorpion sous son pied droit (le pique), la troisième année il sera en bonne santé*
17. *Si un scorpion sous son pied gauche (le pique), la marche sera possible, il marchera*
18. *Si un scorpion le   ?   du pied droit (pique), la seconde année la marche sera possible*
19. *Si un scorpion le   ?   du pied gauche (pique), la marche sera possible*
20. . . . .

Verso.

1. *le dieu* . . . .
2. *sur* . . . .
3. *jusqu'à ce qu'il anéantisse tu* . . . .
4. *l'incantation en présence de la piqûre du scorpion récite, l'homme* . . .
5. *Incantation :* Mašmaš urši [17] niši abussati [18]
6. *sont dirigées ses cornes comme (celles du) le buffle de la montagne*
7. *est tournée se queue comme celle du lion vigoureux*
8. *Bêl* [19] *une maison il a construit, ton   ?   dans ses* kasie [20]
9. *une brique (plaque) de lapis lazuli dessous sa demeure*
10. *le petit doigt de Bêl* [19] *puisse-t-il apporter*
11. *que la libation emporte les eaux dont tu te rassasies abondamment*
12. *et que la grande main sur l'homme tombe, conjuration, incantation*
13. *Voici ce qu'il faut dire pour soulager de la piqûre du scorpion*

---

[16] ⟨𒅁 𒌅 correspond à *dibiru* dans ces textes.
[17] 𒅆 ⟨𒁹 est une partie du 𒌅𒌍 𒍝, *cf.* Sm. 975.
[1] *Abussatu, cf.* Meissner, *Supplem.*, s.v.
[19] Dans l'original il est écrit : 𒌋𒁹.
[20] Meissner, *Supplem.*, s.v. (p. 48).

14. *voici maintenant ce qu'il faut faire, récite cette incantation sur (contre) la piqûre du scorpion*

15. *Au jour où la dangereuse piqûre scorpion il veut atténuer, sept grains de froment pur,*

16. *de la plante de la montagne l'homme devra prendre, à sa bouche il mettra*

17. *mâchant* [21] *ce qu'il a dans la bouche, il descendra vers la rivière, sept fois il plongera*

18 *avant qu'il plonge la septième fois, ce qu'il a dans la bouche il crachera*

TRANSCRIPTION.

1. Šumma zuqaqîpu uš-šu û aššatsu imâtma la ? [22] . . . . . .
2. Šumma zuqaqîpu ŠIR imnišu û šattu lâ ?
3. Šumma zuqaqîpu ŠIR šumêlišu û šattu . . . .
4. Šumma zuqaqîpu UR imnišu û šattu II kan alakti la tuššir . .
5. Šumma zuqaqîpu UR šumêlišu û šattu II kan alakti tuššir . .
6. Šumma zuqaqîpu gudi imnišu û ina ašar limutti[23] ippala . . .
7. Šumma zuqaqîpu gudi šumêlišu û ina ašar limutti, EN . KA . šu û . . .
8. Šumma zuqaqîpu qimṣi imnišu û šattu II kan mesiru iṣabatsu
9. Šumma zuqaqîpu qimṣi šumêlišu û ina nidûti le'û damqu ukultu iši
10. Šumma zuqaqîpu kabarti imittišu û mesiru iṣabatsu
11. Šumma zuqaqipu kabarti šumêlittišu û libbu balâṭa immar
12. Šumma zuqaqîpu šapul imnišu û inanziq
13. Šumma zuqaqîpu šapul šumêlišu û libbi ibaluṭ
14. Šumma zuqaqîpu asit imittišu û nidûtu iṣabatsu
15. Šumma zuqaqîpu asit šumêlittišu û lê'ûtu immar
16. Šumma šaplânu šêpi imnišu û šattu III kan iṭâb
17. Šumma šaplânu šêpi šumêli û tallakti tuššir illak
18. Šumma markašši ? [24] šêpi imnišu û šattu II kan tallakti la tuššir
19. Šumma markašši ? šêpi šumêlišu û tallakti tuššir
20. . . . . šu û   im . . . . .

[21] Ou bien, " gardant dans la bouche."

[22] At ?

[23] KI . ḪUL.

[24] La valeur *mar* de 𒈥 n'est-elle pas à faire valoir. *Cf.* V R, 11, l. 50.

Verso.

1. ilu?[25] . . . .
2. ina eli . . . .
3. adi uḫḫarammeṭu tu . . . .
4. šiptu ana pân ziqit zuqaqîpi munuma amêlu ilu . . .
5. šiptu : Mašmaš urši niši abussati . . . .
6. tarṣa qarnâša kîma rîmi šadi . . .
7. turrat zibbatsa kîma nêši gašri
8. Bêl bîta epuš amaka ina kasiešu
9. pûdu [aban]ukni ina šupal šubtišu
10. uban Bêl ṣiḫirtu lišebila
11. mê tuštabiri niqu litbal
12. ŭ rittum rabbatum eli amêli limqut tû šiptu
13. INIM . INIM . MA ziqit zuqaqîpi puššuḫi
14. KAK . KAK . BI šiptu annitu ana eli ziqit zuqaqîpi munu
15. ana UD . DA . ḪUL zuqaqîpi parasi VII še'u ellitu
16. U . KUR . RA amêlu ilaqqi ana pîšu išakkanma
17. KA . DU ša pîšu ana nâri urradma VII šu iṭebu
18. ina pân VII-i ṭibišu ša pîšu ana nâri inaddima.

Rm. 98 est également un texte, qui indique les piqûres, que le scorpion peut faire et le moyen de s'en guérir à l'aide de recettes magiques, d'incantations, etc.

1. *Si un scorpion sur son* sibulu (sipulu) *de droite* . . . .
   Šumma zuqaqîpu ina sipulimšu (sibulimšu) ša imni . . . . . .

2. *de l'huile avec du vin son boire* . . . .
   šamnu itti šikari   šatišu

3. *Si un scorpion sur son* sibulu (sipulu) *de gauche II,*[26] *main de* [27]
   Šumma zuqaqîpu ina sipulimšu (sibulimšu) ša šumêli II
   qât . . . . .

4. *de l'huile et du vin répandre, l'incantation réciter* . . . .
   šamna u šikara salâḫu šipta manû . . . . . .

---

[25] an.
[26] II = *idem.*
[27] C'est-à-dire châtiment.

5. *Si un scorpion sur son qappu antérieur de droite II, main de . . . . .*
Šumma zuqaqîpu ina qappi panišu ša imni II, qât . . . . .

6. *Dans l'huile incantation faire*[28] . . . . .
Ana lib šamni šipta manûma . . . . .

7. *Si un scorpion sur son qappu antérieur de gauche II, main . . .*
Šumma zuqaqîpu ina qappi panišu ša šumêli II, qât . . .

8. *le ? ne ? pas . . . .*
DU . DU lâ ut . . . .

9. *Si un scorpion sur sa joue de droite II, main du dieu ? . . . .*
Šumma zuqaqîpu ina usukki ša imni II, qât ilu . . . .

10. *avec de l'huile purifiée ? s'oindre . . . . .*
šamna ŠI . RA (pân riḫṣu) ? pašâšu

11. *Si un scorpion sur sa joue de gauche II, main du dieu ?*
Šumma zuqaqîpu ina usukki ša šumêli II, qât ilu . . . .

12. *de la farine avec de l'huile mélanger, incantation prononcer*
qêma itti šamni bullulu šipta manû

13. *Si un scorpion sur son côté (flanc) de droite II, main de . . . .*
Šumma zuqaqîpu ina TE . šu ša imni II, qât etc., etc.

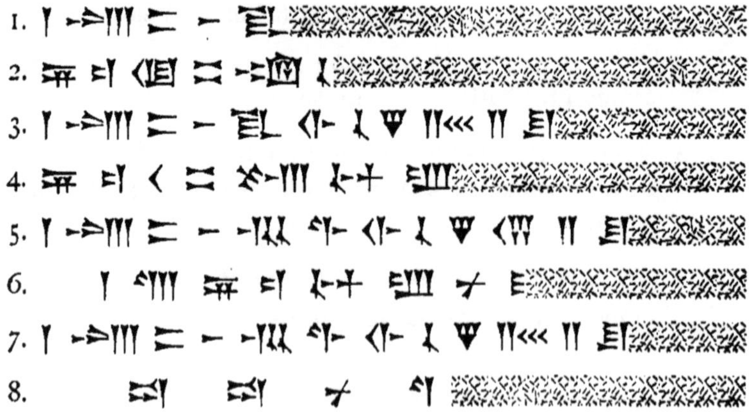

[28] J'ai employé l'infinitif, quoiqu'il serait préférable de mettre l'impératif.

9. 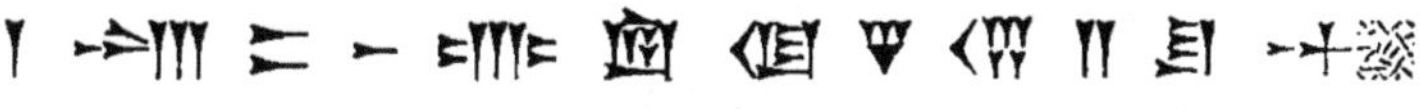

10. 

11. 

12. 

13. 

§ 4. *Les Moutons.*

Il faut distinguer deux classes de textes se rapportant aux moutons. La première comprend les augures en général, la seconde ceux qui sont tirés de l'examen de l'animal au moment où il va être immolé. C'est de la première, que sont extraits les documents suivants :—

80, 7–19, 60.

1. *Si un bélier ses cornes devant lui sont placées*

   Šumma LU . ARAD qarnêšu ana pânišu ittanammida

2. *cette cour sera diminuée*

   tarbâṣu šuâtu utatar

3. *Si un bélier ses cornes devant lui sont tournées (ou) dirigées, cette cour sera agrandie*

   Šumma LU . ARAD qarnêšu ana pânišu tarra : tarṣa tarbâṣu šuâtu irappiš

4. *Si un isbu ses cornes à la place de ses oreilles à droite et à gauche se trouvent*

   Šumma isbu qarnêšu ašar uznâšu imnu u šumêlu šaknû

5. *le roi sera maître du monde*

   šarru kibrâti ibêl

6. *Si un isbu sa corne de sa tête sort, l'arme du roi sera constante*

   Šumma isbu qaranšu ina qaqqadišu (uṣṣi) kakku šarri ikân

[29] = pân rihṣu (Pinches, *Babyl. T., W. W.* 19, l. 10).

7. *le pays du prince s'étendra, les armes du roi seront puissantes, et*
   mât rubi irappiš kakku šarri DAN . meš

8. *le roi n'aura pas d'adversaire*
   šarru maḫira lâ iši

1. [cuneiform]
2. [cuneiform]
3. [cuneiform]

4. [cuneiform]
5. [cuneiform]
6. [cuneiform]
7. [cuneiform]
8. [cuneiform]

Rm. 83.

Après avoir énuméré un certain nombre de cas monstrueux où il
est annoncé, ce qui doit arriver si un mouton saillit un chien, un
porc ou une chèvre, ou si les moutons grimpent les uns sur les autres,
le texte présente le § suivant :—

1. *Si un mouton — ? — ? l'intérieur de cette ville sera heureux*
   Šumma LU . ARAD . satana KU . UT libbi ali iṭâb

2. *Si des mouton la laine — ? famine pour les bestiaux*
   Šumma LU . ARAD . meš šipâta . . ? ilammamu ḫušaḫḫu
   bûlim ?

3. *Si des moutons dans leur bercail murmurent tristement, ce bercail*
   sera détruit
   Šumma LU . ARAD . meš ina tarbâṣišunu idamumu tarbâṣu
   šuâtu issapaḫ

4. *Si des moutons dans leur bercail se serrent (les uns contre les autres), ce bercail sera détruit*

   Šumma LU . ARAD . meš ina tarbâṣišunu ittakkipu tarbâṣu šuâtu issapaḫ

5. *Si des moutons dans leur bercail sont effrayés, cet enclos sera détruit*

   Šumma LU . ARAD . meš ina tarbâṣišunu igdanalutum tarbâṣu šuâtu issapaḫ

6. *Si des moutons devant les uns les autres sont tout tremblants   ?*

   Šumma LU . ARAD . meš ina tarṣišunu ittanarraru

7. *Si des moutons id. id. et galopent, ce bercail sera détruit*

   Šumma LU . ARAD . meš û û u iltanasumu tarbâṣu šuâtu issapaḫ

8. *Si des moutons les uns sont tristes, les autres mangent, le bétail verra la famine*

   Šumma LU . ARAD . meš aḫu ašaša aḫu ikkalû bûltum ḫušaḫḫa immar

9. *Si un mouton il immole, que sa tête qui est coupée, et s'incline il tranche? . . .*

   Šumma LU itḫuḫma gagasu naksu kanšu upallak ? . . .

10. *décision du dieu ? . . . .*

    irišti ili ? . . . .

1. [cunéiforme]

2. [cunéiforme]

3. [cunéiforme]

4. [cunéiforme]

5. [cunéiforme]

6. 〔cunéiforme〕

7. 〔cunéiforme〕

8. 〔cunéiforme〕

9. 〔cunéiforme〕

10. 〔cunéiforme〕[30]

Une brebis dévorait-elle son petit, l'augure était facile à deviner, cela annoncait, que l'ennemi dévorerait les richesses du pays ; l'on prêtait une oreille attentive aux gémissements, aux frémissements et aux bêlements des brebis (*Šumma laḫru ilakki,* ou *inagug* ou *itanarrar*). Une jeune brebis ou une chevrette avait elle la mamelle gonflée de lait, c'était un indice dont il fallait tenir compte (*Šummu laḫru lâ pititi ina tuliša GA . DU šagašti*[31] . . . . 〔cunéiforme〕 . . .) Dans ces présages basés sur l'observation des brebis, la déesse Istar joue un rôle, et cela sans doute comme étant la déesse de l'amour et de la fécondité.

83, 1–18, 410, et K. 959 son duplicata, sont deux documents de première importante pour l'étude de l'omen des moutons. Une bonne partie du Recto du premier manque, mais le Verso est heureusement bien conservé sauf le haut de la tablette à droite. Il s'agit vraisemblablement ici de l'animal au moment où on va le sacrifier.

I. *Si un . . . . le ḫudimmu, la patte,*[32] *la griffe noire,*
   15 *ses entrailles* [33]

2. (*Si un mouton*) *ses oreilles sont longues, la patte et la griffe noire,* 10 *ses entrailles*

---

[30] J'ai copié ce texte d'une manière trop rapide, n'ayant pas primitivement l'intention de le publier ; une collation nouvelle révèlera des fautes, mais l'ensemble m'a paru assez bon et c'est pourquoi j'ai jugé utile d'en communiquer un passage.

[31] K. 4079. *Šagaštu, H. W.,* 687.

[32] Littéral. le jarret.

[33] La traduction exacte de *irru saḫiruti* serait : iléon, la longue portion de l'intestin grêle.

3. (*Si un mouton*) *le cou épais, ses yeux* (*rouges*), 14 *ses entrailles.*

4. (*Si un mouton*) *les griffes ? sont — ? son poitrail ? bas,* 16 *ses entrailles, dans l'estomac ?* [34] . . . . .

5. *Si un mouton est de formes* [35] *plantureuses, que ses oreilles sont* ? *la laine d'un* kukallu [36] . . . . . .

6. *le* bitrum *de l'iléon n'a pas*

7. *Si un mouton a la structure d'un* aranṭi, *ses cornes sont courtes,* 14 *ses entrailles*

8. *Si un mouton a le poil d'un chien, le* ḫudimmu *noir, n'a pas de* ṣi.

9. *Si un mouton a la structure d'une gazelle, que sa laine est semblable à la laine d'un* suppû, *qu'il n'a pas de* šusi

10. *Si un mouton a la structure d'un* kukallu,[37] *le* baltum *est* bitrum, *n'a pas de* ṣi *et de* šusi

11. *Si un mouton a la structure d'un* kukallu, *que ses pieds sont plus grands que la mesure habituelle, qu'il a l'œil d'un cheval et deux* ṣi

12. *Si un mouton a la structure d'un* kukallu, *que ses pieds sont plus petits que leur mesure habituelle et sa queue est longue, qu'il a trois* ṣi

13. *Si un mouton a le* ḫudimmu *d'un chien, que ses griffes sont courtes qu'il a deux* šusi

14. *Si un mouton a la structure d'un chien, que ses deux oreilles sont* ? *qu'il a trois* šusi

15. *Si un mouton a la structure d'un cerf,* [38] *que ses yeux sont verts, qu'il a deux* šusi

16. *Si un mouton a la conformation d'un cerf, que ses cornes sont allongées, qu'il a trois* šusi

17. *Si un mouton a la conformation d'un cerf, que ses cornes sont courtes, qu'il a trois* ṣi *et trois* šusi

---

[34] Foie.

[35] Littéralement : mesures, dimensions.

[36] *kukallu* = *gugallu* : Del., *H.W.*, p. 194 ; *P.S.B.A.*, 1896, p. 251.

[37] K. 959 a *kukallu*, écrit *ku-uk-kal*-[*lu*] ; ici c'est l'idéogramme 𒆜 𒆜. A.L.³, p. 65, Col. III, 12.

[38] Dans K. 959, qui est, comme nous l'avons vu, un duplicata de ce texte, 𒆜 ✝ correspond à 𒆜 ✝, d'où l'on conclut que 𒆜 ✝ = *aialu*.

18. *Si un mouton a la conformation d'un* . . . . *et* ? ? ? ? ? ? ? ?

19. *Si un mouton a la conformation d'un* . . . . . . *que sa laine est noire, la demeure (dans) le pays sera stable*

TRANSCRIPTION.

1. . . . . ? . . . . pi? ḫuddimmi (ḫuṭimmi) qinṣi u ṣupru ṣalmu 15 irru saḫirûtišu

2. . . . . . . arrakka-ka-ma (pi)[39] qinṣi u ṣupru ṣalmu 10 irru saḫirûtišu

3. . . . . . . kišâdu kabar enâšu sâmê 14 irru saḫirûtišu

4. . . . . . . ṣuprâni ?—du qabalšu SIG 16 irru saḫirûtišu ina kabitti KAR . . . . .

5. [Šumma LU] minâti' gubbuš uznâšu zarriqa (ṣarriqa) šarat kukalli . . . . .

6. [bi-it-ru-um irru saḫirûti] lâ iši

7. [Šumma LU] šikiṭṭi aranṭi[40] šakin qarnâšu karû 14 irru saḫirûtišu

8. [Šumma LU] šarat kalbi šakin ḫudimmi ṣalmu ṢI lâ iši

9. [Šumma LU] šikitti ṣabiti šakin šaratsu [ana šarat] suppi mašlat[41] ŠU.SI lâ iši

10. [Šumma LU] šikitti kukalli šakin ša [baltam[42]] bitrum ṢI u ŠU.SI lâ iši

11. [Šumma LU] šikitti kukalli [šakinma] šêpêšu ana minâtišu arkû ênu sisi šakin 2-ta ṢI.meššu

12. [Šumma LU] šikitti kukalli [šakinma] šêpêšu ana minâtišu[43] ma'ṭi u zibbatsu arkat 3 ṢI.meššu

13. [Šumma LU ḫudimmi] kalbi šakinma ṣuprânišu karû 2-ta ŠU.SI.meššu

14. [Šumma LU ḫu]dimmi kalbi šakinma uznâšu sarriqa (zarriqa) 3 ŠU.SI.meššu

15. [Šumma LU šiki]tti aiali šakinma enâšu urruqû 2 ŠU.SI meššu

[39] *Sic* K. 959.

[40] K. 959, *aranti* (avec Ḫ).

[41] K. 959, *zu-uḫ-bi ma-al-la-at.*

[42] K. 959, *ba-al-ta-am,* il y a malheureusement une lacune dans 83, 1-18, 410, où l'original avait *bal-tum* peut-être.

[43] K. 959, *mi-nt-a-ti.*

16. Šumma LU šikitti aiali šakinma qarnêšu arkû 3 ŠU . SI
    meššu

17. Šumma LU šikitti aiali šakinma qarnêšu karû 3 ṢI . meššu
    3 ŠU . SI . meššu

18. . . . . šakinma u ⁱˢ NA . GI . UR EŠ-su kaksie TIR-
    (mala-at) át

19. Šumma LU . . . . . . šakinma šaratsu ṣalmat šubat mâti
    ikân

Verso.

1. *Si la tête d'un mouton l'*atar *de son œil droit est ouvert* [44] *et
   qu'il ferme, écrasement du dieu à l'homme*

2. *Si la tête d'un mouton l'*atar *de son œil gauche est ouvert et qu'il
   ferme, pardon* [45] *du dieu à l'homme*

3. *Si la tête d'un mouton l'*atar *de son œil droit est ouvert, que (celui)
   de l'œil gauche est fermé, mon armée battera l'armée ennemie
   dans le combat*

4. *Si la tête d'un mouton l'*atar *de son œil gauche est ouvert, celui
   de l'œil droit est fermé, l'armée ennemie battera mon armée
   dans le combat*

5. *Si la tête d'un mouton l'*atar *de ses deux yeux élargit, appesantissement du dieu à l'homme, le roi dans son palais sera
   en fureur*

6. *Si la tête d'un mouton l'*atar *de son œil droit est plein de sang,
   chute de l'armée; si la tête du mouton l'*atar *de son œil
   gauche est plein de sang, chute de l'armée ennemie*

7. *Si la tête d'un mouton l'*atar [46] *de ses yeux est plein de sang,
   chute des multitudes*

8. *Si la tête d'un mouton ses naseaux elle — ?, l'épouse de l'homme
   gémira; si la tête d'un mouton ses joues sont levées (littér.
   élève), la maison de l'homme sera détruite*

9. *Si la tête d'un mouton ses joues sont ridées (littér. ride ?)* [47]
   l'homme verra l'infortune ?

---

[44] ◄ a plusieurs sens, parmi lesquels celui de " sang," " ensanglanter," et
celui qui a été choisi ici ressort du contexte.

[45] *târat* = retour, réconciliation; chez les Sémites les dieu exprime son mécontentement en tournant le dos à l'homme dont il s'éloigne; son retour équivaut à
son pardon.

[46] *atar* est donc une partie de l'œil; à moins qu'il ne faille traduire simplement: Si (à) la tête d'un mouton égorgé, on voit l'œil ouvert, etc., etc.

[47] *Cf.* Meissner, au verbe *kalâṣu, Supplem.,* p. 47.

10. *Si la tête d'un mouton au moment où on vient de l'égorger, sa lèvre supérieure il lèche, le* ḫusitum [48] *de ton   ?   le roi à l'ennemi donnera*

11. *Si la tête du mouton, au moment où on vient de l'égorger, sa lèvre inférieure il lèche, le* ḫusitum *de ton ennemi, l'ennemi au roi donnera*

12. *Si la tête d'un mouton, au moment où on vient de l'égorger, sa lèvre supérieure à droite il lèche, le* ḫusitum *sera perdu, les mystères sortiront*

13. *Si la tête d'un mouton, au moment où on vient de l'égorger, sa lèvre inférieure à gauche il lèche,   adversaire*

14. *Si la tête d'un mouton au moment où on vient de l'égorger, sa   ?   ?   à terre il enfonce,   malheur*

15. *Si la tête d'un mouton au moment où on vient de l'égorger, ses lèvres il avance, colère du dieu à l'homme*

16. *Si la tête d'un mouton au moment où on vient de l'égorger, ses lèvres il soulève, le dieu contre l'homme sera courroucé*

17. *Si la tête d'un mouton au moment où on vient de l'égorger, ses lèvres il retire, une voix favorable approchera*

18. *Si la tête d'un mouton ses lèvres il   ? — ?   ; si la tête d'un mouton ses deux joues il gonfle, les jours du prince seront de longue durée*

19. *Si la tête d'un mouton est — ? — ? mon armée la soif — ? ; si la tête d'un mouton II sa tempe de droite noire, le sacrificateur sera malade*

20. *. . . . . . II sa tempe de gauche noire, le sacrificateur mourra*

TRANSCRIPTION.

1. Šumma reš LU atar eni imnišu pitât u ukattam, mesat (mešad) ili ana amêli

2. Šumma reš LU atar eni šumêlišu pitât u ukattam, târat ili ana amêli

3. Šumma reš LU atar eni imnišu pitât eni šumêlišu katmat ummâni ummân nakra ina taḫâzi idâk

4. Šumma reš LU atar eni šumelišu pitât eni imnišu katmat ummân nakru ummâni ina taḫâzi idâk

5. Šumma reš LU atar enâšu urappaš reštu (kabtu) ili ana amêli šarru ina ekallišu izziz

[48] = chargement, cargaison, marchandise.

6. Šumma reš LU atar eni imnišu dâmu malât miqitti ummâni ;
   šumma reš LU atar eni šumelišu dâmu malât miqitti
   ummân nakri

7. Šumma reš LU atar enâšu dâmê malû miqitti ma'dûti

8. Šumma reš LU naḫirišu ukannaṣ aššat amêli innak ; šumma
   reš LU appašu ittanašši bît amêli issapaḫ

9. Šumma reš LU appašu iktanaliṣ amêlu I . NE . ṣa immar

10. Šumma reš LU ištu naksu[49] šapatsu eliš iššuk ḪUSITUM
    ša . . . . ka šarru ana nakri iddin

11. Šumma reš LU ištu naksu šapatsu šapliš iššuk ḪUSITUM
    ša nakrika nakru ana šarri iddin

12. Šumma reš LU ištu naksu šapatsu eliš ana imitti iššuk
    ḪU . SI . TUM iḫaliqma pirištu uṣṣû

13. Šumma reš LU ištu naksu šapatsu šapliš ana šumêliti iššuk
    maḫiru

14 Šumma reš LU ištu naksu —? šu qaqqari iḫirri SÁ . ḪUL

15. Šumma reš LU ištu naksu šaptêšu utaraṣ uzzi ili ana amêli

16. Šumma reš LU ištu naksu šaptêšu ušaqqi ilu ana amêli êziz

17. Šumma reš LU ištu naksu šaptêšu ištanadad atmû damqu
    iṭeḫa

18. Šumma reš LU šaptêšu ilammam AN . KÚ ; šumma reš LU
    . . . appašu unapaḫ ûmê rubi erikkû

19. Šumma reš LU ḪU . SI kami (rigmi ?) ummâni šumu KU —? ;
    šumma reš LU II naqabti imittišu ṣalmu bêl niqê imariṣ ·

20. . . . . II naqabti šumelitišu ṣalmu bêl niqê imít

21. . . . . a-an MU menûtu šiâtu duppu

1. 〔cuneiform〕

2. 〔cuneiform〕

3. 〔cuneiform〕

[49] nakisu.

[50] K. 959 : 〔cuneiform〕, etc.

[51] K. 959 : 〔cuneiform〕, etc.

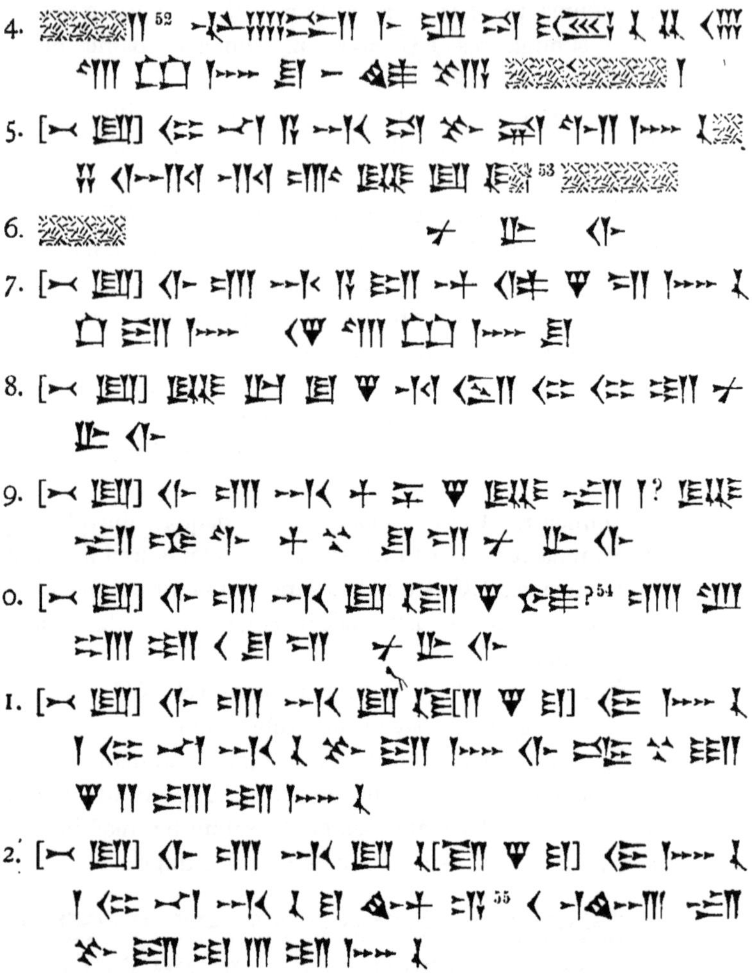

52 K. 959: etc.
53 K. 959:
ligne suivante:
54 K. 959:
etc.

[55] Signe indistinct ; d'après K. 959, qui a  , il faut nécessairement lire ainsi (verbe *mâ'u* avec l'idéogramme  (K. 959) de même que 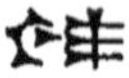 l. 10 = *baltu* (K. 959).  valeur *lik* ;  valeur *rik* = *baltu*.

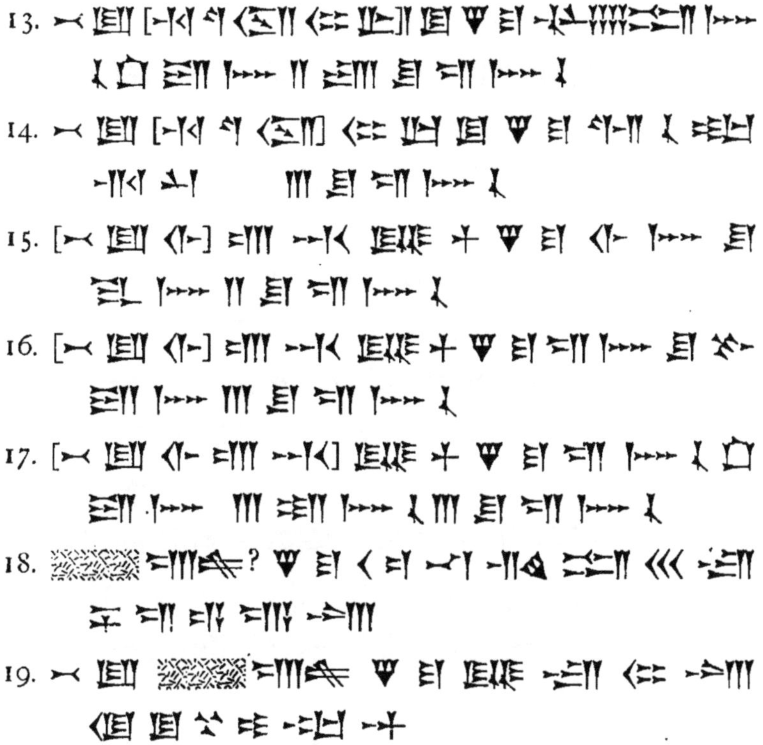

La fin du Recto, que je n'ai pas copiée, mentionne les mouvements d'oreilles de la victime ; ce qui arrivait si les oreilles droite ou gauche ou les deux oreilles à la fois étaient tournées vers le sacrificateur ; dans certains cas l'omen était défavorable, le dieu n'assistait pas le sacrificateur dans ses opérations. On remarquera que dans ces documents plusieurs passages ne donnent pas l'omen, *cf.* les dix-huit lignes précédentes.

VERSO.

Le premier § contient des observations sur les viscères de la victime, sur le sang qui en sort, et se termine par ces mots : L'haruspice verra et se réjouira (*amêlu ḪAL immarma iḫaddu*).[56]

[56] Je regrette de ne pouvoir le reproduire ici, mais la raison en est, que quelques signes ne sont pas très nets.

Le second § est ainsi conçu :—

1. [cunéiforme]

2. [cunéiforme]

3. [cunéiforme]

4. [cunéiforme]

5. [cunéiforme]

6. [cunéiforme]

7. [cunéiforme]

8. [cunéiforme]

9. [cunéiforme]

10. [cunéiforme]

11. [cunéiforme]

12.

13.

14.

15.

16.

17.

18.

19.

20.

21.

Les mouvements de la victime, ses frissons, sa manière de
regarder, le sang qui coulait et dont on observait les colorations
diverses, sont décrits dans K. 4106 et K. 4125 ; K. 4106 si une

[57] Signe incertain.

[58] La suscription indique que cette tablette appartenait à celles de la *bârûti*
( ) et se rapportait à une série ? nommée *urnintum*.

victime immolée dirige ses yeux vers le brasier ; si une victime immolée ses yeux sont dirigés en face des instruments du sacrifice ; *šumma LU enâšu ana qutrinni* ([cuneiform]) *utarraṣ; šumma LU enâšu ana pân markasi* [59] ([cuneiform]) *tarṣama.*

Les brebis mettaient-elles au monde des lions, des bœufs, des chiens, les présages valaient la peine d'être consignés, car il s'agissait de l'existence des princes et du salut des pays.   K. 3970 contient de curieux détails et mérite qu'on s'y arrête.

1. [*Si une brebis met au monde un lion*], *et qu'il a l'œil d'un être humain, le roi la puissance de son pays considérable, le pays sera . . .*

2. [*Si une brebis un lion met au monde*], *qui a l'œil d'un bélier, le prince, la reproduction des bestiaux ne réussira pas*

3. [*Si une brebis*] *un lion met au monde qui a l'œil d'un âne, grande famine dans le pays sera*

4. [*Si une brebis*] *un lion met au monde qui a l'œil d'un chien, le dieu Nergal . . .*

5. *Si une brebis met au monde un lion qui a l'œil d'un cochon, la princesse mourra*

6. *Si une brebis met au monde un lion qui a l'œil d'un ḪU.PI.PI, le prince n'aura pas d'adversaire, le pays son ennemi pillera*

7. *Si une brebis met au monde un lion qui a la gueule d'un GUL,* [60] *le règne du roi ne prospérera pas*

8. *Si une brebis met au monde un lion qui a la gueule d'un taureau, famine il y aura*

9. *Si une brebis met au monde un lion qui a la face d'une petite gazelle* (ḫimṣu) *le tarif diminuera*

10. *Si une brebis met au monde un lion* idem *et dont les yeux sont ouverts, le tarif sera augmenté*

11. *Si une brebis met au monde un lion qui a sur ses joues du* nilu, *le pays mangera de la nourriture*

12. *Si une brebis met au monde un lion dont la* bamat [61] *de droite du* nilu ? *il y aura dans le pays du bonheur*

13. *Si une brebis met au monde un lion dont la* bamat *de gauche du* nilu ? *adversaire*

[59] [cuneiform] = *markasu*, Reissner, 24, l. 8, ici l'arrangement, la disposition du sacrifice.

[60] Animal mentionné également, K. 3669.

[61] Partie de la tête, *P.S.B.A.*, 1903, p. 23, Note 2. NI.LU = *suif?* (Tallqvist).

14. *Si une brebis met au monde un lion couvert entièrement de nilu* ?[62] *le roi n'aura pas d'adversaire*

15. *Si une brebis met au monde un lion qui n'a pas de tête, mort du prince*

16. *Si une brebis met au monde un lion qui (dont la) sa gueule est?* *(tordue?) destruction du pays? la princesse mourra*

17. *Si une brebis met au monde un lion qui sa (dont la) gueule est id et sa queue est détachée, le pays . . . l'abandonneront*

La fin est très incomplète, il y est dit encore que ce lion peut avoir deux gueules ; au commencement du *verso* nous apprenons qu'une brebis peut mettre bas deux ou trois lions, et le texte continue :—

1. *Si une brebis met au monde un chacal* . . . .

2. *Si une brebis met au monde un ?, le pays du prince* . . . .

3. *Si une brebis met au monde un chien,* . . . . . .*le roi son pays* ? . . .

4. *Si une brebis met au monde un ? le roi son pays ?* . . . . .

5. *Si une brebis met au monde un renard, le dieu Bêl des pays fera surgir un Sargon (c'est-à-dire un roi fidèle) dans le pays, cet enclos sera agrandi ou le roi la vie de son règne* . . . .

6. *Si une brebis met au monde un* muḫdullu ? *l'ennemi s'emparera des habitants*[63] *du pays, le pays diminuera en sa production, le trône sera changé, la farine du pays sera altérée*

7. *Si une brebis met au monde un GIR . TUR, le prince s'emparera de la royauté du monde*

8. *Si une brebis met au monde un LIG . GUG, attaque d'Elam*

9. *Si une brebis met au monde une gazelle, les dieux de la ville d'Adab se détourneront, ou le prince aura des guerriers*

10. *Si une brebis met au monde un cerf, le fils du roi le trône de son père il prendra, ou attaque de Subartu . . . le pays il assiégera*

11. *Si une brebis met au monde un bouquetin, le fils du roi s'emparera du trône de son père, ou anéantissement du bétail*[64]

12. *Si une brebis met au monde un GUL, il y aura dans le pays des incursions, celui qui n'est pas digne du trône, s'emparera du trône, ou la farine du pays sera altérée*

13. *Si une brebis met au monde un buffle, il y aura du* puḫpuḫḫû [65] *dans le pays*

[62] *kuṣṣa,* d'un verbe *kasû,* couvrir?
[63] *ṣibutu,* de *aṣâbu,* a un sens spécial que j'ignore.
[64] D'après l'idéogramme = quadrupèdes.
[65] Del., *H. W.,* p. 520 ; le sens me paraît plutôt " piège, intrigue."

14. *Si une brebis met au monde un bœuf, le prince ses armes sur l'arme de son ennemi l'emporteront*

15. *Si une brebis met au monde un bœuf qui a un* gannu,[66] *le prince le pays de son ennemi fera trembler*

16. *Si une brebis met au monde un bœuf qui a deux queues, décret de* Išbi-Ura[67] *qui n'eut pas d'adversaire*

17. *Si une brebis met au monde un taureau, le roi mourra, un roi quelconque se lèvera et fera le partage du pays*
Suivent quelques lignes.

TRANSCRIPTION.

1. Šumma laḫru nêša ulladma ênu amêli šakin, šarru emuq mâti šiâti dannu mâtu — ?

2. Šumma laḫru nêša ulladma ênu immêri šakin, rubû litti bulim lâ išir

3. Šumma laḫru nêša ulladma ênu imêri šakin, sunqu dannu ina mâti ibašši

4. Šumma laḫru nêša ulladma ênu kalbi šakin, Nergal i —?

5. Šumma laḫru nêša ulladma ênu šaḫi šakin, bêltu imât

6. Šumma laḫru nêša ulladma ênu ḪU . PI . PI šakin rubû maḫira la iši mâta nakrušu ikkal

7. Šumma laḫru nêša ulladma pû GUL šakin palû šarri lâ išir

8. Šumma laḫru neša ulladma pû lie šakin sunqu ibašši

9. Šumma laḫru neša ulladma panušu ḫimṣa armu maḫîru iṣaḫir

10. Šumma laḫru neša ulladma û[68] ina ênâšu pitâ maḫîru igabar[69] (ikabar)

11. Šumma laḫru neša ulladma [šir] nilu ina appišu šakin mâtu akâla ikkal

12. Šumma laḫru neša ulladma bamâtsu ša imittu [šir] nilu kussat (kuṣṣat) tuḫdu ina mâti ibašši

13. Šumma laḫru neša ulladma bamâtsu ša šumêlitu [šir] nilu kussat (kuṣṣat) maḫiru

---

[66] *H. W.*, p. 202 ; *gannu* désigne une anomalie que peut présenter un bœuf ou une partie de son corps.

[67] Nom d'un ancien roi.

[68] ⟨𒂍 devrait être lu *u-lu*, étant composé de ⟨ + 𒂍 (𒇷), nous conservons la transcription usitée *û*; pour ce mot *u-lu*, voy. V R, 28; l. 26, ú-lu = šaniš.

[69] Il n'y a aucun doute qu'il ne s'agisse ici de *gabâru* ou *kabâru*, grandir, être grand.

14. Šumma laḫru neša išteniš ˢⁱʳ nilu kussa (kuṣṣa) amêlu maḫira
    lâ îši
15. Šumma laḫru neša ulladma qaqqadsu la baši mûtu rubi
16. Šumma laḫru neša ulladma pûšu ubbuk (up̄puq) šaḫluqtu
    [mâti] bêltu imât
17. Šumma laḫru neša ulladma pûšu û ŭ zibbatsu ḫalqat mâta
    . . . . . . ŠID-meš-ši

VERSO.

1. Šumma laḫru barbara ullad bib . . . .
2. Šumma laḫru LIK . KI ullad mât rubi . . . .
3. Šumma laḫru kalba ullad . . . . meš šarru
   mâtsu SIG . . .
4. Šumma laḫru LIK . KU . A ullad   šarru mâtsu
   ippi . . .
5. Šumma laḫru šeliba ullad Bêl matâte ⁷⁰ Šargina ina mâti ušabša
   tarbâṣu šuâtu irappiš û šarru balâṭ pališu ú . . .
6. Šumma laḫru MUḪ . DUL . [LU?] ullad šibut mâti nakru ilaqqi
   mâtu eli našiša iqallil palû inakir KU (qemu) mâti išanni
7. Šumma laḫru GIR . TUR ullad rubû šarrutu kiššutam iṣabat
8. Šumma laḫru LIG . GUG ullad tebut Elamti
9. Šumma laḫru ṣabîta ullad UD . NUN . KI ilâni TIL . meš
   (išabasû) û rubû qaradê iši
10. Šumma laḫru aiala ullad mâr šarri kussa abišu iṣabat û tebut
    Subarti . . . mâta ušalbi
11. Šumma laḫru turâḫa ullad mâr šarri kussa abišu iṣabat û
    miqit bûlim
12. Šumma laḫru GUL ullad šagašâti ina mâti ibašûma la bêl
    kussi kussa iṣabat û KU (qemu) mâti išanni
13. Šumma laḫru rêma ullad puḫpuḫḫû ina mâti ibaši
14. Šumma laḫru alpa ullad rubû kakkêšu eli kakki nakrišu
    SIS . meš
15. Šumma laḫru alpa ulladma ganni šakin rubû mâta nakrišu
    úna ⁷¹ . . .
16. Šumma laḫru alpa ulladma II zibbatêšu purussû IŠBIURA
    ša maḫira lâ iši
17. Šumma laḫru bûra ullad šarru imâtma šarru mamma itebima
    BAR mâti išakan ?

---

⁷⁰ Ma copic porte 🔺 ⟜⟶ mais je crois que c'est une erreur.   ⁷¹ *unâs.*

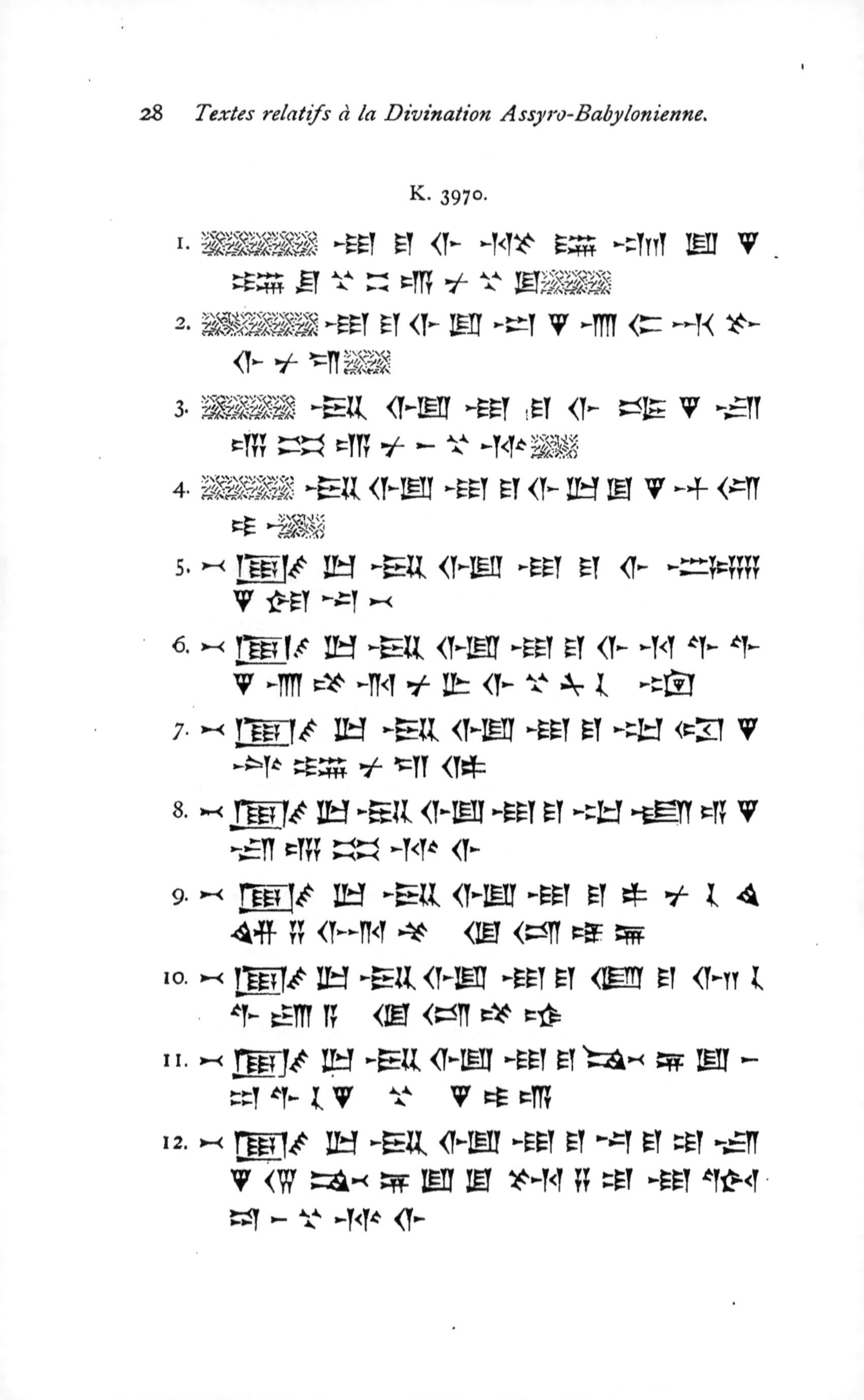

K. 3970.

1.
2.
3.
4.
5.
6.
7.
8.
9.
10.
11.
12.

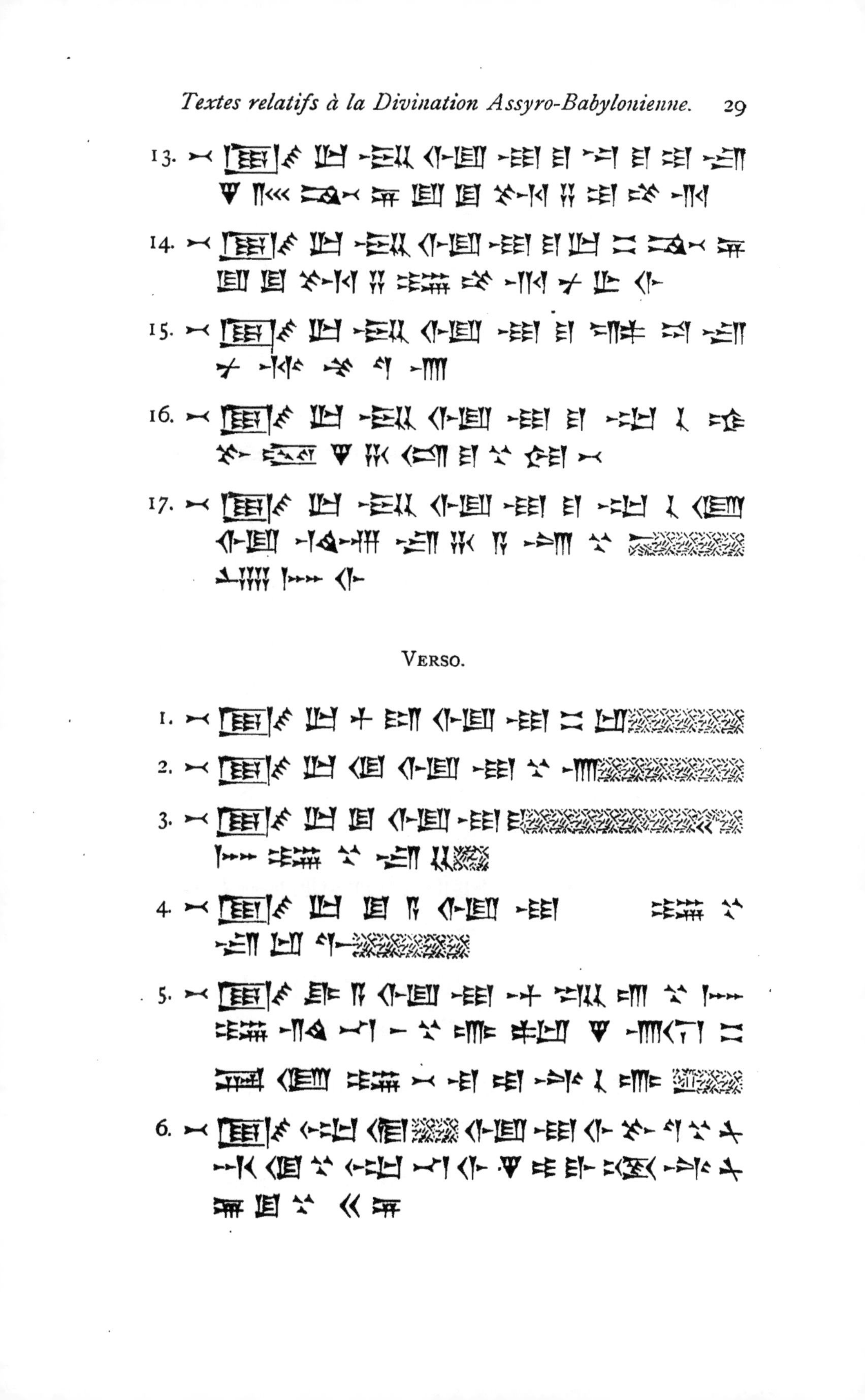

13.

14.

15.

16.

17.

VERSO.

1.

2.

3.

4.

5.

6.

7.

8.

9.

10.

11.

12.

13.

14.

15.

16.

17.

§ 5. *Les Chiens.*

K. 217 + K. 4046. DA. p. 103.

2. *Si un chien devant lui passe, une grande bataille il livrera, dans ce mois . . . .*

Kalbu [72] ana panišu išur, taḫâza raba išakan ina arḫi šuâti . . . .

3. *Si un chien devant lui s'arrête, un obstacle se présentera à lui*

Kalbu ana panišu iziz nîtum sadratsu

4. *Si un chien devant (sur) lui s'élance, destruction de la maison sera*

Kalbu ana panišu išḫiṭ miqittim ali šuâti ibašši-(ši)

5. *Si un chien auprès de lui se tient en arrêt, la protection de son dieu, sur lui sera*

Kalbu ittišu ittendu maṣârtu ilišu elišu bašat-(at)

6. *Si un chien sur son lit se couche, son dieu contre lui sera courroucé*

Kalbu ina iršišu irbiṣ ilišu ittišu zieni

7. *Si un chien sur sa chaise se couche, sa femme contre son gré le suivra*

Kalbu ina kussišu irbiṣ aššatišu ina lâ ṭubti-(ti) ireddûšu

8 *Si un chien dans la maison de l'homme une chienne ? cette maison sera ruinée*

Kalbu ina bîti amêli kalbatum igîr (ipiš) bîtu šuâtu innadi

9. *Si un chien dans la maison de l'homme éteint.[73] le feu qui (y) brûle, dans cette maison il y aura une révélation*

Kalbu ina bîti amêli išâta napiḫta uballi ina bîti šuâti urtum ibašši-(ši)

---

[72] Chaque phrase est précédée du signe cunéiforme Ⲩ dont on ne connaît pas la transcription.

[73] Quelque bizarre que puisse paraître cette interprétation, elle ne saurait être contestée.

10. *Si un chien blanc sur un homme pisse, cet homme l'épreuve s'emparera de lui*

Kalbu piṣû amêla ištin amêlu šuâtu KI.KAL (dannatu) iṣabatsu

11. *Si un chien noir pisse sur un homme, la maladie le saisira*

Kalbu ṣalmu amêla ištin muršu iṣabatsu

12. *Si un chien rouge pisse sur un homme, cet homme sera heureux*

Kalbu sâmu amêla ištin amêlu šuâtu iḫaddu

13. *Si un chien pisse sur le lit d'un homme, cet homme une maladie grave le saisira*

Kalbu irša amêli ištin amêlu šuâtu muršu pašqu iṣabatsu

14. *Si un chien pisse sur la chaise d'un homme, il s'en ira ?* [74]

Kalbu kussa amêli ištin MU.NU.TUK illak-(ak)

15. *Si un chien pisse sur la table d'un homme, son dieu contre lui sera irrité*

Kalbu paššura amêli ištin ilušu ittišu sabus

16. *Si des chiens passent dans la grande rue, la destruction de l'ennemi pour la ville sera prochaine*

Kalbê ina sûqi rapši iqalpû [75] šalputi amêl nakri ana ali šuâti iṭeḫam-(am)

17. *Si un chien un (autre) chien prend en haine, cette ville verra la catastrophe*

Kalbu kalba izîr alu šuatu KI.KAL (dannatu) immar-(mar)

18. *Si un chien mord violemment un (autre) chien, à cette ville la souffrance se présentera*

Kalbu kalba unaššak ana ali šuâti niziqtum sadratsu

19. *Si un chien grimpe sur un autre chien, les femmes ?*

Kalbu kalba irkab sinnišâti i-ša-ru-ša [76]

[74] MU.NU.TUK = un nom n'ayant pas = sans considération ?

[75] iribbû, un verbe assyrien correspondant à l'hébreu ריב n'existe pas.

[76] šarâšu, denomin. de šuršu = racine.

20. *Si un chien est de constitution mâle et femelle, ce pays prendra de l'extension*

    Kalbu UŠ u SAL . LA šakin mâtu šuâtu irappiš-(iš)

21. *31 isbu du chien ; exemplaire d'une tablette de Our*

    31 isbu kalbu gabri IM . PAL Uri

22. *Si un chien vers le palais fait mine d'entrer, sur ce palais le feu tombera*

    Kalbu ana ekalli irrub-(ub) ana ekalli šuâti išâtu imaqut-(ut)

23. *Si un chien blanc entre dans un palais, cette ville un siége terrible . . . . . .*

    Kalbu pişû ina ekalla irrub-(ub) alu šuâtu mesir dannu . . . .

24. *Si un chien noir entre dans un palais, cette ville le froment et les vivres . . . .*

    Kalbu şalmu ina ekalla irrub-(ub) alu šuâtu šê'u kurmatu [77]

25. *Si un chien . . . . . . entre, cette ville sera engloutie*

    Kalbu . . . . irrub-(ub) alu šuâtu uštaḫrar

26. *Si un chien jaune dans un palais entre, ce palais un ZI . GA [78] en sortira*

    Kalbu urqu ina ekalla irrub ekallu šuâtu ZI . GA uşşišu

27. *Si un chien multicolore entre dans un palais, ce palais tout ce qui s'y trouve sera livré à l'ennemi*

    Kalbu burrumu ina ekalla irrub ekallu šuâtu mimmuša ana nakri ittadin

28. *Si un chien dans le palais entre et tue quelqu'un, ce palais tout ce qui s'y trouve sera augmenté*

    Kalbu ana ekalli irrubma mamma idâk ekallu šuâtu mimmuša utattar

29. *Si un chien entre dans un palais et se couche sur le lit, ce palais tout ce qui s'y trouve sa main s'en emparera*

    Kalbu ana ekalli irrubma ina irši irbiş ekallu šuâtu mimma mala šuâti qâtsu ikaššad

---

[77] Peut-être faut-il lire simplement ŠE . PAT.
[78] Signification précise inconnue.

30. *Si un chien entre dans un palais, se couche sur un trône, ce palais
    sera bouleversé*

    Kalbu ana ekalli irrubma ina kussi irbiṣ ekallu šuâtu uštaḫrar

31. *Si un chien entre dans un palais et se couche sur une table, ce
    palais tout ce qui trouve sera livré à l'ennemi*

    Kalbu ana ekalli irrubma ina paššuri irbiṣ ekallu šuâtu
    mimmuša ana nakri ittadin

32. *Si un chien entre dans un temple, les dieux au pays la
    bienveillance n'accorderont pas*

    Kalbu ana bît ili irrub-(ub) ilâni ana mâti rêma lâ išakkanu

33. *Si un chien blanc entre dans un temple, ce temple son
    fondement sera stable*

    Kalbu piṣû ana bît ili irrub-(ub) bît ili šuâtu išdušu ikân

34. *Si un chien noir entre dans un temple, ce temple son fondement
    ne sera pas stable*

    Kalbu ṣalmu ana bît ili irrub-(ub) bît ili šuâtu išdušu lâ ikân

35. *Si un chien rouge entre dans un temple, ce temple la prospérité
    verra*

    Kalbu sâmu ana bît ili irrub-(ub) bît ili šuâtu mešrû
    immar-(mar)

36. *Si un chien jaune entre dans un temple, ce temple verra la
    prospérité*

    Kalbu urqu ana bît ili irrub-(ub) bît ili šuatu mešrû immar

37. *Si un chien multicolore entre dans un temple, ce temple ses dieux
    l'aimeront*

    Kalbu burrumu ana bît ili irrub-(ub) bît ili šuâtu ilânišu
    irâmušu

38. *Si des chiens montent et entrent dans un temple, cette ville tout ce
    qui lui appartient sa main s'en emparera*

    Kalbê ritkubuma ana bît ili irrubû alu šuâtu mimma mala
    šuâti qâtsu ikaššad

39. 17 *lignes extraites de la série " Une ville est-elle placée sur une hauteur."*

17 MU-meš BAR-meš šu-ut alu ina mêle šakin-(in)

40. *Si des chiennes dans les portes ?*[79] *châtiment du dieu Ira*[80] *sera dans le pays*

Kalbâte ina bâbe unambaḫa ukulti ilu Ira ina mâti ibašši-(ši)

41. *Si des chiennes mettent bas un seul sujet, ruine de la maison*

Kalbâte ištân 'aldû sapaḫ bîti

42. *Si des chiennes mettent bas un être humain, cette ville exercera la domination, la farine du pays sera altérée*

Kalbâte NAM.AMEL.X.LU aldû alu šuâtu kiššutam eppuš KU (qemu) mâti išanni

43. . . . . *mangent, cette ville verra la famine*

. . . . aklû alu šuâtu ḫušaḫḫa immar-(mar)

VERSO.

5. *Si une chienne devant la porte de la maison de l'homme met bas . . . . .*

Kalbatu ina bâḫi bîti amêli aldat bîtu ina . . . . paḫa šaknušu

6. *Si une chienne met bas devant la porte de la maison d'un homme . . . . .*

Kalbatu ina bâbi bîti 'aldat bîtu . . . ra an . . . . . mat

7. *Si une chienne dans le IV.C. de la maison de l'homme met au monde, l'homme . . . .*

Kalbatu ina mušabti bîti amêli 'aldat amêlu . . . . tu KID . . . . u

[79] aboient נבח.
[80] Ura ?

K. 236.   (DA, p. 107.)

1. *Si des chiens deviennent enragés, (il y aura) catastrophe*
   Kalbê itteništû našpuḫ

2. *Si des chiens dans la ville se tiennent, il y aura épreuve*
   Kalbê ina ali imidu nazaq

3. *Si des chiens se réunissent et se parlent entr'eux, destruction de
   la ville ou chute*
   Kalbê iptanaḫḫuruma ištanassû nadû ali û miqittim-(tim)

4. *Si des chiens dans la rue s'interpellent, destruction de cette ville,
   la famine la saisira*
   Kalbê ina sûqi ištanassû nadû ali šuâti ḫušaḫḫu iṣabbatsu

5. *Si des chiens dans la rue dans leur réunion s'interpellent,
   défaite de mon armée*
   Kalbê ina sûqi ina puḫrišunu ištanassû miqitti-(ti) ummâni-(ni)

6. *Si des chiens dans la rue dans leur réunion, pendant le ?* [81]
   *aboient, le dieu Ura dévorera, cadavres ? étendus ? en grand
   nombre ?*
   Kalbê ina sûqi ina puḫrišunu ina AN . NE KA . DE . DE-meš
   ilu Ura ikkal pagar-(gar) šuparruru mâdušu ?

7. *Si des chiens dans la rue d'une manière sournoise murmurent,
   cette ville verra la famine*
   Kalbê ina sûqi nakliš KA . DE . DE-meš âlu šuâtu ḫušaḫḫa
   immar

8. *Si des chiens aux alentours ? des rues murmurent, cette ville ses
   dieux (la) délaisseront*
   Kalbê ema sûqe KA . DE . DE-meš âlu šuâtu ilânišu ezzibû

9. *Si des chiens aux alentours des portes murmurent* . . . .
   Kalbê ema bâbe KA . DE . DE-meš . . . .

---

[81] AN . NE désigne un moment de la journée. Cf. Sm. 392 (*Catal. de*
Bezold, p. 1405).

10. *Si des chiens dans la rue bondissent, production de? et de roseaux ?*

> Kalbê ina sûqi ilassamu (lasmû) tebut-(ut) iṣ MAR u qân irriti ?

11. *Si des chiens dans la rue bondissent et la queue en l'air, soulèvement de l'armée, l'armée le commencement de la campagne . . . .*

> Kalbê ina sûqi ilassamu (lasmû) zibbâtešunu tarû[82] tebut-(ut) ummâni-(ni) ummâni-(ni) reš eqli . . . . . .

12. *Si des chiens dans la rue bondissent et que leurs queues à leurs testicules[83] . . . .*

> Kalbê ina sûqi ûma zibbâtešunu ana paḫallišunu . . . . . .

13. *Si des chiens dans la rue se rassemblent et bondissent, chute . . .*
> Kalbê ina sûqi paḫrûma illassamu miqitti-(ti) . . . .

14. *Si des chiens sont furieux et dans la rue se précipitent . . . .*
> Kalbê iššeguma ina sûqi irtanabu . . . . . .

§ 6. *Autres Animaux.*

K. 4171 renferme des passages extraits d'autres séries, avec des commentaires explicatifs de certains termes ; il y est question des chiens, des cochons et des gazelles ;[84] à relever les indications suivantes :—

> tarû = šaqû
> ema = šumma
> 𒀀 𒂊 𒁲 = ṣa . . . .
> ba-an-za = pi-ṣu-u

les termes :

> la-šu-u : *Si un cochon* la-šu-u, *cf.* DA 108, l. 4 :
> *Si un chien* la-šu-u
> igaššir de gašâru
> našâku
> ḫumbibittu
> kašušu
> ulalutu (dans : ulalutu illak)

[82] tarû = šaqû K. 4171.

[83] *Cf.* le syriaque, *s.v.* פחל.

[84] Si une gazelle devant la grande porte —?

K. 3725 donne les augures des cochons souvent semblables
à ceux des chiens.

Si des cochons sont effrayés, destruction . . . . . .

šaḫê ittanamdaru sapaḫ . . . . . .

Si des cochons dans la grande rue sautent, etc.

šaḫê ina sûqi rapši irtanaqudu, etc.

Si des cochons dans la grande rue vont et viennent, etc.

šaḫê ina sûqi rapši iṣṣanundu, etc.

Si des cochons dans la grande rue galopent la queue en l'air . . . .

šaḫê ina sûqi rapši ilassamu-(mu)-ma zibbâtešunu tarû . . . . . .

*Si des cochons dans la grande rue galopent la queue à leurs
    testicules* . . . .[85]

šahê ina sûqi rapši ilassamu-ma zibbâtešunu ana paḫallišunu

. . . .

Si des cochons   ?   et devant . . . .

šaḫê ittekupuma [86] ana pân . . . . . .

Si des cochons s'enfuient, etc.

šaḫê igarruru,[87] etc.

Si un cochon est couvert de soies blanches, noires, rouges, etc.

šaḫû šipâtu piṣâtu, ṣalmâtu, sâmtu liḫim,[88] etc.

K. 3883, naissances des cochons; l'on observe le nombre des
petits qu'une truie peut mettre bas et la couleur des parties du corps,
la tête, la queue; si parmi trois petits il y en a deux noirs et un
seul blanc, etc.

K. 7985 traite des êtres qui doivent le jour à une chèvre, un
cheval, un renard, un serpent, un [signes cunéiformes],[89] un corbeau, un
[signes cunéiformes],[90] un [signes cunéiformes], une *si-li-ta*, un [signes cunéiformes], etc.

---

[85] Voir plus haut.

[86] Akâpu, Del., *H. W.*, 58; Jensen, *K. B.*, VI, 366.

[87] Aussi K. 9713.

[88] ḫâmu syn. labâšu.

[89] Cet animal est encore mentionné Rm. 2, 532 avec le [signes cunéiformes]
qui paraît être aussi un animal.

[90] Voir plus haut.

L'haruspicine.

Le domaine considérable de la divination nécessiterait une étude complète basée sur un nombre beaucoup plus considérable de textes, qu'il ne m'a été possible d'examiner. En attendant la publication prochaine de ces documents dont le British Museum possède un choix immense, il ne sera pas inutile d'en passer en revue quelques-uns ; mes copies malheureusement ont dû être faites à la hâte et il est bien entendu, que je ne puis donner ici que des extraits suffisants pour une orientation générale dans ce champ nouveau ; le mérite d'être inédits en fera pardonner l'imperfection.

Augures tirés de l'examen du ⟨cunéiforme⟩, du ⟨cunéiforme⟩, du ⟨cunéiforme⟩, etc., etc.,
K. 1191.[91]

1. *Si le milieu du NA est fendu* . . . .

    ⟨signes cunéiformes⟩

2. *Si à droite du NA et à gauche du NA un U est placé* . . . . . .

    ⟨signes cunéiformes⟩

3. *Si à droite du GIR et à gauche du GIR un U est placé* . . . .

    ⟨signes cunéiformes⟩

4. *Si le milieu du GIR est fendu* . . . .

    ⟨signes cunéiformes⟩

Rm. 138.

1. *Si le SI est — ? et dans le GAB gauche se trouve* . . . .

    ⟨signes cunéiformes⟩

2. *Si le SI est — ? et sa tête dans le GAB gauche se trouve*

    ⟨signes cunéiformes⟩

---

[91] La numérotation des lignes, comme je l'ai dit plus haut, ne se rapporte pas aux originaux puisqu'il ne s'agit ici que d'extraits plus ou moins longs.

3. *Si le SIG du ṢI depuis la droite jusqu'à la gauche enveloppe le ŠU . SI . . . .*

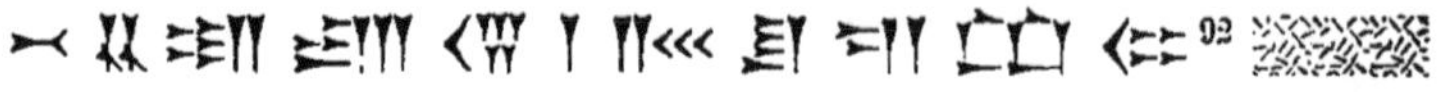

4. *Si le ṢI — ? — . . . .*

80, 7–19, 87.

1. *Si le NA est long, les jours du prince seront de longue durée*

2. *Si le NA est long et que ses parties intérieures? (en) une tige s'étendent,*[94] *les jours du prince seront accomplis*

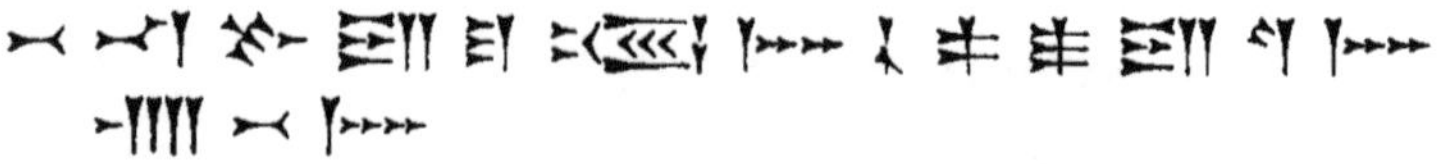

3. *Si la base du NA est longue et qu'on voit le* puridu[95] *droit, l'ennemi parlementera avec le prince, ou l'ennemi hors du pays sortira — ? —*

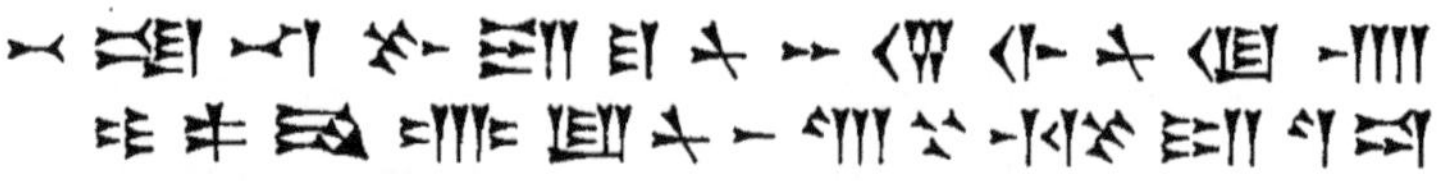

4. *Si la base du NA est longue et qu'on voit le* puridu *gauche, le prince avec son ennemi parlementera, ou l'armée hors du pays ennemi sortira — ? —*

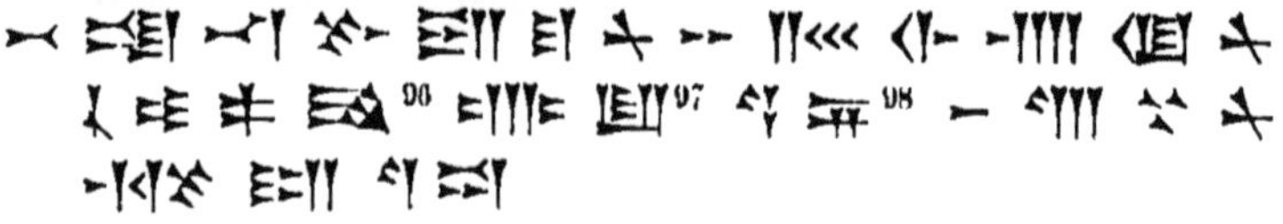

5. *Si la base? du NA est longue et qu'à la droite du GIR elle se tient, les dieux marcheront au secours de l'armée ennemie, par l'arme l'ennemi me tuera*

[92] lamû. [93] arâru. [94] ašâṭu (שט״)? [95] Jensen, K.B., VI, 508.
[96] ipaqar de paqâru. [97] ulu = ou, ou bien. [98] plutôt : mon armée.

6. *Si la base ? du NA est longue et qu'à la gauche du GIR elle se tient, les dieux marcheront au secours de l'armée du prince, par l'arme l'ennemi je tuerai*

7. *Si . . . . est long (longue) et tombe à la droite du GIR, le pays du prince verra la famine, par l'arme l'ennemi me terrassera* [99]

8. *Si . . . . est long (longue) et tombe à la gauche du GIR, le pays de l'ennemi verra la famine, par l'arme l'ennemi je terrasserai*

81, 2–4, 197.

1. *Si la base du NA est longue et vers le GIR et le GIR vers le puridu droit tombe . . . .*

2. *Si la base du NA est longue et vers le GIR et le GIR vers le puridu gauche tombe . . . .*

3. *Si la base du NA est longue et vers le PAR droit du GIR tombe . . . .*

[99] *Ou* ⸺, *ma copie faite à la hâte n'a pu être collationnée.*

4. *Si la base du NA est longue et vers le PAR gauche du GIR tombe* . . . .

5. *Si la base du NA est longue et vers le GIR et le GIR vers le KA . DUG . GA* [100] *tombe* . . . .

6. *Si le NA et le GIR un peu (quelque peu) tiennent et vers le PAR droit tombent*

7. *Si le NA et le GIR un peu (quelque peu) tiennent et vers le PAR gauche tombent* . . . .

8. *Si la base du NA est longue et le GIR atteint* . . . .

9. *Si la base du NA est longue et le GIR n'atteint pas* . . . . . .

10. *Si la base du NA est longue et vers le MENI tombe* . . . . . .

79-7-8, 129.

1. *Si le ŠI ses bases à droite sont fixes* . . . .

2. *Si le ŠI ses bases à droite sont fixes et le milieu du ŠI à droite est détaché* . . . .

[100] Terme d'haruspicine qui désigne une partie fatidique de la victime.

3. *Si le ṢI ses bases à droite sont fixes et le bas du ṢI à droite est détaché* . . . .

4. *Si le ṢI son sommet et sa base à droite sont fixes et que le milieu du ṢI à droite est détaché* . . . .

5. *Si le ṢI son sommet et sa base à droite sont fixes et que le milieu du ṢI à gauche est détaché* . . . .

6. *Si le ṢI son sommet et sa base à droite sont fixes et que le milieu du ṢI à droite et à gauche est détaché* . . . .

K. 6054.

Ce texte qui se rapporte à la série ⸻, donne des augures tirés des différentes couleurs, que peut présenter le ŠU . SI.

1. *Si le sommet de l'éminence droite du ŠUSI est noir* . . . .

2. *Si le milieu de l'éminence droite du ŠUSI est noir* . . . .

3. *Si la base de l'éminence droite du ŠUSI est noire* . . . .

4. *Si le ŠUSI est noir* . . . .

5. *Si le ŠUSI jusqu'à sa moitié est noir* . . . .

6. *Si le sommet du ŠUSI est meurtri*[101] . . . .

7. *Si le sommet du ŠUSI est meurtri et noir* . . . .

8. *Si le sommet du ŠUSI est meurtri et qu'un U est placé* . . . . .

9. *Si le sommet du ŠUSI est meurtri et qu'à l'intérieur un* diḫu
est placé . . . .

10. *Si le ŠUSI est jaune* . . . .

11. *Si dans le sommet du ŠUSI un DI est placé*

K. 1365 (série du ŠU.SI, No. 9).

1. *Si le ŠUSI (est) comme un croissant, arrêt (jugement) de la
ville sur son roi, les fils de son palais le tueront avec leurs
sceaux*

2. *Si le ŠUSI (est) comme la tête d'un lion, le prince ses serviteurs
l'attristeront*

[101] Touché, endommagé ? *lapâtu.*

3. *Si le ŠUSI (est) comme l'oreille d'un lion, le prince n'aura pas de rival*

4. *Si le ŠUSI (est) comme l'oreille d'un lion et que son sommet est fendu, ton armée au début de sa campagne ses dieux l'abandonneront*

5. *Si le ŠUSI (est) comme l'oreille d'un lion et que sur lui un U est placé, ton armée au début de sa campagne ses dieux l'abandonneront*

6. *Si le ŠUSI (est) comme l'oreille d'un lion et que le dessus sa droite est détachée, l'armée ennemie n'aura pas de rivale*

7. *Si le ŠUSI (est) comme l'oreille d'un lion et que le dessus sa gauche est détachée, l'armée du prince n'aura pas de rivale*

8. *Si le ŠUSI (est) comme la langue d'un bœuf, le prince ses généraux se révolteront* [102]

9. *Si le ŠUSI est comme la tête d'un mouton, le prince . . . . . . fera ?*

[103] [104]

---

[102] barru, se révolter, Thompson, *A. K.*, No. 192 ; No. 193, 3, *ibaru* ; No. 237, 8 : bartu.   [103] *ga-me-ru-tu.*   [104] *eppuš.*

10. *Si le ŠUSI jusqu'à sa moitié est comme la corne d'une chèvre, le prince pour son pays s'affligera*

11. *Si le ŠUSI jusqu'à sa moitié est comme la corne d'une chèvre et que son sommet est fendu, le génie protecteur de l'homme vers un autre se tournera*

12. *Si le ŠUSI jusqu'à sa moitié est comme la corne d'une chèvre et que son sommet le GU tient, le* massû *sera* — ? [105]

13. *Si le ŠUSI comme la corne d'une chèvre pousse* [106] *(pointe), le KU* [107] *du pays sera transformé, le prince pour son pays sera affligé*

14. *Si le ŠUSI comme la corne d'une chèvre pousse (pointe) et que son sommet le GU tient, le* massû *sera* — ?

15. *Si le ŠUSI depuis sa base jusqu'à son sommet comme la corne d'une chèvre pousse (pointe), le tribut? ira au dehors?* [108]

---

[105] III., R., 56, 23, il y aura dans le pays *massû* ou *massûtu*.
[106] *zarû.*
[107] *qimu*, cf. *ša-ni-i qi-mu*, K. 3954; *qimu* = *farine*.
[108] *iṭṭarrad?* littér. sera chassé.

16. *Si le ŠUSI depuis son sommet jusqu'à sa base comme la corne d'une chèvre pousse (pointe), le tribut rentrera??*

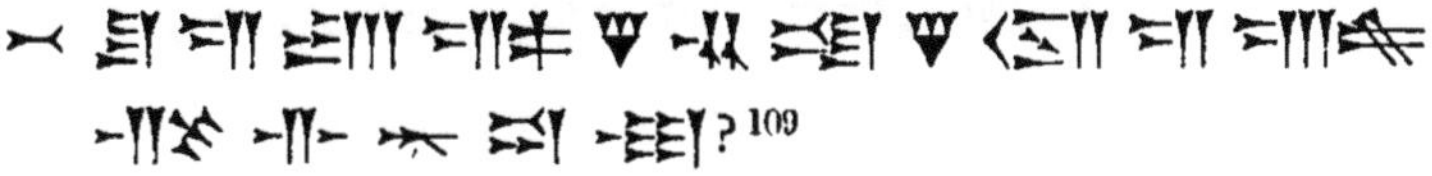
[109]

17. *Si le ŠUSI est comme la tête d'un chien, jugement (décret) de NUN.GALGAL amêl MÁDUDU qui fit la* kiššutu *(puissance)*

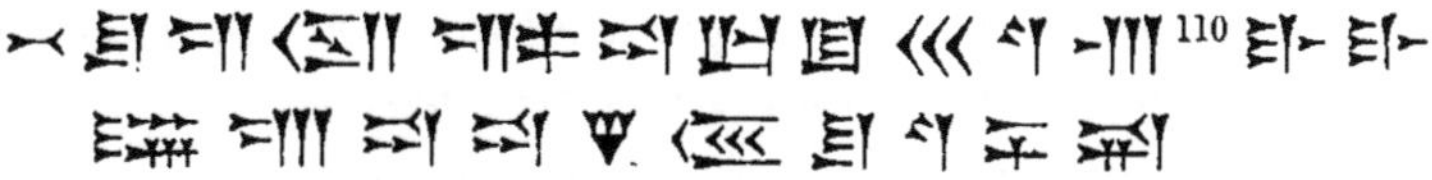
[110]

18. *dans sa ville un malfaiteur le — ? —(tua ?)*

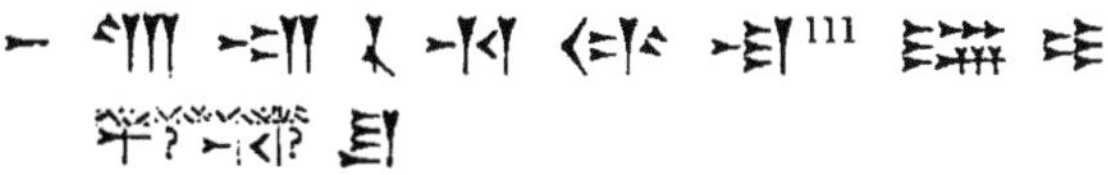
[111]

19. *Si le ŠUSI est comme la langue d'un chien, le dieu dévorera?*

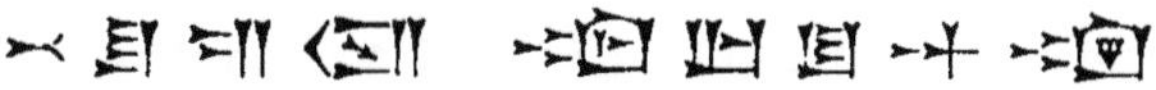

20. *Si le ŠUSI est comme la tête d'un serpent, le prince n'aura pas de rival*

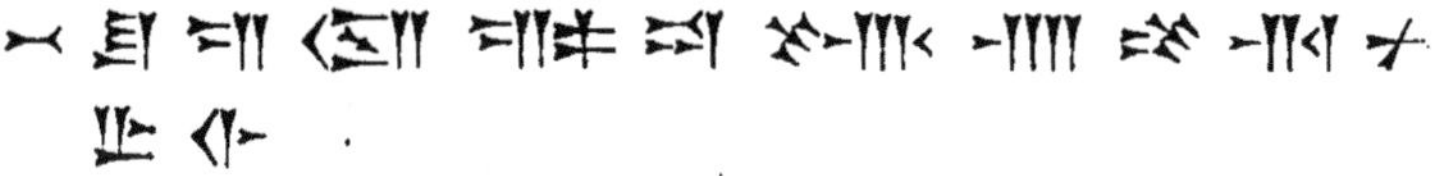

21. *Si le ŠUSI est comme la tête d'un* zuririttu *(animal), l'arme du roi sera stable*

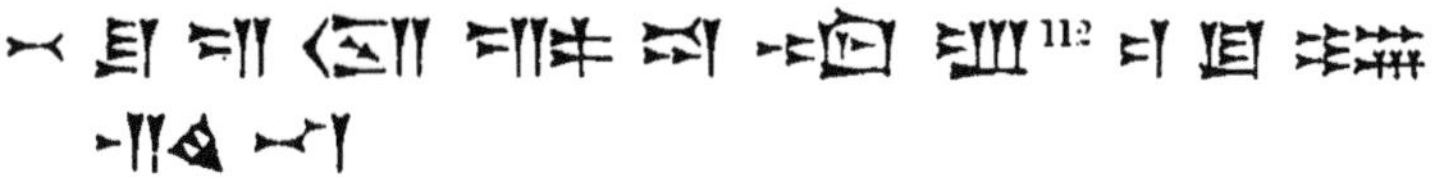
[112]

22. *Si le ŠUSI est comme l'aile d'un* allallu,[113] *le KU du pays sera transformé*

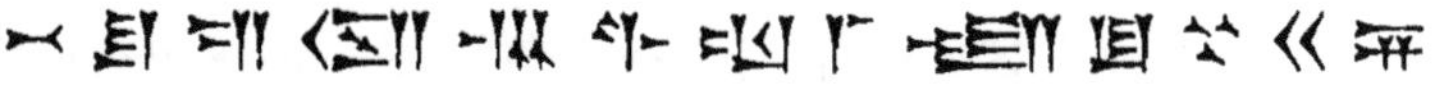

[109] Ma copie est incertaine. [110] Ou  ?

[111] *ḫulla*, cf. *ḫulâte*, Del., *H.W.*, p. 276 (*paglâte*?).

[112] *Cf.* Pinches, T., p. 19, il est douteux que ce soit un animal *fabuleux* (*cf.* Meissner, *Suppl.*, p. 35). Voir aussi K. 139 et K. 6912. 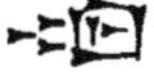 valeur *zur, sur.*

[113] oiseau, *cf.* Del., *H.W.*, p. 73.

23. *Si le ŠUSI comme l'aile d'un* sudinnu[114] *est mince,*[115] *il y aura famine dans le pays du prince*

etc., etc.

VERSO.

1. *Si le ŠUSI s'écarte et que le ṢI droit on voit, le roi de Phénicie se lèvera et le roi d'Accad s'emparera du trône*

2. *Si le ṢI s'écarte et qu'on voit le ŠUSI droit, le roi d'Accad se lèvera, et le roi de Phénicie s'emparera du trône*

3. *Si le sommet du ŠUSI est enlevé (manque), en face de mon armée l'ennemi tombera, au roi il sera livré*

V R. 63ᴮ.

10. *Si le NA est long, les jours du prince seront ae longue durée; si le GIR ses KI . KU sont courts*

---

[114] *oiseau,* Del., *H. W.,* p. 490.

[115] *rakâku* = être mince ; ce thème se trouve dans les autres langues sémitiques, arabe, hébreu, etc., etc.

[116] *ittesi'ma* de *nasû,* Del., *H. W.,* p. 470 = 𒋛.

11. *La marche de l'homme par le dieu sera conduite, le dieu à l'homme de la nourriture et (ou) de l'eau il augmentera*

[signes cunéiformes] [117] [signes cunéiformes] [118]

12. *Si le DI se trouve, salut du ? ; si le ŠI ses bases à droite, sont stables à gauche sont chancelantes.*

[signes cunéiformes]

13. *(Si) la base de mon armée est solide, la base de l'armée ennemie sera chancelante*

[signes cunéiformes]

14. *Si la gauche du ŠI est consistante,[119] l'ennemi sa puissance sera prépondérante? l'armée du prince souffrira de la détresse[120]*

[signes cunéiformes]

15. *Si le ŠUSI [est sain],[121] le sacrificateur sera bien portant, ses jours seront de longue durée. Si le BIR est vaste, bonté du cœur[122] (sera)*

[signes cunéiformes]

[117] *u-lu.*

[118] *eṣepu.*

[119] *šatâqu*, Meissn., *Supplem.*, 99, idéog. [signe] = *sâmu*, K.B., VI, 570, peut-être = talmud. שׂתך ? Ici nous avons un autre *šatâku* = H.W., p. 695.

[120] Littéralement : mangera la détresse.

[121] Dans *M.V.G.*, 1896, No. 1, 69, Messerschmidt fait remarquer avec raison que le texte de Nabonide, Constantinople, donne une leçon préférable à celle de V R. 63. Je suppose qu'il faut sous-entendre ici [signe] (*Nabonide, Const.*, XI, 2, *ša-lim*); il ne peut s'agir en aucune façon du ŠUSI du sacrificateur; K. 1523 + K. 1436 (S. A. Smith, *Asurb.*, III, l. 4) en est une preuve.

[122] C'est par erreur que Messerschmidt dit *loc. cit.*, p. 59: Die Deutung fehlt hier und V R., c'est *ṭûb libbi* qui est la Deutung. Traduire *ubânu* par Spitze comme le fait également Knudtzon et BIR (*ama*) par Muttertier est inadmissible.

16. *Si la partie supérieure va et vient*[123] *(il y aura) abaissement! si l'homme dans le jugement*[124] *sur ses ennemis se tient*

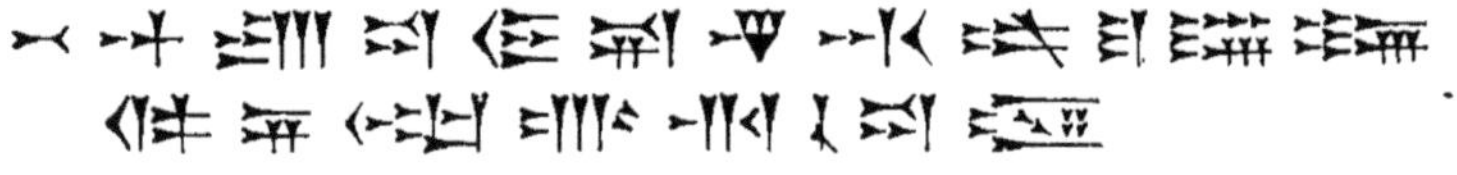

17. *Si le ŠUSI du HAR milieu sa base est dégagée, mon armée souffrira de la détresse*

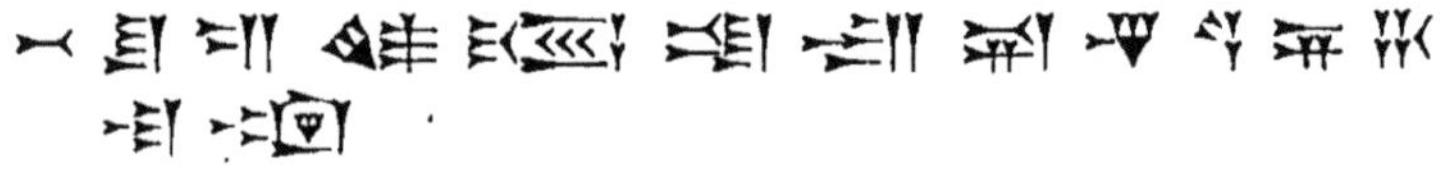

18. *Si l'iléon* 14 (*c'est-à-dire son nombre*) *dans le cas normal* (*il y aura*) kirâti [125] *de ma main, l'objet de ses désirs mon armée atteindra*

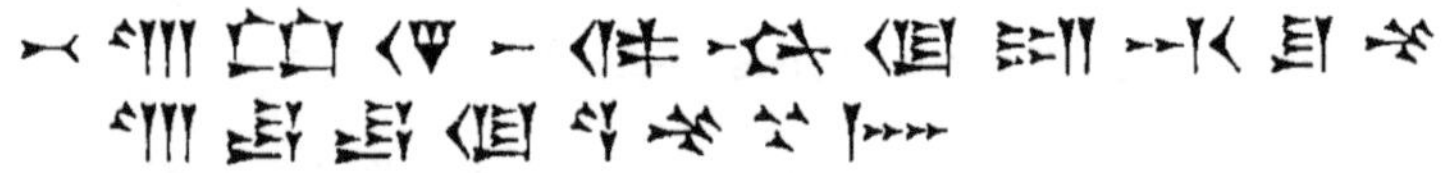

19. *Mon armée dans l'expédition* (*littér. le chemin*) *où elle va souffrira la détresse*

23. *Si le NA est long, les jours du prince seront de longue durée*

24. *Si le GIR est double et à droite ils se trouvent, les dieux marcheront à côté*

25. *Si le DI est bien constitué,*[126] *les bases sont stables, demeure tranquille (sera)*

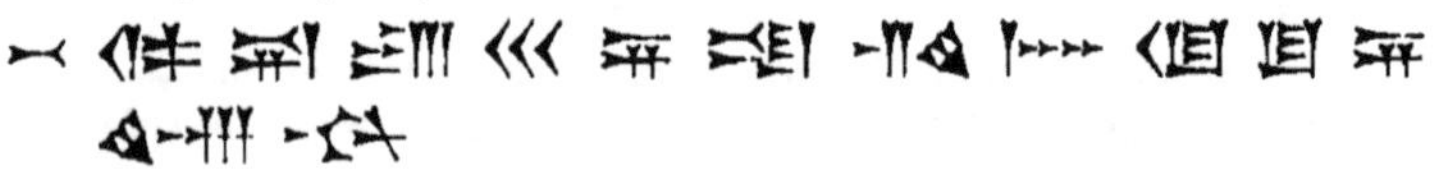

[123] doit être un verbe ici = *aliku ;* DU = *tum* avec AN . TA = *eli-tum ; cf.* des passages similaires.

[124] *dînu* est la justice, le jugement révélé. Cette phrase est un peu obscure du fait de *šumma* qui le précède ; il semblerait plus logique de la regarder comme la conséquence d'un fait observé.

[125] KIRÂTI = paralysie ou état morbide quelconque, appesantissement à cause de Meissner, *Suppl.*, 50. כרה.

[126] *uš-ta-ba-ni*, III$_2$ de *banû*.

26. *Si le GIR à droite du SI est fermé* (is-rit),[127] *que le SI se trouve, ton armée le commencement de sa campagne atteindra, elle reviendra en bon état*

27. *Si le SI est long, les jours du prince seront de longue durée*

28. *Si la gauche du SI est — ? , marche conquérante de l'ennemi*

29. *Si dans le milieu du SIR du ŠUSI au milieu du — ? un ISKU se trouve, qu'on le voit dessous, l'arme d'Istar*

30. *me secourera, l'attaque ennemie sera détournée 2° l'arme diepu* [128] *est son nom*

31. *Si la partie supérieure du SIR du foie? à droite dépasse et qu'un* kaskasu *dans son milieu perce (est percé)* [129]

32. *trahison?* [130] *de mon armée, l'armée ennemie tombera sur son — ?*

[127] pa-rit?

[128] *di-e-pu* de *da'âpu* ou *ta'âpu*, que Zimmern (*Ritualt.*, p. 174, 3) rapproche de ‏דחף‎.

[129] Comparant ce passage avec celui de Nabonide, Constantinople, XI, 33, nous voyons que *kaskasu* = syriaque ‏ܟܘܣܟܣܐ‎ (Payne-Smith, 1786) = cartilago ; *pališ* = ✝ 𒀭 = *pariš*, avec changement de l en r.

[130] *sarâru* = *sarâmu* (voy. plus loin) = *sarâmu*, V R., 36, 57 *a, b*, où *kapâdu* vient ensuite ; *sarâmu* et *kapâdu* sont employés dans un sens analogue dans les documents de Knudtzon (*Sonnengott*).   Le sens ici paraît être que l'armée sera en proie à des menées sourdes dues à un esprit de trahison

33. *Si sur le KIDI un — ? monte, l'ombre (protection) du dieu
sur l'homme sera, le dieu irrité envers l'homme sera propice*

Nabonide, Constantinople, XI.[131]

1. . . . .

2. *[Si] le ŠUSI est sain (normal)*

3. *le sacrificateur sera sain*

4. *Ses jours seront de longue durée*

5. *Si au lieu (à l'endroit) du BIR la gauche du BIR est vaste ?*

6. *dans le corps de l'ennemi il y aura ?* šalmatu

7. *Si le BIR est vaste, bonté du cœur (sera)*

8. *Si le ISKU du BIR à gauche (se) lève*

9. *mon armée de (la nourriture) aigre*[132] *avec*

[131] Consulter les travaux du P. Scheil, *Recueil de Travaux*, 1896, pp. 15 et 77,
et de Messerschmidt, M.V.A.G., 1896 ; il m'a paru inutile de relever tous les
points sur lesquels je suis en désaccord avec Messerschmidt ; je me plais à
reconnaître l'utilité de quelques-unes de ses remarques.

[132] *Cf.* K. 4, S. A. Smith, *Asurb.*, III, l. 6 : *ummâni ḫimṣa itti ummân nakri
ikkal ; ḫimṣa* = חמץ.

10. *l'armée de l'ennemi mangera*

11. *Si devant le* gibšu *de droite (à droite)*

12. *deux ISKU projetés*[133] *(apparaissent)*

13. *dont leur nom est jour de l'écrasement* (ḫašâlu)

14. *ceux qui haïssent*

15. *aimeront*

16. *dans le sol*[135] *ennemi*[136]

17. *il y aura bienveillance*

18. *les dieux Sin et Šamaš avec mon armée*

19. *marcheront et je vaincrai l'ennemi*

20. *les dieux courroucés*

---

[133] Pour le *nadâru*, l'arabe نذر est à rapprocher ; la signification " wüthen," Del., *H. W.*, 452, n'est pas assez précise.

[134] Tel est le signe que j'ai cru voir sur une photographie: *ša-qum* ou *ša ḫašâlu*?

[135] *qaq-qar* de *qaqqâru*.

[136] littér. dans le sol de l'inimitié.

[137] *iṭi* pour *itti*.

21. *envers l'homme seront bienveillants*

22. *Si le ṢI ses yeux à droite se trouvent*

23. *il y aura puquddû* [138] *(SI . LAL) ; si au sommet du NA un
    ISKU*

24. *se trouve et le NA suit de près* [139]

25. *Si le* gibšu *droit du ṢI est — ?*

26. *Si entre le* kubšu *du foie ?*

27. *et le* mukil reš *du foie ?   ?   ?*

28. *Si la partie supérieure va et vient*

29. *ŠU . UŠ . TI (=* šûšurtu [140]*) de mon armée — ? —*

30. *Si l'homme dans le* dinu *(procès ?)*

31. *sur ses ennemis se tient*

---

[138] Pour les divers sens on n'a que l'embarras du choix : examen, enquête, expertise, etc.

[139] *ridû.*

[140] *H. W.*, p. 248 : Niederwerfung.

32. *Si la partie supérieure du ṢIR du foie à droite dépasse*

33. *et le KAK. ZAG. GA* (= kaskasu) *dans son milieu*

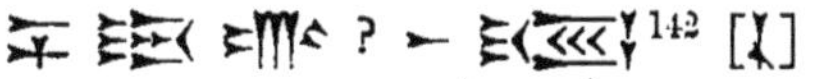

34. *est perforé, (il y aura) trahison préméditée de mon armée*

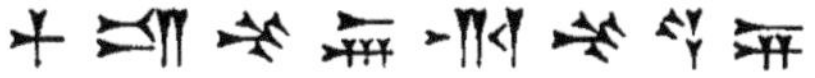

35. *l'armée ennemie tombera sur son — ?*

36. *Si la partie supérieure va et vient*

37. — ? — — ? — — ? — — ? — — ? — — ? —

38. *Si le* mukil *du sommet du ḪAR à droite est abondant*

39. *joie du cœur de mon armée*

40. *Si le DI de l'*ummat *du foie à droite se trouve*

41. *bienveillance envers la multitude*[144]

42. *Si le ŠUSI est tendu vers . . .*

141 Se laisse restituer avec certitude d'après la photographie.

142 Sic !

143 Le dernier signe me paraît bien être (Scheil), malgré les doutes de Messerschmidt. Mais que signifie cette phrase? *Kidi* est fréquent dans les présages, *cf.*, par exemple, III, R. 55, No. 1, 24. Je soupçonne que dans les deux signes il s'agit d'un *katâmu* (II_1) du *kidi* (*cf.* Meissn., *Suppl.*, s.v.).

144 Si est sûr, ce qui est mon avis, on aurait ici le mot *kamru* de *kamâru*, dont j'ai traité (*Revue Sémitique*, Avril, 1900, p. 151), et qui signifie multiplier.

Ici s'arrête le document inachevé, la dernière ligne même paraît être incomplète ; on serait tenter de restituer à la fin le signe ⟨signe⟩.

La comparaison de la ligne 33 de ce document avec V R. 65, l. 31, est instructive par ce fait, qu'elle nous donne la lecture de—

$$\text{⟨signes cunéiformes⟩} = kaskasu$$

K. 3945.

Dans une partie de ce document nous lisons, après qu'il a été question du ⟨signes cunéiformes⟩ (iléon), dont on établit les présages d'après le nombre :[145]

1. *Si la langue du mouton fortement est—?, (le signe) est non favorable, dans le non être favorable, c'est favorable*

⟨signes cunéiformes⟩

2. *Si la partie antérieure du bas du ŞI a une fissure, (le signe) est non favorable, dans le non être favorable, c'est favorable*

⟨signes cunéiformes⟩

3. *Si le (la) ? du foie? à droite est enlevé, (le signe) est non favorable, dans le non être favorable, c'est favorable*

⟨signes cunéiformes⟩

4. *Si le (la) ? du foie? à droite est coupé, (le signe) est non favorable, dans le non être favorable, c'est favorable*

⟨signes cunéiformes⟩

[145] Il est parlé aussi du cas où le ⟨signes cunéiformes⟩ est rempli de ⟨signe⟩ (poussière, sable, argile).

Ailleurs (dans le Verso)—

5. *Si le* zibu[146] *III à gauche, ce n'est pas favorable, dans le non être favorable, c'est favorable*

6. *Si III* zibu *du détourner* (suḫḫurti) *à gauche, ce n'est pas favorable, mais dans le non être favorable, c'est favorable*

7. *Si* 3 isku ariduti *à gauche se trouvent, ce n'est pas favorable dans le non être favorable, c'est favorable*

8. *Si le* gir (niru) *à gauche du ṣi est déplacé (ou se dresse), ce n'est pas favorable, dans le non être favorable, c'est favorable*

9.   [147]

10. *Le* negar *et la* gabuštum *d'après l'état où ils se trouvent dans ton examen (du viscère)*

---

[146] *Cf.* Knudtzon, *S. G.* 295, *zibu*, qui est traduit par Wolf; pour *zibu* voir plus loin.

[147] Tels (ceux-ci) les NEGAR; ailleurs par opposition on a *annâti* , DA. 234, l. 25. Ce sont deux catégories de faits observés dans l'haruspicium, 1° , 2° . Notre texte concorde avec K. 59 (DA. 225), K. 3951 (DA. 233) et K. 3976, publié par Virolleaud dans ses *Fragments de textes divinatoires*, Londres, 1903, Harrison & Sons.

E

11. *dans ton examen favorable y-a-t-il parmi ceux-ci un signe — ?,*
cet examen n'est pas favorable

12. *dans ton examen non favorable y-a-t-il parmi ceux-ci un signe*
— ?, cet examen est favorable

13. *dans ton examen égal de part et d'autre? y-a-t-il parmi ceux-ci*
un signe — ?, cet examen n'est pas favorable

14. *dans ton examen dont les signes favorables sont nombreux et les*
signes funestes en petit nombre ·

15. . . . . *y-a-t-il parmi ceux-ci un signe — ?, cet examen*
n'est pas favorable

Après une lacune de quelques lignes, on a un texte exactement
semblable à DA. p. 235 (Col. III verso), l. 2 et suiv., auquel nous
renvoyons, en indiquant les corrections suivantes :—

2. à la fin :

3.

4. dernier signe

6. ⤙⤙ est sûr.

<hr>

148 *Id.*, K. 6744.

7. [signe] est le premier signe selon toute probabilité ; après [signe] lire [signes]

8. [signe] (est sûr) [signes] (*adannika*) ; après [signe] il ne manque rien.

9. [signes cunéiformes]

10. [signes cunéiformes]

11. [signes cunéiformes] à la fin il ne manque rien.

13. à la fin lire [signes cunéiformes] [149]

17. à la fin lire [signes cunéiformes] sic ! [signes cunéiformes]

Dans cette classe de documents publiés dans DA. de 225 à 237, auxquels on peut ajouter les fragments communiqués par Virolleaud, il est toujours établi une balance entre les signes favorables et les signes non favorables. C'est ainsi que nous voyons DA. 236, l. 13 et suiv. (Virolleaud, K. 3976).

13. Si tu fais l'examen et que ses signes favorables sont nombreux, les signes funestes en petit nombre et que le [signes] se trouve, il faudra recommencer l'examen [150] ([signes cunéiformes]).

14. Si tu fais l'examen et que ses signes funestes sont nombreux, ses signes favorables en petit nombre et que le [signes] se trouve, favorable est son examen (*piqitsi*).

Dans d'autres cas semblables, c'est-à-dire dans lesquels les signes funestes et les signes favorables sont plus ou moins nombreux, on constate la présence non d'un [signes], mais d'une [signes] ; comme on le voit il s'agit là de deux facteurs importants pour l'augure ; il ne suffit pas de compter les signes funestes ou favorables, il faut encore vérifier s'il y a un [signes] ou une [signes] ; or dans le cas normal ([signes]) il peut se présenter jusqu'à 7 [signes] de même que 7 [signes] (DA. 236, l. 24 et suiv., K. 3976, Virolleaud) ; la signification de ces termes m'est inconnue.[151] Il est des cas enfin où il est spécifié, qu'il ne

---

[149] Lire ainsi à la fin de ligne 8, recto de K. 3976, publié par Virolleaud.

[150] A ta main tu tourneras ; je suppose que cette expression doit s'entendre ainsi, tu dois remettre la main à l'œuvre, recommencer l'examen.

[151] [signes] = fusion, combustion ; [signes] (*gabâtu*) = épaississement, et l'un et l'autre de ces termes contradictoires paraissent ailleurs indiquer ce qui est favorable ou défavorable ; j'avoue cependant n'être pas au clair sur leur véritable signification.

faut pas tenir compte des signes favorables principalement lorsqu'il y a équilibre entre les deux classes de signes. K. 3976 (Virolleaud), l. 13.

Si tu fais l'examen et que les signes favorables et les signes funestes se balancent (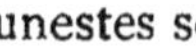 = *šutapulu*), à ses signes favorables, tu ne te fieras pas (*la tatakal*).[152] Il en est de même dans les cas où il y a nombre égal de part et d'autre mais avec le présence d'un . Au contraire l. 17.

Si tu fais l'examen et que les signes funestes et les signes favorables se balancent et qu'une 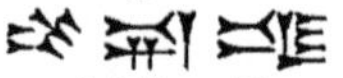 se trouve (*šaknat*), son examen est favorable (*šalmat paqidsi*). Il peut arriver naturellement que les signes favorables dépassent en nombre les signes funestes d'une unité et vice-versâ ;[153] l'état de nos textes ne nous permet pas de savoir quelles en sont les conséquences.

K. 4074.

etc., etc.

K. 6752.

[152] DA 236, l. 19.
[153] DA. 236, ll. 17 et 18.

4. [signes cunéiformes]

5. [signes cunéiformes]

Ces deux textes précités K. 4074 et K. 6752 concernent le *ḫalâqu* du *šusi*.

K. 4074.

1. *Si le* šusi *est ruiné* (ḫalqat) *et qu'à sa place*[151] *se trouvent deux ou trois* isku, *etc.*

2. *Si le* šusi *est ruiné* (ḫalqat) *et qu'à sa place se trouvent quatre* isku, *etc.*

3. *Si le* šusi *est ruiné* (ḫalqat) *et qu'à sa place se trouve un* isku *circulaire (*saḫru ?*), etc.*

K. 6752.

Si le šusi *est ruiné et qu'à sa place un* diḫu *est placé, etc.*

Si le šusi *est ruiné et qu'à sa place une* kamtum *se trouve, etc.*

81, 2-4, 300, concerne le *ekêmu* du *šusi*.

1. [signes cunéiformes]

2. [signes cunéiformes]

Si la droite (ou la gauche) est enlevée et qu'un isku *se trouve à l'intérieur, etc.*

Il peut arriver que le *šusi*[155] soit au nombre de deux ou de trois (Rm. 315).

[signes cunéiformes]

Sm. 753, dont un long extrait est publié dans *Catal.*, p. 1432, parle aussi du *ḫaṣâṣu* du sommet du *šusi*.

[signes cunéiformes]

Si le sommet du šusi *est fendu ?, la muraille tombera*

---

[151] *maškânu.*
[155] *šusi* est féminin en assyrien.

Pour d'autres textes *cf.* DA. et le catalogue, citons encore Sm. 255.

1. *Si les signes du* šiṭu (*pâni ṬU*) *sont certains et que* [*la droite du* šusi *est fendue*] . . . .

3. *Si les signes du* šiṭu *sont certains et que la gauche du* šusi *est fendue*

4. *Si les signes du* šiṭu *sont certains et que la droite du* šusi *a des battements* . . . [157]

5. *Si les signes du* šiṭu *sont certains et que la gauche du* šusi *a des battements* . . . .

6. *Si les signes du* šiṭu *sont certains que* (*à*) *la droite du U*[158] *il ya un* gab (fissure), *etc.*

7. *Si les signes du* šiṭu *sont certains que* (*à*) *la gauche du U il ya un* gab, *etc.*

8. *Si les signes du* šiṭu *sont certains que* (*à*) *la droite du U il ya deux* gab, *etc.*

9. *Si les signes du* šiṭu *sont certains que* (*à*) *la gauche du U il ya deux* gab, *etc.*

[156] *ḫiṭâtišu ukâl* ? ses péchés il — ?

[157] *tarik* de *tarâku* : cette transcription est exacte.

[158] Il ressort de ce passage que ⟨ est un organe ou une partie d'un viscère comme le *šusi* ; est-ce le lobule de Spiegel que nous retrouverons plus loin ? quant à *gab* il désigne une fissure ?

K. 3846.

1. [cuneiform]

2. [cuneiform]

3. [cuneiform]

4. [cuneiform] [159]

5. [cuneiform]

6. [cuneiform]

7. [cuneiform]

8. [cuneiform]

9. [cuneiform]

10. [cuneiform]

[159] Les derniers signes ne sont pas sûrs.

Comme je l'ai déjà fait remarquer, ces copies de textes faites très hâtivement pour la plupart peuvent renfermer des erreurs; cependant je ne pense pas qu'elles soient de nature à donner de fausses notions de ces documents; l'important est que les passages qui indiquent les phénomènes observés soient exacts, et c'est le cas je crois, pour les extraits contenus dans ce travail. La comparaison de K. 3846 et du duplicata 81, 2–4, 198 nous révèle la transcription phonétique de l'idéogramme ; dans le verso de K. 3846 nous avons  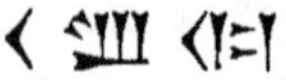 et dans le recto,  [160], d'où nous concluons que  = *niru.* Mais qu'est-ce que le *niru*? Y-a-t-il lieu de le rapprocher du *nîru* bien connu, *cf.* Del., *H.W.*, p. 461, mais rendu par un autre idéogramme; ou bien le *niru* de nos documents avec l'idéogramme 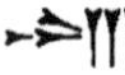 se rapporte-t-il spécialement à l'haruspicium; nous ne pouvons rien affirmer.

1. *Si le* na *du milieu du* meni, *un sillon vers le* na *est tracé, les dieux entendront l'*iiltu (iantu)[161] *du pays.*
2. *Si entre le* na *et le* niru *un sillon est tracé* ? ? ?
3. *Si entre le* na[162] *et le* niru *un sillon jusqu'à deux* (*fois*) *est tracé, l'épouse de l'homme son époux fera tuer.*
4. *Si entre le* na *et le* niru *un sillon jusqu'à trois* (*fois*) *est tracé, l'épouse de l'homme de tuer son époux méditera, elle tuera l'époux, gémissement ? du petit ?*

[160] Idem 81, 2-4, 198.

[161] *Cf.* l. 10, sens précis inconnu: révolte, murmures de révolte.

[162] NA = *mahirtu*, Del., *H.W.*, p. 403 (II R. 29, C.D. 29); il est très probable qu'il faudrait transcrire ainsi d'autant plus que II R. 29, *mahirtu* forme un groupe avec *kabbartu*, *qabbaltu*, qui désignent des parties du corps. D'autre part, le sens de "pierre, mâle," qu'a NA, serait un indice d'une signification possible de testicules ou phallus. Tout cela est bien vague; il ne faut pas perdre de vue le foie qui malgré tout reste le point capital de la mantique.

5. *Si entre le* na *et le* niru *qui est séparé, le (un) U est posé, la main de l'ennemi s'emparera de ta ville* ?

6. *Ou bien l'ennemi tuera tes gardes, dans les jours futurs séjour du* rabişu, *malheur, ruine du* urû, *dans le combat chute de celui qui* [marche en tête] *de mon armée.*

7. *Si entre le* na *et le* nirû *au côté bas du* niru *un U est posé, destruction des bœufs, des moutons, des ânes, le dieu avec ? l'homme . . .*

8. *Si au sommet du* na *devant le sillon du* na *le U est posé* ? *le fils de l'homme mourra.*

9. *A (dans) l'expédition rugissement du lion ou rugissement du* suqqur ? *dans le combat chute de celui qui marche en tête de mon armée.*

10. *Si le* şur (zur) *de son cœur (intérieur) est* ?[163] *malheur, destruction de* l'urû, *contre le roi* iiltu (iantu) *des peuples.*

11. *Si dans l'intérieur du sommet du* na *le U est posé, le maître non puissant*[164] (*littér. grand*) *mourra, chute du prêtre,*[165] *le sacrificateur au commencement de l'année mourra,*

12. *ou le fils de l'homme mourra, si sa partie antérieure au côté il saisit, dans le combat chute de celui qui marche en tête de mon armée.*

13. *L'ombre (la protection) du dieu Usan au roi bonne ; si un* meḫru *dans le comblement du fleuve du* ȚU[166] *est placé, il y aura* kartu — ? . . . . .

D.T. 49.

1. ⸢cuneiform⸣ [167]

2. ⸢cuneiform⸣

3. ⸢cuneiform⸣

---

[163] ⸢signe⸣ = blanc, pişu, cependant le sens de cette phrase m'échappe ; ma copie porte ⸢signes⸣ u + bi, mais je suppose que nous avons un seul signe şur (zur).

[164] Ailleurs on a au contraire ⸢signes⸣.

[165] Cyrus, 323, 5 et 346, 6 ⸢signes⸣.

[166] Ma copie porte ⸢signe⸣ mais je crois que c'est une erreur.

[167] Voir aussi le duplicata K. 6283.

4.

5.

6.

7.

8.

9. [108]

10.

11.

12.

13.

14.

15. [169]

16. [170]

17.

18. [171]

---

[108] Un autre texte semblable provenant de Kouyunjik, et actuellement au Louvre, est N. 3553; tablette de couleur rougeâtre; N. 3553 ⟶ 𒀭𒀭, etc.

[169] K. 6283.

[170] K. 6283.

[171] K. 6283 ; voir aussi N. 3553, dont les phrases concordent avec celles de notre document.

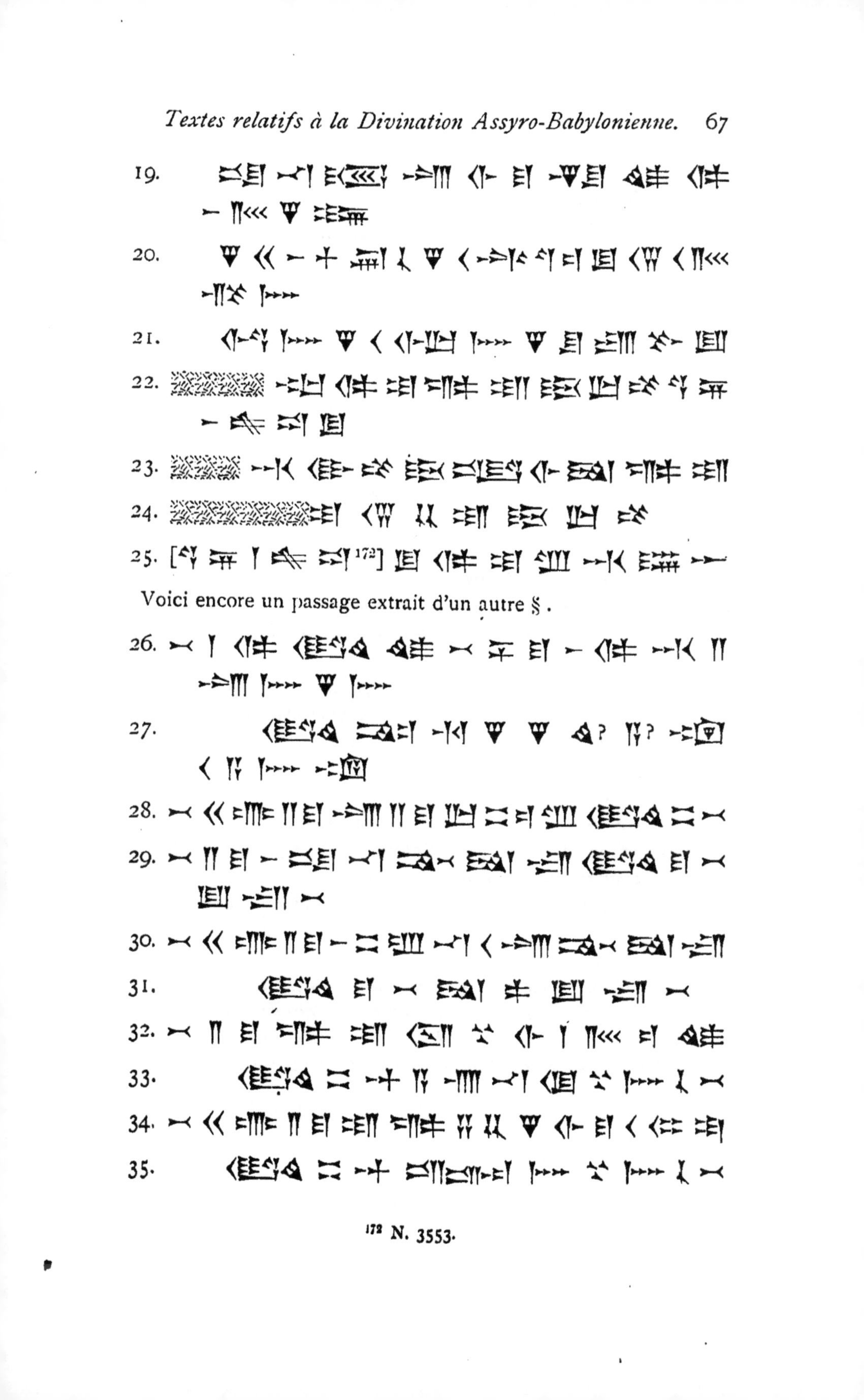

19.

20.

21.

22.

23.

24.

25.

Voici encore un passage extrait d'un autre §.

26.

27.

28.

29.

30.

31.

32.

33.

34.

35.

172 N. 3553.

36. 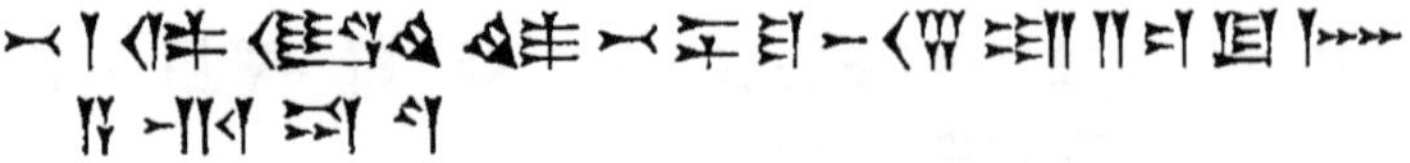

37. 

38. 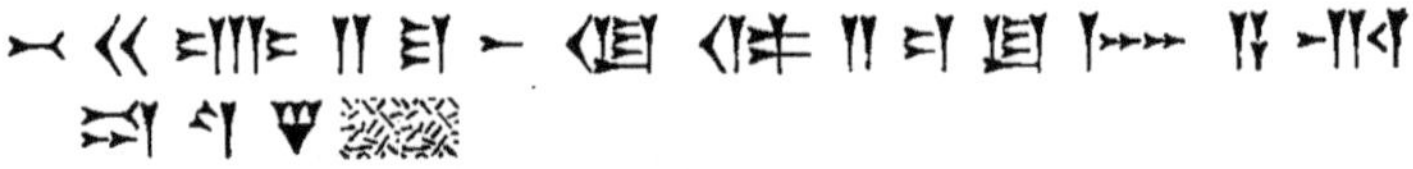

39. 

40. 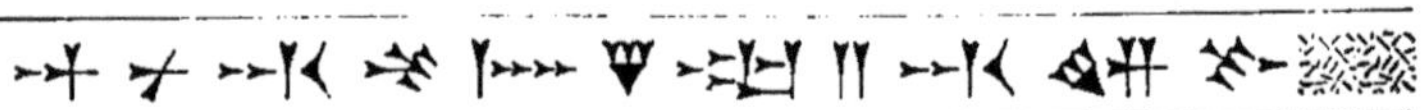

41. 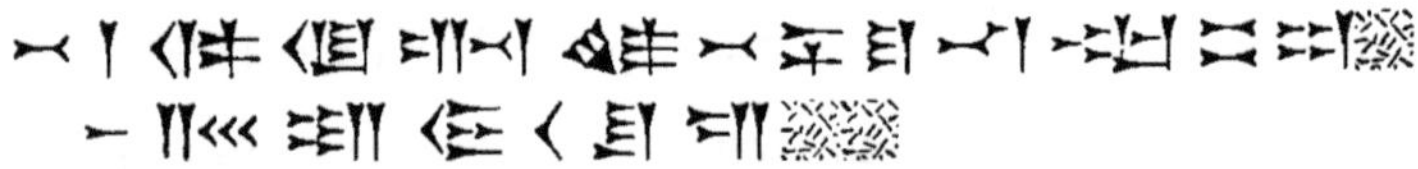

1. *Si à la place du* tim *gauche le U est placé, le — ? mourra dans la maison de l'homme*
2. *on dit que c'est son augure*
3. *Si le* di *soit dans son intérieur soit à l'intérieur de sa base, soit dans les signes du* šiṭu
4. *Si certains qu'ils soient, les signes qui dans son intérieur*
5. *Soit à l'intérieur de sa base se tiennent et sont placés.*
6. *à la place du* tim *gauche le U est-il placé, tu diras . . .*
7. *Si le* na *est déplacé*[173] *et que l'examen est favorable, que le* na *et le* niru [*à droite*]
8. *ou bien le* na *et le* gir *la gauche du* ṣi *foulent*
9. *si le* na *et le* gir *sont déplacés et à la gauche du* ṣi *ils se trouvent, le prince de son augure*
10. *sera exclu et un autre sera placé, mes dieux aux ennemis . . .*
11. *si le* šanû[174] *de la* bantu *a un* na *et un* niru *et qu'ils se trouvent à gauche.*
12. *la ville sera enlevée et dans un autre lieu elle sera habitée.*
13. *Si trois fois pour le salut du camp*[175] *tu fais l'examen* (*c'est-à-dire l'haruspicium*), *et que tes examens soient fâcheux,*
14. *l'ennemi me tuera et contre mes sujets?*[176] *il marchera*

[173] de sens de *ḫalâqu* doit être, "diviser, déplacer, détacher," ainsi qu'il ressort du contexte.

[174] La transcription est provisoire.

[175] *Karšu* = camp et corps.

[176] *Kidinnûti* ou *entuti*, III, R. 59, 54, No. 9, Thompson reports No. 180, Del., *H. W.*, p. 106.

15. *Si la partie antérieure du* kussû *a six ou sept fissures,*

16. *mon armée et l'armée ennemie dans la campagne paisiblement bivouaqueront,*

17. *Si le* šanû *effacé.*

18. *Si le* na *et le* gir *se trouvent et que le* suḫḫuru *du* di *à gauche se trouve,*

19. *qu'on voit le fondement du* na, *le milieu du* gir *et que le* suḫḫur *du* di *à gauche se trouve,*

20. *ou bien à sa place où le* U *se dresse, l'*isku *droit et gauche sont enlevés?*

21. *ses signes favorables et ses signes funestes se balancent.*

22. *[Si ton examen] est favorable que le sommet du* și *— ? — ? mon armée dans l'expédition où elle va*

23. *. . . . . — ? — ? — ? — ? — la partie antérieure du sommet du* și

24. *. . . . . la droite du bas du* și *— ? — ?*

25. *[mon armée dans l'expédition où elle va]*[177] *sera favorisée, chute de l'haruspice*

26. *Si pour le salut du malade on fait l'examen, que dans le cas normal les deux* niru *se trouvent,*

27. *le malade — ? — il prendra de la nourriture et boira de l'eau.*

28. *Si le* šanû *est double et le* niru *est double et sont fortement constitués (?), le malade mourra.*

29. *Si* idem *et qu'à la base du* na *un lambeau de chair — ? le malade* mamitu *le saisira il mourra*

30. *Si le* šanû *est double et que entre le* na *et le* niru *un lambeau de chair — ?*

31. *le malade le* mamitu *de l'*ašakku *le saisira, il mourra.*

32. *Si* idem *et que la tête du* și *comme un* kurši *à gauche est formé,*

33. *le malade les Anounnakis en prendront possession, il mourra*

34. *Si le* šanû *est double et que le* și *son sommet sa base on voit et qu'il est noir,*

35. *le malade les démons — ? en prendront possession, il mourra.*

---

[177] *itruk, tarâku, tarâku,* battre, avoir des battements; mais quel est le sens ici?

36. *Si pour le salut du malade on fait l'examen et qu'à la droite
    du și deux* isku aridutu [178]

37. *se trouvent, le malade en peu de jours* . . . .

38. *Si le šanû est double et que dans le* kidi *deux* isku aridutu *se
    trouvent* . . . .

39. 　　*qu'on (les) voit à droite, ce malade le démon* alû *le frappera*

40. *telles sont les lignes selon la seconde tablette* . . .

41. *Si pour le salut du corps? tu fais l'examen et que le* na *est
    foulé* [179] . . . *qu'à la gauche du* și, *le* ner *et le* šusi . . . .

Sm. 283.

Le 𒀭 𒁍 .

1. 〔cunéiforme〕

2. 〔cunéiforme〕

3. 〔cunéiforme〕

4. 〔cunéiforme〕

5. 〔cunéiforme〕

6. 〔cunéiforme〕

7. 〔cunéiforme〕

8. 〔cunéiforme〕

9. 〔cunéiforme〕

Le 𒀭𒁍 peut être noir à droite ou à gauche (l. 1 et 2),
il peut répandre du *rupuštu*, l. 3 (*H. W.* 626 = écume), ou du
sang (l. 4) il peut se plier à droite ou à gauche (l. 5 et 6), se
dresser (l. 7), être rempli de *piširtu* (l. 8); j'ignore ce que signifie
etiḫ; ḫaniq de *ḫanâqu* = comprimer. Il s'agit donc d'une partie
du 𒁍 (foie?) dont on tire l'augure. L'on trouve 𒁍 au

---

[178] *Aridu, arâdu,* de عرض = émerger, sortir, se développer; عَرِض = rigide,
fort.

[179] 〔signe〕 dans 〔signes〕 = *is*, ka-bi-is; un autre ex. 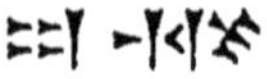 〔signes〕
= IS.SIM et non AB.SIM.

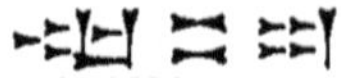

pluriel dans K. 2590, qui indique les remèdes pour l'homme, qui souffre d'une maladie intérieure 〔signes cunéiformes〕 ou 〔signes cunéiformes〕. Dans l'haruspicium il est question du 〔signe〕 dans 81, 2–4, 227, p. ex. du *qaṣâṣu* de la 〔signes〕 du 〔signe〕 (*qaṣâṣu* H. W., p. 590), de *l'epêqu* du 〔signe〕 : 〔signes cunéiformes〕, etc. Si le foie à droite est ferme ; *epêqu* H. W., p. 115.

80, 7–19, 277.

1. 〔signes cunéiformes〕, *etc.*

2. 〔signes cunéiformes〕, *etc.*

3. 〔signes cunéiformes〕, *etc.*

4. 〔signes cunéiformes〕, *etc.*

5. 〔signes cunéiformes〕[180] 〔signes cunéiformes〕, *etc.*

6. 〔signes cunéiformes〕, *etc.*

7. 〔signes cunéiformes〕 〔signes cunéiformes〕, *etc.*

8. 〔signes cunéiformes〕 〔signes cunéiformes〕, *etc.*

1. *Si le sommet du* ḫar *à droite est* — ? (našik), *dessous enlevé* (ekim), *etc.*

2. *si* *le haut* *enlevé, etc.*

3. *si* *la partie postérieure* (kutal) *du* ḫar *à droite dessous est enlevée, etc.*

4. *si le bord de la rivière du* ḫar *à droite en haut est enlevé, etc.*

5. *si la place du* lit *à droite en bas est enlevé, etc.*

6. *si le haut est enlevé, etc.*

7. *si le sommet du* šusi *du* ḫar *petit qui* (est) *devant le* kišâdu *du* ḫar *en bas est enlevé, etc.*

8. *si le sommet du* šusi *du* ḫar *petit qui* (est) *devant le* kišâdu *du* ḫar *en haut est enlevé, etc.*

---

[180] Il faut peut-être lire *ina maškan LIT* etc., car je puis avoir omis 〔signe〕 (*ina*) dans ma copie faite rapidement.

Parmi les conséquences qui découlent de ces faits observés se trouvent celles-ci : au lever du soleil[181] l'ennemi me tuera, au lever du soleil, je tuerai l'ennemi etc. Le *nâru* du *ḫar* est une partie fatidique de la victime. Si l'on était sur un terrain plus solide on pourrait penser au canal cholédoque.

Rm. 302.

1. etc.

2. etc.

3. etc.

4. etc.

5. etc.

6. etc.

7. etc.

8. etc.

9. etc.

10. etc.

11. etc.

12. etc.

13. etc.

Il est ꞌclair que le (la) est une partie du ; les augures sont tirés de l'observation de son c'est-à-dire d'un état défectueux, de sa coloration, du sillon, qui peut y être imprimé (*uṣurtu iṣrit*), du *diḫu* à l'intérieur, etc. Voir plus loin.

---

[181] (ina âṣit) Samši.

Augures du 〈

D'après Rm. 620, que j'ai publié dans une brochure intitulée "Note sur un nouveau Document babylonien se rapportant à l'extispicine,[182] le 〈 semble désigner dans quelques textes le lobus pyramidalis (aliàs lobule de Spiegel). K. 3728 parle du 〈signe〉 de ce lobule, ou 〈signe〉 désigne quelque chose de défectueux, d'arraché, et se transcrit généralement par *ekêmu = maŝâ'u* expliqué par Jensen, K. B VI, 379 ; seulement bien loin que ce *maŝâ'u =* salben ou streichen, c'est-à-dire מָשַׁח ; nous avons au contraire ici le thème de Lévitique xxii, 25, qui indique dans מָשְׁחָת une tare de la victime.

1. 〈signes cunéiformes〉[183] 〈signes cunéiformes〉, *etc.*

si une moitié? du sommet du lobule à gauche à droite est enlevée, etc.

2. 〈signes cunéiformes〉, *etc.*

Si un tiers à droite du lobule est enlevé, etc.

3. 〈signes cunéiformes〉, *etc.*

si le sommet gauche du lobule est enlevé, etc.

4. 〈signes cunéiformes〉, *etc.*

si une moitié du sommet du lobule à droite et à gauche est enlevée, etc.

5. 〈signes cunéiformes〉, *etc.*

si le dessus du lobule au milieu est enlevé, etc.

---

[182] Genève, 1901, Société anonyme des arts graphiques ; la première brochure, publiée également à Genève en 1899, est intitulée : Note sur un monument babylonien se rapportant à l'extispicine, et concerne le monument 89-4-26, 238 publié par Pinches.

[183] *šanû.*

6. 〔signes cunéiformes〕, *etc.*

si une moitié idem vers le sommet du lobule est enlevée, etc.

7. 〔signes cunéiformes〕, *etc.*

si le tiers du sommet du lobule vers la montagne du lobe est enlevé, etc.

8. 〔signes cunéiformes〕

si le dessus droit du lobule est enlevé et qu'à l'intérieur une pointe . . .

9. 〔signes cunéiformes〕

si une moitié du sommet du lobule est enlevée et qu'à l'intérieur une pointe se trouve et . . .

10. 〔signes cunéiformes〕, *etc.*

si la droite du lobule est enlevée et qu'une pointe devant lui, etc.

D'après Rm. 620, qui nous donne quelques indices topographiques des parties indéterminées du foie, le lobus pyramidalis (aliàs lobe de Spiegel) serait = 〔cunéiforme〕; l'un des deux grands lobes serait le 〔cunéiforme〕, et la montagne du foie 〔cunéiforme〕 désignerait le sommet de ce viscère.[184] Un document comme Rm. 620, fait espérer qu'on en trouvera d'autres plus détaillés, permettant de localiser d'une manière certaine les lieux fatidiques. Il y a donc lieu de regarder dans le texte précité K. 3728 le 〔cunéiforme〕 comme étant le lobus pyramidalis (aliàs lobule de Spiegel). J'ai traduit 〔cunéiforme〕 par *pointe* me basant sur K. 4416 (duplicata de K. 2235), où l'on a

$$\text{〔cunéiforme〕} = \text{zi-[bu]}$$
$$\text{zi-bu} = \text{dig-šu}$$

Ce dernier vient d'un thème רגש qui signifie en araméen, transpercer, perforer (*cf.* Payne Smith s.v.). L'on peut donc attribuer le sens de piqûre, pointe, découpure à 〔cunéiforme〕, lequel idéogramme dans le composé 〔cunéiforme〕 = oreille, lobe de

---

[184] Voir ma Note sur un nouveau document babyl. se rapport. à l'extispicine, Genève, 1901.

l'oreille. K. 2235 renferme une liste de termes techniques de la discipline augurale entre lesquels il y a corrélation.

Si dans la colonne de gauche l'on rencontre par ex. l'expression *ṣamidtum*, à laquelle correspond dans l'autre 𒑰 cela veut dire simplement: Si tu examines (le viscère) et que tu constates qu'il est consistant[185] (solide, compact), tu dois en conclure qu'il y aura stabilité. Ailleurs on a dans la colonne de gauche *ebitum* et dans celle de droite 𒑰, *i.e.*, si le viscère examiné est caractérisé par de l'épaisseur (*ebitum* de עבד), c'est un bon augure pour le pays (séjour de tranquillité). II, R. 43 a été publié en partie dans DA, p. 80; quant à la section qui énumère les termes spéciaux servant à faciliter l'intelligence des présages de DA p. 80, il faut consulter outre II R. 43, aussi Rm. 131 publié par Meissner, Suppl. 20.[186] Nous aurons l'occasion de revenir sur ces termes d'autant plus qu'on ne paraît pas toujours s'être fait une idée bien nette de leur valeur propre. Meissner dans Supplem. 54 regarde *la-ru-u* (*larû*) comme synonyme de *kišittum*, alors qu'il y a plutôt corrélation de sens entre les deux termes. Ailleurs il y a bien synonymie, p. ex. *maṣû = rabû*. Au contraire, dans K. 4416 nous lisons quelque part 𒑰 correspondant à 𒑰 c'est-à-dire, si dans l'organe examiné on constate un *diḫu* noir, il y aura une pluie abondante (dans le pays). Entre *diḫu* et *riḫṣu* il y a simplement analogie sémantique et non synonymie. La phrase suivante: *diḫu narbu*[187] *ḫud libbi zanan šamê* (Del., *H. W.*, p. 214) doit être traduite par: Si le *diḫu* est sombre?, joie du cœur, pluie des cieux. Pour la Babylonie l'abondance de la pluie était en effet chose désirable.

Outre le 𒑰, 𒑰 on examine aussi diverses parties du 𒑰 K. 7844 énumère les omina fondés sur l'observation du 𒑰; du 𒑰; du 𒑰 𒑰; du 𒑰; du 𒑰; du 𒑰. Paraissent également le sommet, le milieu et la base du 𒑰 (*kirbitu*).

---

[185] Tel paraît être le sens de *ṣamâdu*.

[186] K. 4416 est aussi à consulter.

[187] *narbu, narpu* de '-r-p être sombre d'après Jensen, K. B VI, 415; il est grammaticalement impossible de rattacher *nurub* à *erêbu* entrer; pour *nurub*, voir plus loin.

Rm. 620.

Je reproduis ici ce document de premier ordre et renvoie pour de plus amples détails à ma brochure publiée à Genève en 1901.[188] L'on ne saurait assez insister sur l'importance de ces modèles anatomiques qui facilitaient aux candidats à l'haruspicine l'étude de la dissection animale ; jusqu'ici nous ne connaissons que deux de ces pièces, mais l'on peut espérer que d'autres viendront compléter la série ; l'école des haruspices possédait dans sa bibliothèque des foies d'argile, ou peut-être encore des modèles d'autres organes qui servaient aux conférences et correspondaient à nos tableaux scolaires ; d'après Rm. 620 (rédigé en caractères babyloniens),[189] nous pouvons localiser le 𒁹, le 𒁹 et le 𒁹 ; 𒁹 est le lobe droit ; 𒁹 le mont du foie se trouve aux deux extrémités de ce lobe, le mont gauche en haut, le mont droit en bas, c'est-à-dire sous le lobus pyramidalis ;[190] ce dernier correspond à 𒁹. Il est à remarquer que ces lobes sont désignés d'une façon générale par 𒁹 et 𒁹 accompagnés de 𒁹 et non pas de 𒁹 seul. Sur la face antérieure, c'est-à-dire face B, une région est appelée ainsi 𒁹 [191] 𒁹.

> I.   𒁹 𒁹 [𒁹 𒁹] 𒁹
> *si le mont [du foie de] gauche*

> IV.   𒁹 𒁹 𒁹 𒁹 𒁹
> *si le mont du foie de droite*

> II.   𒁹 𒁹 𒁹 𒁹
> *si la droite du lobus pyramidalis du foie (milieu)*

> 𒁹 𒁹 𒁹 𒁹
> *si la gauche du lobus pyramidalis du foie (milieu)*

---

[188] Note sur un nouveau document babylonien se rapportant à l'extispicine, Société anonyme des arts graphiques.

[189] J'ai transcrit en caractères assyriens ; ma copie est faite d'après une photographie. Je n'ai jamais vu l'original ; quelques signes ne sont pas très distincts sur la photographie ; la traduction que j'avais donnée en 1901 appelle quelques rectifications.

[190] Dans l'ancienne nomenclature : lobe de Spiegel.

[191] 𒁹 ; *cf.* Brünnow, 10923–10927.

Rm. 620

FACE A.

FACE B.

Rm. 620

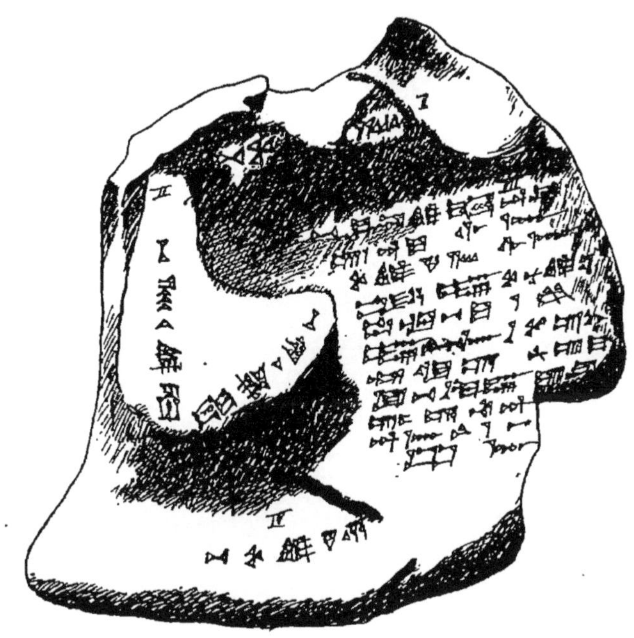

FACE A

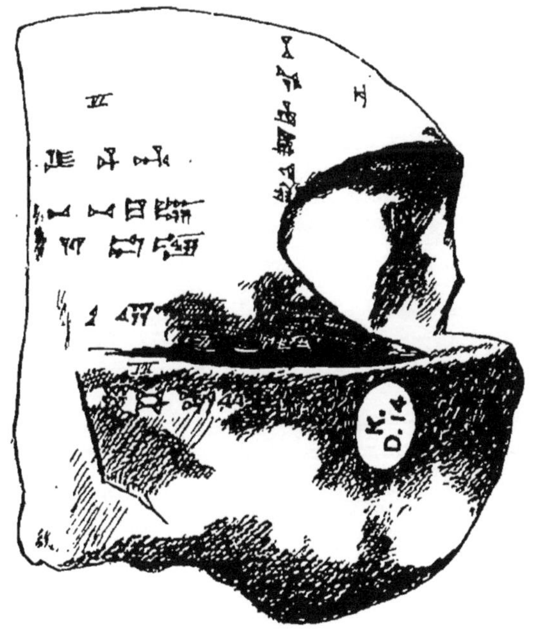

FACE B

III.

si le lobe droit du foie à (sa) place (maškânu) . . . .

la maison du dieu? on verra . . . .

le mont du foie de gauche voient-ils . . . .

après (dans la suite) le roi pas ce pays (mâtu lâ šuâtu) . . . . . .

il s'en ira, si dans l'expédition . . . . . .

le roi ennemi ses sujets obéissance . . . .

la ville destruction ? de l'ennemi ? . . . .

prendra (iṣabbat) l'épouse de l'homme sa maison . . . . . .

fortifiera . . . .

les dieux de l'ennemi au . . . .

se tourneront . . . .

V.

si le (la) SAL . LA du foie à droite . . . .

---

[192] = *šumtu* avec complèment phonétique .

VI.   ?   〔cunéiforme〕

        révolte

      〔cunéiforme〕

    ?   *mourra et l'homme*

    ?   〔cunéiforme〕

    ?   *sa tiendra* [193]

VII.   〔cunéiforme〕

sept (si-bi?) *SI . MAN* [194]

Augures du 〔cunéiforme〕.

K. 134.

1. 〔cunéiformes〕 [195] 〔cunéiformes〕, *etc.*

*si le și de droite à gauche est transpercé et que le sommet de sa
pointe (blessure) un* gu *(noeud) retient, etc.*

2. 〔cunéiformes〕 [196] 〔cunéiformes〕

*si le și de gauche à droite est transpercé et que le sommet de sa
pointe (blessure) un* gu *(noeud) retient, etc.*

Un fragment de Rm. 480 dont voici un extrait énumère les
diverses formes que peut avoir le *și*, ressemblances avec certains
instruments, animaux, etc. (*cf.* K. 8100, qui complète Rm. 480).

---

[193] 〔cunéiforme〕 (ligne suivante) est le dernier signe d'une phrase qui commençait
peut-être ainsi : Si le X de droite ; avant 〔cunéiforme〕 il y avait 〔cunéiforme〕 ?

[194] *simânu?* voir l'explication de ce mot, que j'ai donnée dans ma brochure :
(a) *simânu* = temps fixé, époque ; (b) signe, marque, insigne ; c'est ce dernier
sens qui conviendrait ici. Consulter pour l'étude de ces foies le travail de
L. Stieda, *Anatomisch-Archäologische Studien*, Wiesbaden, 1901, Bergmann.

[195] On trouve ce verbe *dagâsu* à plusieurs reprises ; dans les observations du
șullu, par ex., K. 4416 (II R. 43), *șullu dagâu*.

[196] *dagâsu* = araméen דגש et non hébreu דגש ; pour le sens voir Küchler,
A. B. Medizin, p. 107.

3. 〈cunéiforme〉

si le ṣi est comme la tête d'un aqqullu *(pique), etc.*

4. 〈cunéiforme〉[197]

si le ṣi est comme la tête d'un — ? *etc.*

5. 〈cunéiforme〉[198]

si le ṣi est comme un bâton, etc.

6. 〈cunéiforme〉

si le ṣi est comme un produit de la mer, etc.

7. 〈cunéiforme〉[199]

si le ṣi est comme un lulmû, *etc.*

8. 〈cunéiforme〉[200]

si le ṣi est comme un illûru, *etc.*

9. 〈cunéiforme〉

si le ṣi est comme le noyau d'une datte, etc.

K. 8100 indique aussi les ressemblances que peut avoir le *ṣi* avec la tête de quelques animaux ; dans une ligne il est question de la position d'autres organes par rapport au *ṣi*. C'est ainsi que le *na*, le *niru* (gir), le 〈cunéiforme〉, le 〈cunéiforme〉, le 〈cunéiforme〉 peuvent se trouver à sa droite. Sm. 823 parle du *ḫalâqu*, du *naḫâsu* et des diverses

---

[197] Une espèce de poisson ?

[198] K. 8100 donne comme présage *ṣibirru* 〈cunéiforme〉 c'est-à-dire arme ou bâton du dieu Nergal.

[199] *lulmû* n'est pas absolument synonyme de *anzabtu*, car il existe ainsi, que le montre K. 8100, une nuance entre ces deux termes ; *lulmû* en tout cas désigne un ornement de la tête, peut-être *pendeloque* des oreilles ou du cou.

[200] *illûru* en général = *pirḫu*, mais ici en est-il de même ; s'agit-il ici d'un ornement également ; la ligne 9 ne suit pas la précédente dans l'original, la numérotation que j'ai employée étant purement arbitraire. A citer encore d'après K. 8100 le présage de l. 6 : Si le *ṣi* est comme un produit de la mer (*ṣarrâni uṣtelimminuma izziru*), les rois feront l'inimitié et seront haïs ; *uṣtelimminu* III₂ de *lamânu*.

positions du *ṣi*[201] par rapport au *šusi*, au *niru*, au 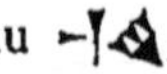, au . Malgré les nombreuses imperfections que présente toute copie hâtive, je crois pouvoir communiquer ici celle que j'ai faite de Sm. 823.

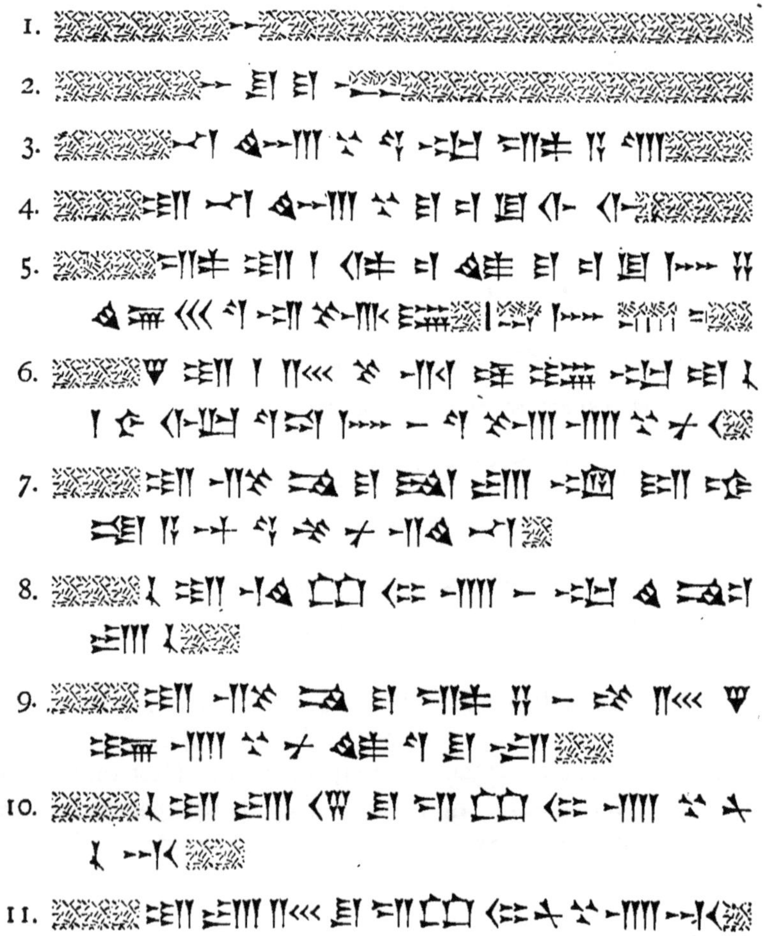

[201] Pour être complet mentionnons encore ce fait que le *ṣi* peut ressembler à un *imgurru*. Je regarde ce terme comme faisant partie du mot composé : *Imgur-Bêl* nom d'un des murs de Babylone, que je doute qu'il faille traduire par : Bêl a favorisé, malgré les analogies tirées des noms propres. *Imgurru* est un mot comme *imšukku*, et doit avoir un sens correspondant à *nimittu* (*cf.* Nimitti Bêl) ; le *ṣi* peut être semblable à un *libištu*, dont j'ignore le sens. Dans II R. 28, 12 b.c. *libištu* paraît désigner un genre de maladie quelconque. Un fragment babylonien du Louvre non numéroté, qui traite des augures du *ṣi*, mentionne aussi le *imgurru*, voir plus loin.

12. 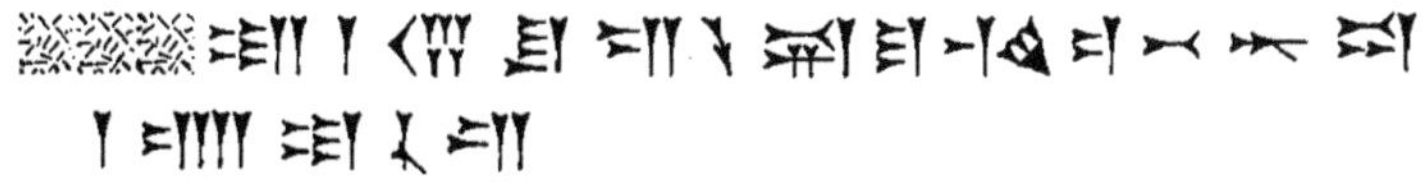

13. 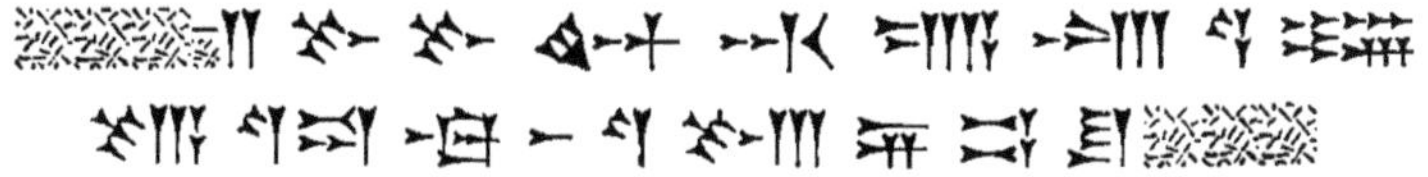

14. 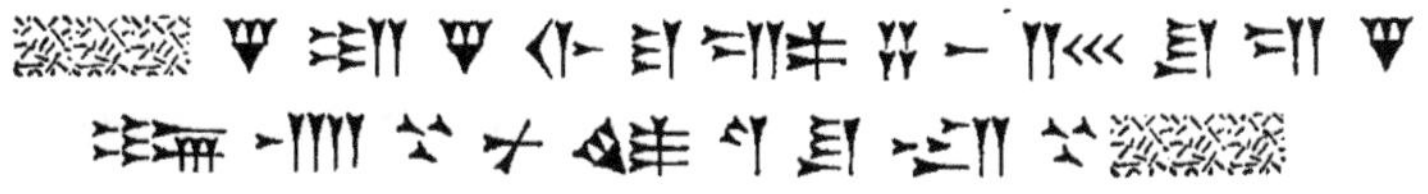

15. 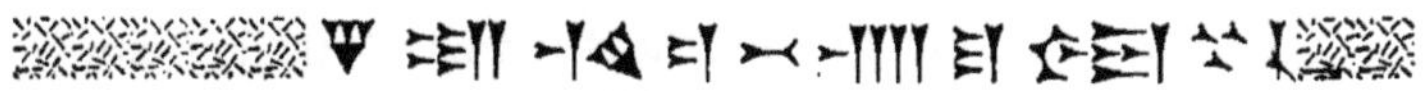

16. 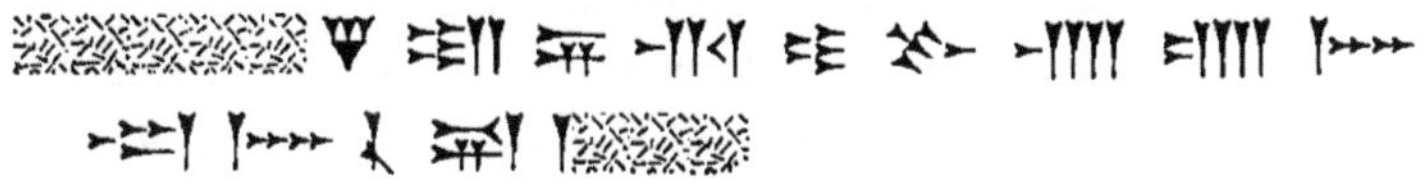

17. 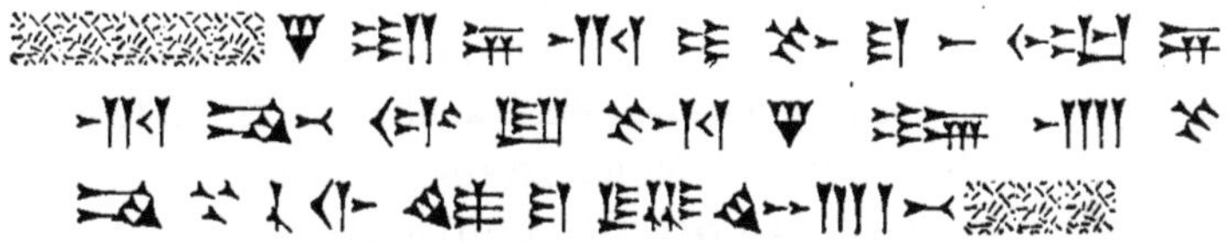

18. 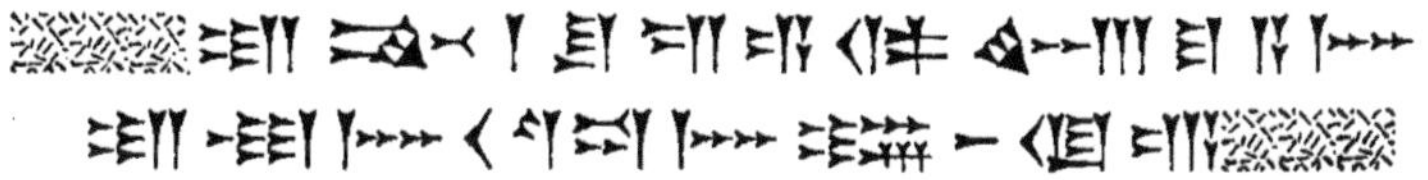

Transcription.

1. . . . . ḫal . . . .
2. . . . . ḫal-qat-ma . . . .
3. . . . . na-aḫ-sat ummân-ka reš eqli . . . .
4. . . . . ṢI na-aḫ-sat-ma IS . KU ŠI . ŠI [202] . . . .
5. . . . . reš SI ana DI is-ḫar-ma IS . KU-meš sa-ḫi-ir purussû URU . MUŠ [203] amêl ? ilâni ? rubû ? . . . .
6. . . . . . . ša ṢI ana šumêliti ŠE . RI mâr šarri amat abi-šu ana limutti uṣṣû ina ûme rûqûte rubû mâta lâ. . . . .
7. . . . . . . ṢI iteba-am-ma it-ta-nag-ra-ar išdâ ummâni-ia lâ ikânû

[202] pâni-ši ?

[203] URU . MUŠ, personnage du même nom que le vieux roi de Kiš URU . MU . UŠ, qu'on lit : *Alu ušaišid*, sans aucun argument valable ; *cf.* Radau, *E.B.H.* p. 129 ; dans les *omina* l'on a souvent la mention des vieux rois Gilgamos, Sargon, Naram-Sin, dont on attend le *purussû* ; il n'y a aucune raison de douter de l'historicité de Gilgamos.

8. . . . . . . šu ṢI BIR lami-(mi) rubû ina pî ḫi-bil-ta-šu . . . .

9. . . . . ṢI iteba-am-ma qaqqad-ṣa ina GAB šumêli
   šakin-(in) rubû mâta lâ šuâtam (— tam) qât-su . . . . . .

10. . . . . šu ṢI itti imitti ŠU . SI lami-(mi) rubû mâta nakri .
    — šu ilaqqi?

11. . . . . ṢI itti šumêliti ŠU . SI lami-(mi) nakru mâta rubi
    ilaqqi?

12. . . . . . . ṢI ana imitti ŠU . SI iknuš-(uš)-ma BIR iṣ-bat qud-du
    ana bîti abi-šu itâr

13. . . . . . ṢI? bu-bu-'-ti mala-at ummân šarri kar-tam illa-ak ina
    ûme rûqûte ni-kip (qib) šu . . . . . .

14. . . . . . . ša ṢI ša-lim?-ma qaqqad-ṣa ina šumêliti ŠU . SI
    šakin-(in) rubû mâta lâ šuâtam-(tam) qât-su ikaššad . . . .

15. . . . . . . ša ṢI BIR iṣ-bat rubû ma-ṭam mâti-šu . . . .

16. . . . . . . ša SI ni-ri i-sir rubû bitâte ardâni-šu uš . . . .

17. . . . . . . ša ṢI ni-ri i-sir-ma ina eli ni-ri šîr ul-lu-us šakin-(in)
    rubû še-am mâti-šu immar-(mar)-ma karê . . . . . .

18. . . . . . ṢI šîr ana ŠU . SI e-ṭi(di)-iḫ-ma mê ṢI erbû u aṣû šarru
    ina qi-rib . . . . .

Traduction.[204]

2. . . . . *du (le) ṣi est détachée*[205] . . . .

3. . . . . *du ṣi est déplacée ton armée le commencement de
   l'expédition* . . . .

4. . . . . *du ṣi est déplacée et qu'un* isku [206] . . . .

5. . . . . *la tête du ṣi vers le* di *se tourne et entoure les*
   isku,[207] *oracle de* Urumuš . . . *homme? les dieux?* . . .

6. . . . . *du ṣi vers la gauche — ?, le fils du roi l'ordre de
   son père pour le malheur sortiront, dans les jours futurs le
   prince ce pays non* . . . . . .

[204] Ce mot traduction fera sourire, car on ne tire que peu de chose de ces textes,
puisque tout repose sur la connaissance de ces termes fondamentaux DI, BIR,
niru (GÍR), dont le sens est inconnu, mais il est bon cependant de tracer les con-
tours vagues d'un essai de traduction.   Au reste, une collation de ce texte révèlera
je le crains quelques erreurs.

[205] sens approximatif.

[206] pour le sens voir page 74.

[207] peut se transcrire par *ṣibu*.

7. . . . . *du* și *lève (se lève) et — ?, les bases de mon armée non stables seront*

8. . . . . *du* și *le* bîr *entoure, le prince par l'ordre sa faiblesse . . . . . .*

9. . . . . *du* și *lève (se lève) et sa tête dans le* gab *gauche se trouve, le prince pas de ce pays là sa main* [*s'emparera*]

10. . . . . *du* și *avec la droite le* šusi *enveloppe, le prince le pays de son ennemi prendra*

11. . . . . *du* și *avec la gauche le* šusi *enveloppe, l'ennemi le pays du prince prendra?*

12. . . . . *du* și *vers la droite du* šusi *s'incline et saisit le* bir, *le* quddu *retournera vers la maison de son père*

13. . . . . *du* și? *est rempli de* bubu'tu, *l'armée du roi marchera dans la détresse? dans les jours futurs —? —?*

14. . . . . *du* și *est sain? et que sa tête dans la gauche du* šusi *se trouve, le prince pas de ce pays là sa main s'emparera . . .*

15. . . . . *du* și *le* bir *saisit, le prince la décadence de son pays . . . .*

16. . . . . *du* și *le* niru *entoure, le prince les maisons de ses sujets . . . . .*

17. . . . . *du* și *le* niru *entoure et sur le* niru *un* šîr ullus *se trouve, le prince verra le ? de son pays et les greniers . . . .*

18. . . . . *du* și *un* šîr *vers le* šusi *—? et les eaux du* și *entrent et sortent le roi dans le milieu . . . .*

Remarques.

L. 4. *isku* désigne, comme nous l'avons dit plus haut, une pointe, une formation lobée. L. 5. le *di* est une partie fatidique de la victime localisée dans un des viscères ; dans DA, p. 7,[208] nous lisons [cunéiforme], de même que le *dan*, le și peut entourer ou être entouré de *isku*. L. 6. [cunéiforme] ne m'est pas clair, ma copie est peut-être fautive. L. 9. [cunéiforme] ne saurait désigner ici une fissure ; mais j'ignore de quel organe il s'agit ; *irtu* signifie en général la poitrine, ce n'est pas cet idéogramme qui convient ici. [cunéiforme] dans les contrats, *cf.* BA III 426 = *miḫrat* = ce qui est en face, à l'opposé et peut-être est-ce ainsi qu'il faut transcrire. Dans John's *Assyrian*

---

[208] Voir la collation de ce document dans un autre travail qui paraîtra à la suite de celui-ci.

Deeds, le No. 645 mentionne l'offrande d'un [⚹] d'or. (Pour les textes du [⚹] voir par ex. Rm. 2, 105 ; ces textes n'ont rien à voir avec l'astrologie, malgré ce que dit Bezold.) [𒀸] = *šuâtu*, avec complément phonétique.   L. 13. *bubu'ti* c'est le mot *bubu'tu* = *dimtum*, II R. 43 [209] (K. 4416) ; il se rencontre aussi DA. p. 51, où l'on remarque que c'est un bon présage, si une rivière paraît avoir du [𒀸 𒁹] et du *bu-bu-'-tu* ; or *bubu'tu* doit avoir un sens voisin de *qadûtu* = boue, lie et désigner une substance épaisse quelconque, de consistance et de couleur boueuses.   Un autre *bubutu* se rapporte aux chars, *cf.* Del., *H.W.*, p. 166.   Nous le retrouvons dans K. 3836 et K. 3944 augures pour le roi et le prince (*rubû*), lorsqu'ils montent sur leurs chars.   L'on observe les cas où le roi et le prince tombent de leurs chars à droite à gauche [210] ou derrière ou entre les chevaux, les mouvements des chevaux, les anomalies que présentent certaines pièces du véhicule, etc.   Voici un extrait de K. 3836 :—

1. [𒀭 𒁹 𒈾 𒋾 𒁹 𒅆 𒅆 𒁹 𒌋 𒁹 𒌋]

2. [𒀭 𒁹 𒈾 𒋾 𒁹 𒅆 𒅆 𒁹 𒌋 𒁹 𒌋]

3. [𒀭 𒁹 𒈾 𒋾 𒁹 𒁹 𒍑 𒌋 𒁹 𒌋]

4. [𒀭 𒁹 𒈾 𒋾 𒁹 𒁹 𒍑 𒌋 𒁹 𒌋]

5. [𒀭 𒁹 𒈾 𒋾 𒁹 𒀸 𒁹 𒁹 𒁹 𒍑 𒌋 𒁹 𒁹 𒌋]

6. [[𒀭 𒁹 𒈾 𒋾] 𒁹 𒈫 𒈫 𒁹 𒁹 𒌋]

C'est-à-dire si le roi (ou le prince) monte sur son char et que le *bubutu* droit (gauche) se courbe ; idem et que le [𒁹 𒍑] à droite (gauche) se courbe.   Dans K. 2700 le [𒁹 𒍑] peut à l'occasion se briser ; est-ce le timon ?   [𒌋] doit se transcrire *kapip* de *kapâpu*, se courber, Del., *H.W.*, p. 347, [𒌋] est donc l'idéogramme de ce verbe.   D'autres parties du char peuvent présenter ce même phénomène du *kapâpu*, comme le *nîru* [211] et le *ḫar-da-at ma-šad-di* ([𒀸 𒁹 𒁹]

---

[209] Del., *H.W.*, p. 166.

[210] Ce qui était toujours fâcheux et indiquait le mécontentement des dieux, *cf.* K. 2700.   Il fallait une grande adresse pour se maintenir sur ces chars lancés en grande vitesse.

[211] Est-ce la pièce horizontale qui se trouve à l'extrémité du timon ?

〈cunéiforme〉. Il pouvait arriver que le cheval de gauche ou de droite se couchait[212] (*rabâṣu*) : 〈cunéiforme〉 (K. 2700). Dans K. 3944 il est en outre fait mention du *nagâgu* (hennir) des chevaux, du cas où ils galopent (〈cunéiforme〉) et entrent dans un palais d'eux-mêmes ; ex. : Si un cheval vers le palais du prince de lui-même (〈cunéiforme〉 = *ina ramânišu*) galope (〈cunéiforme〉)[213] et entre, etc. L. 17. *šîr* de *širu* chair, morceau de chair ; *ullus*, *cf.* p. 55, l. 38 ; quant à *šeam* il est possible qu'il faille traduire par blé. L. 18. *eṭeḫu* (*edeḫu*) se rencontre ici pour la première fois. Les eaux du *ṣi* qui entrent et sortent pourraient désigner le fiel et le sens de *ṣi* vésicule ou vessie trouverait sa confirmation dans ce passage.

Dans Rm. 273 + Rm. 2, 104[214] nous trouvons le *ṣi* en rapport avec le *eṣen ṣiru* (Del., *H. W.*, p. 121) = 〈cunéiforme〉, le 〈cunéiforme〉, le 〈cunéiforme〉, le 〈cunéiforme〉 (*nîru*) et on y indique les ressemblances qu'il peut avoir avec un *aššiltu* (*aštartu*)[215], un *kibirru*.

1. 〈cunéiforme〉, *etc.*

2. 〈cunéiforme〉, *etc.*[216]

3. 〈cunéiforme〉, *etc.*

4. 〈cunéiforme〉, *etc.*

5. 〈cunéiforme〉, *etc.*

6. 〈cunéiforme〉, *etc.*

7. 〈cunéiforme〉, *etc.*

---

[212] Faut-il plutôt traduire : Si le prince monte sur le char et que le cheval de droite (ou de gauche) se couche.

[213] *lasâmu.*

[214] 8ᵉ tablette de la série du *ṣi.*

[215] *aššiltu*, gond d'une porte ?

[216] L'augure dans ce cas est favorable, on lit en effet : tes armes sur celles de l'ennemi l'emporteront. Dans une autre phrase on lit cet augure : l'ennemi dans l'intérieur de ton pays creusera (*iḫirri*) un canal : 〈cunéiforme〉.

8. 〈cunéiforme〉 , etc.

9. 〈cunéiforme〉 [217]

Le *ḫalâqu* (〈cunéiforme〉) du *ṣi* suivant les mois où il se produit donne un présage plus ou moins réjouissant. III R. 55, No. 4, avec K. 1813 + K. 3749; dans ce dernier on lit toujours si dans le mois de Nisan, de Iyâr, de Sivan, etc., 〈cunéiforme〉 (*ṣi ḫal-qat*),[218] telle chose arrivera. L'expression *ṣîta ḫulqu* qui désigne un genre de maladie ainsi que Jensen l'a dit avec raison, *K.B.*, VI, 542, e-t à rappeler et pourrait à l'occasion trancher la question. Dans K. 1813 + K. 3749 le 〈cunéiforme〉 est en relation avec le 〈cunéiforme〉. Si dans un mois favorable le *ṣi ḫalqat*, c'est un présage pour le sacrificateur. Enfin il me reste à signaler un petit document babylonien non numéroté du Louvre, dans lequel on voit le *ṣi* en rapport avec le 〈cunéiforme〉, le 〈cunéiforme〉 et le 〈cunéiforme〉[219] (*ḫinṣâ*) = train postérieur de l'animal, région des hanches, mais il doit avoir un sens plus précis se rapportant à un organe intérieur. Je transcris en caractères assyriens quelques passages de ce texte.

1. 〈cunéiforme〉 , etc.

2. 〈cunéiforme〉 , etc.

3. 〈cunéiforme〉 , etc.

4. 〈cunéiforme〉 , etc.

Remarques. L. 2. Si le *ṣi* son intérieur est plein de lait. L. 3. Pour les augures du 〈cunéiforme〉 voir plus loin.

---

[217] L. 9 est la catchline.

[218] *ḫalâqu* doit avoir le même sens que l'hébreu חלק. Nous traduirons donc : si le *ṣi* est divisé ou partagé.

[219] 〈cunéiforme〉 = *ḫinṣâ*, qui comme l'a démontré Haupt, *Bab. Elem. in the Levitic Ritual*, p. 60, correspond à l'hébreu חלצים; voir aussi Zimmern, *Ritual-tafeln*, s. v.

𒊮𒆸 (*irru saḫirûti*).

Comme je l'ai dit plus haut, la traduction la plus précise de ce terme serait *iléon*. C'est avec raison que Jensen le rend par "die sich windenden Eingeweide" et de fait l'haruspice examine aussi l'intestin comme le montrent les textes suivants dont voici quelques extraits. De même que le *šusi* le lobe fondamental du foie, les 𒊮𒆸 ont un palais; on examine ce qui se trouve dans le *E.KAL* des *irru saḫirûti* ainsi que l'on procède pour le E.KAL du ŠU.SI. Ex.:

K. 8272.

1.
etc.
2.
etc.
3.
etc.
4.
etc.
5.
221 etc.
6.
222 etc.

Dans le palais du 𒊮𒆸 peuvent se trouver des *diḫu* de différentes couleurs, vert, noir, etc.; un *digšu*,[223] un *irru atru*; dessous le 𒊮𒆸 un *zibu* peut être plus ou moins caché[224] et enfin du 𒊮𒆸 peut sortir un *isku aridu* qui bouge sur le 𒊮𒆸. Ces termes *digšu*, *zibu*, etc., se trouvent expliqués dans II R. 43 (K. 2235 et K. 4416) et l'on voit que *isku* = *zibu*, *zibu* = *digšu*; plus haut j'ai dit comment il fallait comprendre ces

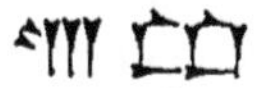

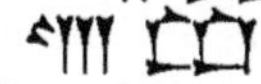

[220] Voir aussi K. 3827.

[221] Restitution basée sur K. 4007.

[222] D'après K. 4007.

[223] *dagâšu.*

[224] *ḫalâpu.*

commentaires lexicographiques et que sans qu'il y ait lieu de toujours établir une synonymie absolue, il y avait pour le moins corrélation entre ces termes.[225]   Quoiqu'il en soit, en donnant à *digšu, zibu* des acceptions comme blessure, mutilation, amputation, déchirure, etc., on n'est peut-être pas éloigné de la vérité.   *Irru atru* = appendice, quelque partie d'organe qui se greffe sur l'organe principal ; *atru* de ותר, Del., *H. W.*, p. 249, et *irru* le même que dans *irru saḫirûti*. Dans *l'ekal* du ⟨cuneiform⟩ l'on observe la présence de l'*ummat ibni* (K. 6483 : ⟨cuneiform⟩[226] = K. 4007 : ⟨cuneiform⟩). Cette *ummat* peut être double et c'est alors mauvais signe ? K. 6483.[227]

⟨cuneiform⟩

si *l'*ummat *des* irru saḫirûti *est double le malheur ? s'ensuivra* (tîb limuttim).

On fait la somme des ⟨cuneiform⟩, c'est-à-dire l'on calcule si le nombre est 10, 12, 14 et 16 ; ce dernier nombre n'est jamais dépassé et l'on compte toujours à partie de 10 jamais au-dessous.

K. 3832.

1. ⟨cuneiform⟩, *etc.*

2. ⟨cuneiform⟩, *etc.*

3. ⟨cuneiform⟩, *etc.*

4. ⟨cuneiform⟩, *etc.*

C'est-à-dire, si les *irru saḫirûti* à gauche sont tournés et que leur nombre est de 10, 12, 14 ou 16, telle chose arrivera et le phénomène se vérifie naturellement aussi à droite.

[225] *ia-ar-tum*, K. 4416 (II R. 43) ; quand on constate du *iartum* dans tel ou tel organe il y aura *zanan šamê* (pluie céleste).   Or *iartum* (ouverture ? dégagement ?) doit être apparenté à *iarrum* des textes médicaux publiés par Küchler ; voir pour le sens ses remarques, p. 108 ; ses rapprochements avec l'arabe et le syriaque me paraissent très hasardés.   Un autre exemple : II R. 43, 17 A, B, *šaplis kanâšu* et *kišitti qâtâ*.   Cela veut dire : si tel ou tel organe se courbe, s'incline, il y aura butin littéralement : conquête des mains.

[226] Donc ⟨cuneiform⟩ = *ibni.*

[227] 4e tablette de la série.

K. 4045.

5. 〔⟨cunéiforme⟩〕 , *etc.*

6. 〔⟨cunéiforme⟩〕 , *etc.*

7. 〔⟨cunéiforme⟩〕 , *etc.*

8. 〔⟨cunéiforme⟩〕 , *etc.*

9. 〔⟨cunéiforme⟩〕 , *etc.*

10. 〔⟨cunéiforme⟩〕 , *etc.*[228]

11. 〔⟨cunéiforme⟩〕 , *etc.*

C'est-à-dire, si les *irru sah̬irûti* à droite sont tranchés et que leur nombre est de 10, 12, 14 ou 16 telle chose arrivera. L. 9. Si les *irru sah̬irûti* à droite sont tranchés et détachés (*nah̬âsu*). L. 10. Si les *irru sah̬irûti* à droite sont tranchés et arrachés ; *šalâh̬u* = arracher correspond aussi à l'hébreu שלח et le sens proposé par Delitzsch, *H. W.*, p. 662, convient parfaitement ici ainsi qu'au passage de l'épopée de Gilgamos *išluh̬ imitti*. L'augure qui correspond à ce cas est : *mašla'tum miqitti . . . Mašla'tum*, II R. 43, 40 B, correspond à *šabirtum* ligne de gauche, car c'est ainsi qu'il faut lire à mon avis K. 4416 ; ors *šabirtum* (*šapirtum*) vient de שבר briser, Del., *H. W.*, p. 638, et *mašla'tum* de שלא comme *mašla'u* ; il faut donc lui attribuer un sens comme scission, déchirement, etc. et l'augure est par conséquent défavorable. L. 11. Si les *irru sah̬irûti* à droite sont tranchés et que leurs tranches sont émiettées (*pur-ru-ur*), telle chose arrivera. Je n'hésite pas à rattacher *purrur* à *parâru* mettre en pièces, émietter, d'autant plus que dans les textes du 〔⟨cunéiforme⟩〕 *parâru* se rencontre en quelques endroits (K. 4007, *uparrir*). Pour le chiffre 10, 12, 14, 16 des 〔⟨cunéiforme⟩〕 voir les textes de Knudtzon, *Sonnengott*, et ceux publiés par S. A. Smith, *Assurbanipal III.*[229] Cette manière de mesurer l'intestin n'a rien

---

[228] K. 1436 + K. 1523 (S. A. Smith, *Assurbanipal III.*), l. 11, *Šumma irru sah̬irûti šalh̬u mašla'ti* (sic) *miqitti ummâni ;* si les *irru sah̬irûti* sont arrachés, scission, chute de mon armée.

[229] K. 4 (S. A. Smith) l. 11, *Šumma irru sah̬irûti XIV libbi šu'i šalim* si les *irru sah̬irûti* sont (au nombre) de 14, l'intérieur du mouton est sain ; de même K. 159 (S. A. Smith), l. 12 et 13.

d'étonnant, *cf.* le terme anatomique *duodenum*, qui est la première portion de l'intestin grêle. On trouve aussi en rapport avec les ⸢𒁹𒌋⸣, le ⸢𒁹𒌋⸣, *cf.* K. 3949, ⸢𒁹𒌋⸣ = *uppu*, et pour ces différents *uppus cf.* Jensen, *K.B.*, VI, 391, et d'après Jensen *uppu =* ceinture, ce qui entoure la taille. Il est évident que *uppu* désigne une partie du corps dans la région des parties sexuelles. ⸢𒁹𒌋⸣ = *bi-iṣ-rum* (Brünnow, No. 2275, et Meissner, s.v., p. 25). Dans *P.S.B.A.*, 11, 54, ṬU = *bi-iṣ-rum* et aussi *ta-kal-tum* (83, 1–18, 1330, Col. II, l. 28), et le pluriel de ce *takaltu*,[230] *takalâte* qui revient dans le nouveau texte de Nabopolassar publié par Weissbach, *Babylonische Miscellen*, p. 20, l. 9, ne signifie pas autre chose que *viscères*, ainsi que l'a parfaitement vu Meissner. J'avais déjà il y a quelques années dans la *Revue Sémitique* fait remarquer, que tel était le sens de l'idéog. ṬU, avec cette hypothèse d'un *ṭuḫu* assyrien non encore retrouvé dans les documents cunéiformes et correspondant aux טֻחוֹת hébreu, dans lesquels réside la sagesse; voir les deux passages signalés dans le dictionnaire de Siegfried et Stade, p. 235, et où טֻחוֹת ne peut signifier autre chose, que viscères, entrailles. *Kittu u mîšaru* ont leur siège dans les *takalâti* de même que la אֱמֶת et la חָכְמָה dans les טֻחוֹת. ⸢𒁹𒌋⸣ = *dâmu* sang, flux menstruel, et il faut comprendre ainsi V R. 31, l. 27, *taritum =* *mârat uppi*, c'est-à-dire dont le flux menstruel est arrêté, littér. entravé, lié; cela me paraît plus exact, que l'explication proposée par Jensen. La *zinništu paristu* (*parištu*) est une femme dont les fonctions physiologiques sont anormales, *cf.* IV R. 3, col. II, 5, et Additions. ⸢𒁹𒌋𒁹𒌋⸣ = celle dont le sang est arrêté, accumulé. ⸢𒁹𒌋⸣ = *gilittu* et *pirittu* (*birittu*) et ⸢𒁹𒌋⸣ = *gilittu* et *pirittu*, Knudtzon, *Sonnengott*, No. 50, Rs. 4 et 5, ces deux mots sont presque synonymes et signifient horreur, crainte, *cf.* Meissner, *Supplem.*, s.v. K. 3646,[231] ⸢𒁹𒌋⸣ précède *ḫattum*

---

[230] C'est à tort que Zimmern traduit (*sŭr* ṬU) *takaltu* par Ledertasche, *Ritualtafeln*, p. 118, l. 16; *takaltu* signifie *viscère* aussi dans les textes du *barû*. Je doute qu'il faille lire, *Ritualtafeln*, p. 97, l. 9 et l. 15, p. 118, l. 18, *kî-ṣa-a-ti* en un mot; à mon avis c'est *kî* (*kî = kîma*) *ṣa-a-ti*, selon les *ṣâti* extraits de la série UD.AN.EN.LIL, etc. Il faut donc traduire ainsi: la tablette ? des dieux, les viscères, examiner l'huile dans l'eau, mystères des dieux selon qu'ils correspondent (*šutapulu*) aux extraits de l'UD.AN.EN.LIL et des A.DU.A.

[231] Zimmern, *Ritualtafeln*, No. 25, le document mentionne le cas où les dieux mécontents s'éloignent du mauvais sacrificateur et où la crainte et la terreur s'emparent de lui.

crainte et doit être lu *pirittu* ou *gilittu* comme Zimmern l'indique dans le glossaire. [cunéiforme] = un engin (tuyau) de cuivre est mentionné IV R 29* 4 B obv. 19, 20, 21.

K. 3949.

1. [cunéiformes], etc.
2. [cunéiformes], etc.
3. [cunéiformes], etc.
4. [cunéiformes], etc.
5. [cunéiformes], etc.
6. [cunéiformes], etc.
7. [cunéiformes], etc.

Dans ce document l'on parle aussi du [cunéiforme]. Ex. : [cunéiformes], etc. Il semble donc que [cunéiforme] et [cunéiforme] aient quelque point commun, d'autant plus qu'une ligne du verso commence :

[cunéiformes], etc. (voir plus loin). Faut-il lire ce dernier terme *siqtum* ou est-ce un idéogramme? C'est un procédé habituel des haruspices de faire des comparaisons et de chercher des ressemblances entre les organes et divers objets, animaux, etc.

K. 3805.

1. [cunéiformes], etc.
2. [cunéiformes], etc.
3. [cunéiformes], etc.
4. [cunéiformes], etc.
5. [cunéiformes], etc.
6. [cunéiformes], etc.
7. [cunéiformes], etc.

C'est-à-dire, si les 〈cunéiforme〉 ressemblent à la face d'un bœuf, à un chien, à l'œil de Ḫumbaba, à un scorpion et qu'ils ont un palais (*ekallu*) ou non, à un *ilu* DAN.KID.MAḪ (*lamassu* KID.MAḪ), à un *kusariqqu*,[232] telle chose arrivera.   K. 3670 + K. 6204 + K. 8343 + K. 11281 est un des documents les plus importants de cette classe et représente la seconde tablette de la série dont nous donnons les extraits suivants.

Les 〈cunéiforme〉 peuvent être remplis de diverses matières, de sable (〈cunéiforme〉), de sang (〈cunéiforme〉), de *ušultum* (Del., *H.W.*, p. 145), de *šammutu* (*ímutu*), de 〈cunéiforme〉 *nilu*,[233] de *ašaša*; ils peuvent être resserrés (*ḫunnuqu*).

Les 〈cunéiforme〉 des *irru saḫirûti* peuvent encadrer (*arâmu*) le 〈cunéiforme〉 *nilu*, le *ipa*, le *šilimtum* (*šišitum*).   Les *irru saḫirûti* peuvent entourer le 〈cunéiforme〉 (= *ḫinṣâ*) et s'entortiller autour (*patâlu*), envelopper l'estomac (*karšu*),[234] etc.   Les lignes suivantes font partie du Recto.

1. 〈cunéiforme〉, *etc.*

2. 〈cunéiforme〉, *etc.*

3. 〈cunéiforme〉, *etc.*

4. 〈cunéiforme〉, *etc.*

5. 〈cunéiforme〉, *etc.*

6. 〈cunéiforme〉, *etc.*

7. 〈cunéiforme〉, *etc.*

8. 〈cunéiforme〉, *etc.*

9. 〈cunéiforme〉, *etc.*

10. 〈cunéiforme〉, *etc.*

11. 〈cunéiforme〉, *etc.*

12. 〈cunéiforme〉, *etc.*

13. 〈cunéiforme〉, *etc.*

[232] *K.B.*, VI, 312 = Bergwidder.

[233] On examine aussi la couleur du *nilu* dont ils sont remplis.

[234] Autant que j'ai pu voir ils sont aussi dans un certain rapport avec le 〈cunéiforme〉, le verbe employé ne m'est pas clair et je m'abstiens d'interpréter la phrase conçue ainsi : 〈cunéiforme〉, etc.

Un oracle (*purussû* = 〈〈〈 ⊁) de Ine Sin est mentionné dans le *Verso*. K. 3670, mériterait d'être publié in extenso. Les lignes du *Verso* commencent toujours ainsi :

⊱ ⫣⫣⫣ ⊏⊐ 5-*ma* (6-*ma*, 7-*ma*, etc., jusqu'à 17 et plus haut encore).

Exemple.

14. ⊱ ⫣⫣⫣ ⊏⊐ ⫶⫶ ⊟ ⊱⊢⫯ ⫯⊷⊶ , *etc.*

15. ⊱ ⫣⫣⫣ ⊏⊐ ⫶⫶ ⊟ ⊯ ⊁ ⊨⫣⫣⫣ ⫟⫟⫟ ⟨ ⊁ ⊶⊱⟨ ,[235] *etc.*

16. ⊱ ⫣⫣⫣ ⊏⊐ ⟨ ⊟ ⊿⊫ ⊱ 〈⫯⊫ ⊶⊱⫣⫣⫣ , *etc.*

17. ⊱ ⫣⫣⫣ ⊏⊐ ⟨ ⊟ ⊿⊫ ⊱ ⊁ 〈⫯⊫ ⊶⊱⫣⫣⫣ , *etc.*

18. ⊱ ⫣⫣⫣ ⊏⊐ ⟨ ⊟ ⫶⫶⫶ ⊨⫣⫣⫣ ⫶⊱ ⊏⊐ ⫯⊷⊶ ⊶⊨⫯⫯ ⊁ ⊶⊱⟨

        ⊟ ⊿⊫ ⊱ 〈⫯⊫ ⊶⊱⫣⫣⫣ , *etc.*[236]

Comme on le voit ll. 16, 17, 18 outre le fait que les *irru saḫirûti* présentent tel ou tel chiffre, il faut encore voir si l'examen (*têrtu*) est favorable avant de donner l'augure. Dans l. 18. 1°, si les *irru saḫirûti* sont 10 ; 2°, trois *ummat* les entourent ; 3°, la *têrtu* est favorable ; 4°, telle ou telle chose arrivera.

K. 3733.

⊱ ⊨⫣⫣⫣⫣ ⊟⊢ ⫣⫣⫣ ⊏⊐ ⫶⊱ ⊠⊠⫯ , *etc.*

K. 4007.

1. ⊱ ⫪ ⊶⊫ 〈⫶⫶ ⊨ ⊠⊠⫯ , *etc.*

2. ⊱ ⫪ ⊶⊫ ⊶⫯〈⊿ ⊶⊱⫯ ⊟ ⊢ 〈⫶⫶ ⫣⫣⫣ ⊏⊐ 〈⫶⫶ ⊨ ⊠ , *etc.*

3. ⊱ ⫪ ⊶⊫ 〈⫶⫶ ⊨ ⊠⊠⫯ ⊟ ⟨ ⊨⫟⫟⫟ ⟨ ⊁ , *etc.*

4. ⊱ ⫪ ⊶⊫ 〈⫶⫶ ⊨ ⊠⊠⫯ ⊟ 〈⫶⫶ ⊨⫟⫟⫟ ⟨ ⊁ ⟨ ⊶⊱⫯ ⊶⊫ , *etc.*

5. ⊱ ⫪ ⊶⊫ 〈⫶⫶ ⊨ ⊠⊠⫯ ⊟ 〈⫶⫶ ⊨⫟⫟⫟ ⟨ ⊁ , *etc.*

---

[235] Je cite au hasard quelques lignes et en saute plusieurs.

[236] ⊿⊫ ⊱ 〈⫯⊫ ⊶⊱⫣⫣⫣ que je traduis : l'examen favorable, a peut-être un sens plus précis, celui de bonne apparence des entrailles.

6. [signes cunéiformes], etc.

7. [signes cunéiformes], etc.

8. [signes cunéiformes], etc.

Il y a aussi des augures tirés de l'apparence du (sommet) [signe cunéiforme] du palais des *irru saḫirûti*, K. 3827.

Augures tirés de l'examen du *kaskasu* ([signes cunéiformes]).

K. 3732.

1. [signes cunéiformes], etc.

2. [signes cunéiformes], etc.

K. 4136 + Sm. 1175 + Sm. 2008.

3. [signes cunéiformes] [[signes cunéiformes]],[237] etc.

4. [signes cunéiformes] [[signe cunéiforme]],[238] etc.

K. 6597.

5. [signes cunéiformes], etc.

6. [signes cunéiformes], etc.

7. [signes cunéiformes], etc.

K. 3982.

8. [signes cunéiformes], etc.

9. [signes cunéiformes], etc.

10. [signes cunéiformes],[239] etc.

11. [signes cunéiformes], etc.

---

[237] *Sic* K. 3982.

[238] *Sic* K. 3982.

[239] K. 1436 + K. 1523, l. 10 (S. A. Smith) : [signes cunéiformes].

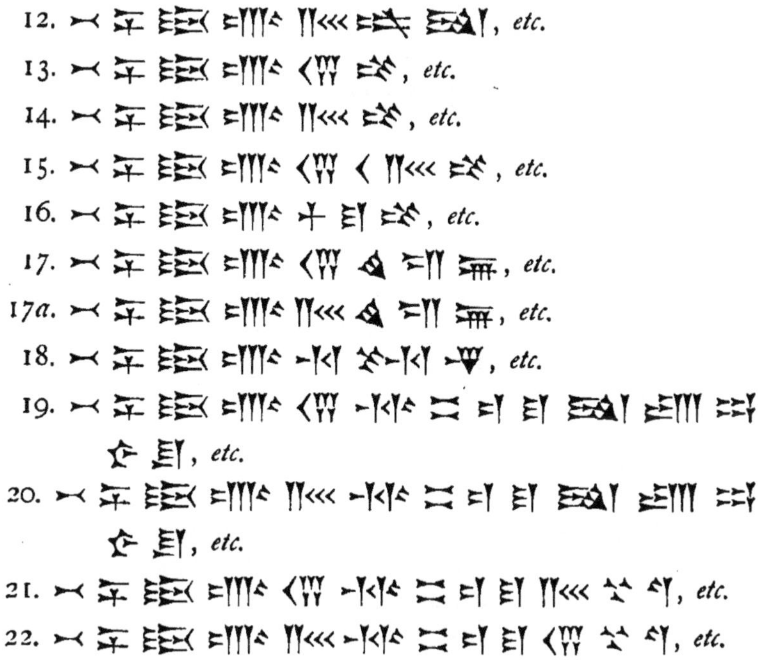

TRADUCTION.

1. *Si le* kaskasu *droit est comprimé*[240] *et est déplacé*
2. *Si le* kaskasu *gauche est comprimé et est déplacé*
3. *Si le* kaskasu *se tourne vers* (*se transforme en*) — ?
4. *Si le* kaskasu *est petit comme un* ašaša

[240] *ikbiṣ* d'un verbe *kabâṣu* et non de *kabâsu* dont le parfait est *ikbus*. Y-a-t-il lieu de distinguer deux verbes 1° *kabâṣu*, 2° *kapâṣu* ? *kabâṣu* dans K. 4201 (Meissner) est mentionné avec *ḫabâṣu* qui d'après Jensen = schwellen *K.B.*, VI, p. 20, l. 136, et Del., *H.W.*, p. 267. Le syriaque חבין = comprimer, presser et accumuler. De sorte que les verbes *ḫamâšu*, *eṣêpu* et *kuppuru* ont un sens commun et que *ḫabâṣu* comme *kabâṣu* = comprimer, presser, de là broyer pour *ḫamâšu* en parlant du grain. Mais *kabâsu* = fouler, en sorte que ces deux verbes ont une origine commune. Reste à savoir si *kapâṣu* doit être mis à part et regardé comme indépendant des deux autres, ce qui est douteux. Or, d'après les idéogrammes GAM, U, etc., un sens comme appuyer, enfoncer, faire plier, etc., paraît indiqué. L'idée d'une action violente est à la base de tous ces verbes. La langue assyrienne est très riche en termes brutaux et la psychologie de l'assyrien nous le fait comprendre. *kapâru* dans un texte inédit = *patâlu* nouer, tordre. Assurbanipal tordit brutalement les *qarnâte* du temple de Suse, car *kuppuru* = tordre violemment. Le texte inédit est K. 2086.

5. *Si le* kaskasu *a deux têtes*

6. *Si le* kaskasu *est très défectueux ?*

7. *Si le* kaskasu *encadre le* nilu

8. *Si le* kaskasu *dans son milieu le* na — ?

9. *Si le* kaskasu *violemment est comprimé*

10. *Si le* kaskasu *violemment le* na — ?

11. *Si le* kaskasu *droit (à droite) est atteint ?*

12. *Si le* kaskasu *gauche (à gauche) est atteint ?*

13. *Si le* kaskasu *droit (à droite) est fendu*

14. *Si le* kaskasu *gauche (à gauche) est fendu*

15. *Si le* kaskasu *à droite et à gauche est fendu.*

16. *Si le* kaskasu *est partagé et fendu*

17. *Si le* kaskasu *droit est défectueux ?*

17a. *Si le* kaskasu *gauche est défectueux ?*

18. *Si le* kaskasu *est très défectueux*

19. *Si le* kaskasu *droit est comprimé et se déplace*

20. *Si le* kaskasu *gauche est comprimé et se déplace*

21. *Si le* kaskasu *à droite est comprimé et à gauche atteint*

22. *Si le* kaskasu *à gauche est comprimé et à droite atteint*

Remarques.

L. 1. *ibbarkit* est pour *ibbalkit* de blkt, Del., *H. IV.*, p. 175. D'après DA, p. 18, l. 1, ⊳⊟⊀ = *enû* = *nabalkutu . enû* = changer, modifier, transformer *K.B.*, VI, 315, de sorte que le sens de déplacer paraît justifié ll. 19 et 20, *ittanabrakkat = ittanablakkat*. L. 4. *ašâšu* est peut-être le nom d'un petit animal, Del., *H. IV.*, p. 151 = Motte. L. 5. *ḫusur*, ll. 17 et 17a, *ḫisir*. Un thème *ḫasâru* est mentionné dans Meissner, *Supplem.* 40; l'idée de trancher, creuser s'expliquerait par l'idéogramme *KUD*; dans le doute j'ai choisi la signification générale de חסר dans les autres langues sémitiques. L. 7. *arim* de *arâmu*, nous avions plus haut *armu*. Quant à *nilu* (*ṣallu*) nous le trouvons en plusieurs endroits. P. 24, l. 11, on lit : Si une brebis met au monde un lion qui a sur sa face du *šir NI. LU*. Plus haut aussi dans les textes des ⊀⫲⫲ ⊏⊐ on lisait : Si les *irru saḫirûti* ⊨⊿⊰ ⫲⫲ ⊞⫲ *âr-mu*. Dans K. 2018a + Sm. 477, etc., qui indique les pronostics d'après les offrandes données [241] par l'homme à son dieu, on lit :

[241] Il s'agit sans doute d'offrandes que l'on croit donner dans son rêve.

1. ⟨signes cunéiformes⟩ *etc.*

2. ⟨signes cunéiformes⟩ *etc.*

3. ⟨signes cunéiformes⟩ *etc.*

4. ⟨signes cunéiformes⟩ *etc.*

5. ⟨signes cunéiformes⟩ *etc.*

6. ⟨signes cunéiformes⟩ *etc.*

7. ⟨signes cunéiformes⟩ *etc.*

8. ⟨signes cunéiformes⟩ *etc.*

9. ⟨signes cunéiformes⟩ *etc.*

10. ⟨signes cunéiformes⟩ *etc.*

11. ⟨signes cunéiformes⟩ *etc.*

12. ⟨signes cunéiformes⟩ *etc.*

13. ⟨signes cunéiformes⟩[242] *etc.*

14. ⟨signes cunéiformes⟩ *etc.*

15. ⟨signes cunéiformes⟩ *etc.*[243]

C'est-à-dire, s'il lui donne (*iddinšu*) de la viande cuite l. 1 ou non cuite l. 2 ⟨signes cunéiformes⟩, de la viande de gazelle, l. 3, de la viande de ⟨signes cunéiformes⟩,[244] (de singe?) l. 4, de la viande de chien, l. 5, de la viande de porc, l. 6, de la viande d'âne, l. 7, de la viande de cheval, l. 8, de la viande d'âne sauvage, l. 9, de la viande de ⟨signes cunéiformes⟩[245] l. 10, et enfin du *nilu* de ces différents animaux. Je n'ai pas à proposer pour ce mot de sens meilleur que "suif, graisse," supposé par Tallqvist, *Maqlû*, s.v., l. 10, *maššil* de *mašâlu*, *cf.* Knudtzon, *Sonnengott*, 41, Rs. 4 : *mušul*. Un

---

[242] II R. 41, 3.

[243] *Cf.* Sm. 801 + Sm. 952 + Sm. 1024, *Catalogue*, p. 1438, où on a ⟨signe cunéiforme⟩ ce qui ferait croire, que cet idéogramme est à lire *nilu*. Un de ces oracles est assez cocasse : S'il lui donne de la graisse d'oiseau, on dira, *iṣur, iṣur.* Y-a-t-il là un jeu de mots, ou faut-il lire, l'oiseau ! l'oiseau ! *Šumma nilu iṣṣuri iddinšu, iṣur ! iṣur ! iqabû-(û), Catal.*, p. 1438, l. 7, de l'extrait de ce texte.

[244] Ce mot ne peut signifier homme ici, à moins qu'il ne s'agisse véritablement de chair humaine ?

[245] Un animal aussi.

verbe *mašâlu* peut très bien avoir comme l'arabe مشل (dictionnaires de Lane et Dozy), le sens de mutiler. Le passage cité dans Lehmann, *Šamaššumukîn*, p. 111, *lâ undaššalu dannusu*, favorise cette interprétation ; et Jensen a raison, *Z.A.*, II, p. 81, d'y voir un mot "hälften ;". *mašâlu* doit avoir un sens semblable ici ; *mašiltu*, Meissner, *Supplem.* 61 = polissoir, puisque *mašâlu* signifie aussi égaliser, polir. Pour *mašâlu* voir aussi Rost, *Tiglat-Pileser III*, p. 73, l. 14. On pourrait traduire peut-être, l. 8 : Si le *kaskasu* dans son milieu partage le *na*. Je ne puis dire quelle partie intérieure de la victime était le *kaskasu*.

Augures tirés du ⟶⟨.

K. 1436 + K. 1523 (S. A. Smith), l. 4. *Šumma imittu BIR paṭrat*[246] : si la droite du *BIR* esr fendue, *ibid.*, l. 14. Le ⟶⟨ peut être double, même triple.

K. 4102.

1. ⟶ ⟨ etc.

2. ⟶ ⟨ etc.

3. ⟶ ⟨ etc.

4. ⟶ ⟨ etc.

5. ⟶ ⟨ [247] etc.

1. Šumma BIR kup-pu-ta-at
   si le bir *est raccourci*

2. Šumma BIR qaṣ-ṣa-at
   si le bir *est rongé*

3. Šumma BIR ekmit-(it)
   si le bir *est enlevé*

4. Šumma BIR zi-ra-at
   si le bir *est désagrégé*

5. Šumma BIR šal-ḫat
   si le bir *est arraché.*

---

[246] Faut-il transcrire plutôt : *Šumma imnu BIR paṭir* ; quand le sujet est féminin il y a presque toujours le complément phonétique *at* et ce n'est pas le cas ici.

[247] *Cf.* aussi D.T. 49.

Kupputu de *kapâtu*, Del., *H. IV.*, p. 348 ; *qaṣṣat* de *qaṣâṣu*, Del., *H. IV.*, p. 590, *ekmit* [⸻] = *ekêmu* ; *zirat* de *zarû*, Del., *H. W.*, p. 264 = hébreu זרה hinstreuen, sichten. Comme c'est presque toujours le cas, les moindres défectuosités sont enregistrées par l'haruspice. Il est inutile d'ajouter que [⸻] désigne toute autre chose que *uriṣu* et doit être cherché quelque part dans les entrailles. Le [⸻] en rapport avec le [⸻] et le [⸻], K. 1813 + K. 3749. De même que l'on examine s'il y a *ḫalâqu* du [⸻], l'on observe le *ḫalâqu* du [⸻] ; ou ce qui se trouve dans le [⸻] ou s'il y a un [⸻] (enfoncement) à sa droite, etc.

Augures tirés de l'examen du [⸻].

K. 6244.

1. [⸻], etc.
2. [⸻], etc.
3. [⸻], etc.
4. [⸻], etc.
5. [⸻], etc.
6. [⸻], etc.
7. [⸻] ?[248] [⸻], etc.
8. [⸻], etc.
9. [⸻] [⸻],[249] etc.

TRADUCTION.

1. *Si le* kadugga *se trouve* (šakin)
2. *Si le* kadugga *à la partie antérieure est entaillé* (imšur)
3. *Si le* kadugga *à la partie postérieure est entaillé* (imšur)
4. *Si le* kadugga *s'approche* (iqrib) *du* dan
5. *Si le* kadugga *s'approche* (iqrib) *du* meni

[248] [⸻] ?

[249] DA. 10, l. 6, [⸻], etc.

6. *Si le* kadugga *dans (à) la place*[250] *du* dan *se trouve*

7. *Si le* kadugga *est éloigné (s'est déplacé)*[251] *et dans le* $\underset{.}{T}U$[252] *gauche se trouve.*

Je ne comprends pas les lignes 6 et 7. *ḫi-el-ṣu* de חלצא‎, *P.S.B.A.*, Vol. XXV. (1903), p. 24, à corriger *iḫ-ḫi-el-ṣa-at* en *iḫ-ḫi-el-ṣa at-[ta]*. Thompson a republié ce texte et l'a traduit dans ses "Devil and Evil Spirits," p. 40. Comme je l'ai dit, la phrase *ša ištu gišimmari iḫḫielṣa atta* fait allusion au genre de mort de l'individu ; il s'agit donc de celui qui a fait une chute du haut d'un palmier. *ḫalaṣû* aurait donc le sens de arracher, détacher (Del., *H.W.*, p. 279, et Thompson,[253] *loc. cit.*), et aussi renverser, jeter à terre, précipiter, projeter. DA. 227, l. 32, *ḫi-el-ṣa-at* précédé de ⟦signe⟧ comme dans le texte susnommé. ⟦signes⟧ est un de ces termes techniques du lexique mantique qui se rapporte comme les autres à la victime et désigne une partie quelconque de l'animal. Traduit littéralement il signifie : parole bonne. Or comme il y a toujours des jeux de mots l'augure répond après examen du *kadugga*, parole joyeuse ;[254] parole de malheur.[255] Et le calembour n'est pas, pour nuire au succès de l'haruspicine K. 4003 fait allusion au *kadugga* et j'y relève ce qui suit :

1. ⟦texte cunéiforme⟧

2. ⟦texte cunéiforme⟧

3. ⟦texte cunéiforme⟧

4. ⟦texte cunéiforme⟧

5. ⟦texte cunéiforme⟧

6. ⟦texte cunéiforme⟧

---

[250] *maškan* de *maškânu.*

[251] *ukkušma* de *akâšu*, Jensen, *K.B.*, VI. 355 = s'éloigner.

[252] *ṬU* n'est pas certain ; *ṬU = takaltu* voir plus haut.

[253] La phrase suivante est inexactement traduite par Thompson, pour le sens voir *P.S.B.A.* (1903), p. 26, l. 2.

[254] *amat ḫadie.*

[255] *amat limutti.*

7. [cuneiform]

8. [cuneiform]

9. [cuneiform]

10. [cuneiform]

TRANSCRIPTION.

1. Šumma DI DAN IS . KU šakin-ma šapliš innamir IS . KU dan-nu
2. šumma ḪISIR ta innamir URU . ZAK-KA massû kakku
3. šumma ḪISIR innamir šarru ina êkallišu idammiq
4. šumma KA . DUGGA innamir [256] aṣê nàrarût ṣâbê
5. šumma ḪISIR šapti ? IS . KU šakin-ma šapliš innamir ṣillu ilu darû eli amêli baši
6. šumma eliš innamir ṭîb bêlim (?) ana bîti
7. šumma KA . DUGGA innamir IS . KU ḫabilti
8. šumma ḪISIR libbi MENI innamir ŠA (šakin ?) ki-di ana libbi âli irrub-ba
9. šumma ḪISIR lâ MENI IS . KU šakin-ma libbu ME . NI innamir IS . KU tuš-ši IS . KU ḫibilti IS . KU dibiri ?
10. šumma ḪISIR innamir bêl nukurti dabâba salim-ma išappar-ka etc., etc.

TRADUCTION.

1. *Si — ? le (du) dan une pointe se trouve et qu'on voit dessous, l'arme forte*
2. *si le* ḫisir *— ? on voit, ta ville un gouverneur — ?*
3. *si le* ḫisir *on voit, le roi dans son palais sera favorable*
4. *si le* kadugga *on voit, sortie des guerriers du secours*
5. *si au* ḫisir *de la lèvre ? une pointe se trouve et qu'on voit dessous, la protection du dieu éternellement sur l'homme sera*
6. *si on voit en (le) haut, arrivée du maître (?) à la maison*
7. *si le* kadugga *on voit, arme de faiblesse*

[256] KA . DUGGA se rencontre aussi DA. 7, l. 5.

8. *si le* ḫisir *dans le* meni *on voit, un agent de ruine dans la ville
entrera*

9. *si au* ḫisir *non pas du* meni *une pointe se trouve, qu'on voit
l'intérieur du* meni *arme de dégât, arme de faiblesse, arme de
malheur*

10. *si le* ḫisir *on voit, le seigneur ennemi t'enverra un message
conciliant.*

Remarques.

L. 1. *DI* et *DAN* sont des termes anatomiques ; je ne sais
comment il faut interpréter le début de cette phrase ; l'on attendrait
devant *dan* une préposition indiquant le lieu où se trouve la pointe
(l'*isku*). Il faut sous-entendre quelque chose : Si le *dan* et le *di* se
trouvent, etc. L. 2. ḪISIR = idéogramme d'un mot *ḫisirtu* ou
ḫiṣirtu ou simplement état construit d'un *ḫisru*, quant à *TA* il est
obscur ; doit-on traduire : Si l'on voit le *ḫisru* du *TA*. Un *ḫiṣru*
n'existe pas à ma connaissance, sans quoi l'on pourrait penser à
l'araméen חצר et *ḫiṣru* = araméen חצר = reticulum jecoris. Or
comme nous connaissons déjà un palais du foie, nous aurions aussi
une cour du foie, puisque tel est le sens de חצר. ✛ ⋇⊢⫴⫴ =
massû, Thompson, *Devils and Evil Spirits*, p. 96, l. 125, et
✛ ⋇⊢⫴⫴ ⊨⫴⫴ ⫴⫴⨼ dans un commentaire philologique augural
II R. 47, 14 = *massû kakku* ; je ne comprends pas ce *kakku* dans
notre texte, on attendrait un verbe. L. 4. *nararût ṣâbê*, Brünnow,
8162 l. 5. ⊢⫴⫴ = *šaptu*, lèvre ; mais il a un sens tout autre sans
doute aussi inconnu que ⫴⫴⨼ ✛ *šaptu šaplitu*, II R. 62, 69 *a, b*
(Del., *H. W.*, p. 678). L. 8. *ŠA ki-di* = *šakin kidi* ou *šikin kidi* et
kidi = *abiktum*, Del., *H. W.*, p. 317 ; un *šakidi* n'est pas probable et
un terme *šakidâti*, Del., *H. W.*, p. 656, ne l'est guère plus ; il faut
lire *ša kidâti*. Un mot *kiditu* se trouve DA. 11, 8 ; 38, 12 ; 40, 1,
pluriel *kidâti* 36, l. 10, 233, l. 14, *cf.* Meissner, *Suppl.*, p. 45, et
Knudtzon, *Sonnengott*, No. 1, l. 23 ; le mot *ditu*, p. 292, n'existe pas
et ce qu'il dit à ce propos doit être biffé : No. 116, Rev. 21, lire
šumma kak-ti, etc., et comparer la ligne semblable DA. 234, l. 22.
L. 9. *IS. KU tušši* ; *tuššu*, Del., *H. W.*, p. 716, et DA. p. 82, l. 19,
*IS. KU šušuru ša imitti ṢI IS. KU salimu (šalmu) . . . . . . ?
IS. KU tuš-ši.*[257] J'ai déjà rendu IS. KU plus haut par pointe, lame,

---

[257] *tu-uš-šu = mi-iq-tum* II R. 35, 47 (document lexicographique augural).

etc. ; il signifie peut-être aussi "signe, indice" dans certains cas.[258] = *dibiru?* III R. 61, l. 32, le pays verra le *dibiru*, III R. 65, ll. 11 et 12, le pays verra le . L'araméen דְּבַר signifie épidémie et il se peut que *dibiru* soit le même mot. Pour ce terme voir DA. 75, l. 16, 214, l. 34 ; K. 3985 + K. 6690, etc. : Si l'on constate telle ou telle chose, ,[259] K. 2143. = *dibiru*, supposé d'après quelques passages. Pour IS. KU ḪI. BIL je lis *IS. KU ḫibilti* et j'adopte pour *ḫabâlu* le sens établi par Jensen, *K.B.*, VI. p. 405. De sorte que *tuššu*, *ḫibiltu* et *dibiru*? sont en relation sémantique. Pour terminer ces remarques concernant K. 4003 qui fait partie de la classe (3e tablette) des j'y signalerai encore la mention de l'*ekal ŠU. SI* palais du ŠU. SI et du ṬU (*takaltu*) mais la fin des lignes du Verso manque.

Augures tirés du .

DA. p. 234, l. 22 = Knudtzon, *Sonnengott*, No. 116, Rev. 21 :—

Šumma KAK-TI ša imitti u šumeliti I tan ḫalqa têrtu la šalmat-(at).

Si le (*la*) kakti, *la droite et la gauche sont endommagées, cet augure n'est pas favorable*

DA. p. 80, l. 5 :—

Šumma KAK-TI ša imitti ana? ID at-rat

Si le (*la*) kakti *de droite vers le côté?*[260] *dépasse* (*gagne en étendue*).

82–5–22, 500.

[258] Voir pour ce mot DA. 218. Le IS. KU peut se trouver sur le *meni* (l. 17) et avoir la forme d'une langue d'oiseau ; l. 3 (Verso, *ibid.*), l'*isku* suivant les cas porte le nom d'*isku* , il peut être double (l. 4) et les deux peuvent se trouver sur le *meni* ; l'*isku* peut s'incliner (*kaniš*, l. 6). Sur cet *isku* (lire ainsi DA. 218, l. 5, Verso, où le a été omis par mégarde) il peut y avoir un enfoncement, trou. ( ), etc., etc.

[259] Il s'agit des différents aspects que présente le corps d'un être humain et des présages qu'on en déduit.

[260] plutôt que .

Il s'agit donc du (de la) *kakti* qui comme un *kibirru* peut avoir un 𒌑 (une tige ?) à droite ou à gauche, ou bien se courber (*kanâšu*, ll. 3 et 4) et aussi 𒂅 (𒂅 𒉈 comme 𒁹 𒀖) mais j'ignore si ce 𒂅 indique le contraire de 𒁹. Voir pour les différents sens que peut avoir 𒂅, Brünnow, No. 5809 et suiv. Dans ce document il est fait mention aussi du *kaskasu :* 𒌋 𒈨 𒂅 d'où l'on conclut que *kakti* rentre dans la classe des termes anatomiques ainsi que le suivant.

Augures tirés du 𒄑.

Le texte fondamental est celui publié DA. p. 6, K. 7000. Devant le traduire ailleurs, je me bornerai à citer seulement Sm. 1898.

1. 𒁹 𒄑 𒀖 𒌋 , *etc.*

2. 𒁹 𒄑 𒁹 𒈨 𒈨 𒂅 𒁹 𒌋 𒐊

3. 𒁹 𒄑 𒌋 𒈨 , *etc.*

4. 𒁹 𒄑 𒈨 𒌋 𒁹 𒈨

5. 𒁹 𒄑 𒈨 𒈨 𒌋 𒁹 𒈨

6. 𒁹 𒄑 𒈨 𒈨 𒌋 𒁹 𒈨

7. 𒁹 𒄑 𒈨 𒈨 𒀖 , *etc.*

8. 𒁹 𒄑 𒈨 𒈨 𒂅

9. 𒁹 𒄑 𒈨 𒈨 𒈨

10. 𒁹 𒄑 𒀖 𒈨 𒂅 𒌋 𒂅

Ce texte permet de restituer deux ou trois passages de DA. 6 :—

1. *Si le* dan *est enlevé,*[261] *etc.*
2. *Si le* dan *tremble?*[262] *et le* šibbu *droit* . . . .
3. *Si le* dan *se trouve*
4. *Si le* dan *sur le* meni . . . .
5. *Si le* dan *sous le* meni . . . .
6. *Si le* dan *au lieu du* meni . . . .

[261] *ekim.*

[262] *urrur.*

7. *Si le* dan *est plantureux* ?[263] *etc.*

8. *Si le* dan (*est*) *comme un* tiktur,[264] *etc.*

9. *Si le* dan (*est*) *comme un* (*une*) zirtu [265]

10. *Si le* dan *est long et* . . . . .

Rm. 2, 176. Dans le *maškan* (la place) du *dan* il peut y avoir un enfoncement (⟨) placé (*nadi*) ; le *dan* peut être double ; si le *dan* est double et [signes cunéiformes], etc. ; *iṭṭippuma* (*iṭṭibbu*) ou *itlupu* pour ces différents verbes si l'on choisit *iṭṭippu* voir Del., *W.B.*, p. 323, et il s'agirait alors des deux *dan* qui sont dans un certain mouvement, c'est-à-dire qui se tournent ou s'enroulent. Dans les *omina* ce thème *eṭepu* se retrouve dans *eṭipu*, K. 11925[266] publié par Meissner, *B.A.*, III, p. 521 : augures de la série de l'*isku* et K. 3656, (1) [signes cunéiformes], etc. ; (2) [signes cunéiformes], etc. L'on voit que l'*isku* pointe, lame, etc., peut être semblable à un *edipu* (*eṭipu*) ou à la pointe d'un couteau (*ziqip patri*). עטף en hébreu et araméen = couvrir, recouvrir et ce verbe existe en assyrien à cause des noms de vêtements mentionnés Del., *W.B.*, p. 323, *eṭipu* (*edipu*) = voile, manteau, gaîne ?, fourreau ?, mais il est impossible d'après le contexte. de savoir la signification qui convient. Si on laisse de côté la transcription possible de *ittibbuma* (*de tebû*) il reste *iṭlubu* (*itlupu*) et pour ce verbe *ṭalâbu* (*ṭalâpu*) = *alâku* voir Jensen dans *K.B.*, VI, p. 338. K. 9048 enfin donne quelques augures pour le *dan* qui s'y trouve en rapport avec le *meni* dans lequel il peut pénétrer.

Augures tirés de l'examen du [signe cunéiforme].

Ils sont publiés DA. 189–200,[267] voir aussi les textes de Knudtzon, *Sonnengott.* Dès les premiers temps où je copiais ces textes j'avais regardé ce terme comme appartenant au langage de l'extispicine, mais je n'ai pu en déterminer le sens. [signe cunéiforme] est rendu par *nappašu, naṣraptum* V R. 39, 64. 65 (*naṣraptum* 66), Del., *H.W.*,

---

[263] Voir page 55, l. 38.
[264] *tiktur*, Zimmern, *Ritualtafeln*, 149, l. 27, un produit végétal quelconque.
[265] *zirtu*, Del., *H.W.*, p. 263, grain de semence, rejeton et p. 265.
[266] K. 11925 et K. 3656 appartiennent au même groupe.
[267] Plusieurs erreurs de mon édition seront corrigées dans une liste d'*errata* à la fin de ce travail.

p. 476, et Brünnow, 12037, *nappašu* = ventilation, ouverture, soupi-rail, etc., et l'on pourrait en induire une signification comme organe de respiration, poumon.   Un terme *napištu* paraît à l'état construit dans DA. 220, l. 5 : *ina napšat ekalli ŠU . SI* et Rm. 302 (voir plus loin).   D'autre part nous ne connaissons pas la transcription de ⩍ ⊨ et une lecture *gar-tab*, *qartab* d'un mot supposé *qartabbu* serait possible.   Un *qartabbu* (*qardubu*), qu'on traduit sans aucune raison valable par " Pferdeknecht," *K.B.*, VI, p. 535, est connu ; un thème *šatapu* (Meissner, *Supplem.* s.v.) est mentionné avec, *laqâtum*, Sm. 896, et doit signifier similairement : saisir fortement, étreindre.

Augures tirés de l'examen de différentes parties de la victime.

Un des textes les plus importants pour l'étude de l'haruspicine est sans contredit K. 3978 + K. 12364 + Sm. 1667 + 79—7—8, 221 que j'ai rapidement parcouru et dont je ne saurais assez souhaiter la publication in extenso.   Beaucoup de ces documents sont mal-heureusement sans valeur et en attendant leur publication systéma-tique il est bon de signaler ceux qui sont utiles à connaître et dont il y a quelque chose de nouveau à tirer.   Le texte en question a de plus l'avantage de nous donner des présages un peu variés, des mots nouveaux et leurs synonymes et enfin tout ce qui concerne l'examen des organes suivants.

1. Le ⊨⫟ ⊢⫟⫪⫟, s'il y a un enfoncement (⫟) à sa droite, s'il s'incline (⫟ ⫥⫟⫟ *kaniš*).

2. Le ⫟ (peut-être le lobus pyramidalis du foie, voir plus haut).

3. Le *kisallu* du ⊨⫟⫟⫟ ⫟⫟⫟ ⊢⫟ (⊢⫟ ⫧ ⊨⫟⫟⫟⊨ ⫥ ⫥ ⊢ ⫟⫟ ⫟ ⫟⫟⫟⫟ ⫟⫟⫟ ⊢⫟ ⩍ ⫟⫟ ⫟ ⫟⫟⫟ ⫟⫟).

4. Le ⊨⫟ ⫟⫟⫟ voir aussi 82–3–23, 32.

5. Le *qursinnu* [208] = jambe (⫟ ⫟⫟⫟ ⫟⫟).

6. Le *kisillu* = כֶּסֶל = hanche (⫟⫟ ⊢⫟⫟⫟ ⫟⫟).

---

[208] Pour ce mot voir Haupt, *B. E. in the Levitic Ritual*, p. 77 ; j'avais indé-pendamment de lui rattaché *qursinnu* au syriaque קורצלא ; *qursinu* d'après Haupt est la jambe.

7. Le *sâqu* (𒀭 𒁹 𒌍) peut-être = سَاق = jambe, tibia.

8. Le 𒀭 𒍝 (voir plus haut).[269]

9. Le 𒄑 (𒅗 𒄑 𒑖 𒁹 𒈾). Il est parlé du 𒂖 et des 𒑘 𒈩 du 𒄑.

10. Le *šêru* (𒅗 𒌋 𒄑 𒄑) ; (𒅗 𒑖 𒌋 𒄑 𒌋 𒑖 𒌋 𒌋 [𒀭]).

11. Le *našpantum* (*našbantum*) n'a rien à voir avec Del., *H. W.*, p. 509.

12. Le *appi* (*šumma appi uppuq*[270]).

13. Le (la) *šubtum* (*šumma šubtum arkatum*).

14. Le *surudu* (𒂖 𒄑 𒀭).

15. Le *surummu* (𒂖 𒄑 𒄑 𒌋) سُرْم = anus.

16. Le *kukuparru* (𒂖 𒂖 𒀭 𒄑).

Je crois que rien ne s'oppose à ce qu'on lise *kukubarru* et si l'on admet la possibilité d'une permutation de *r* et *n*,[271] de le rapprocher de *kukubânu*, Del., *H. W.*, p. 327. II R. 40, l. 7 (No. 2) il est fait mention du *kukubânu* du cochon. Brockelmann, p. 341, le rapproche du syriaque קורקבנא = jabot et si ce terme désigne aussi l'estomac en assyrien comme le néo-hébreu קֻרְקְבָן (Dalman, p. 374), *kukubânu ša šahi* indiquerait le petit renflement conique que l'on observe sur l'estomac du porc. Reste à savoir si *kukubarru* = *kukubânu*, ce qui est peu sûr. Pour la lecture *ququbânu* au lieu de *kukubânu* on peut mettre en avant les arguments développés par Haupt (*Levitic Ritual*,

---

[269] 𒅗 𒀭 𒍝 𒈩 𒑖 𒂖 𒀭 𒁹 𒂖 𒀭 𒌋 𒄑 𒑖, etc. : Si le (la) *kakti* à droite est noire, l'ennemi à mes chaumières le feu mettra. Ce texte nous dit quelque part : *urpatum = maṣallu* et *maṣallu*, Del., *H. W.*, p. 567 = tente du berger, hutte.

[270] *appu* = nez ; *uppuqu* = *katâmu*, Del., *H. W.*, p. 115 (*piḫû*) = Si le nez est bouché, fermé.

[271] Pour la permutation de *l* et *r* cf. Haupt, *Babylon. Elem. in the Levitic Ritual*, p. 77, Note 99.

p. 62, Note 2 et Note 40); le ק est dû à l'influence de la voyelle *u*, comme dans *kurbânu = qurbânu*, K. 4112, [cunéiforme] *ḫaniq* ([cunéiforme]). Si le *kukubarru* est resserré (étranglé), etc. Parmi les présages énoncés dans ce document il faut mentionner l'oracle (ou la décision) de Naram Sin qui sera favorable dans tel ou tel cas. Ce qui arrive en temps de guerre dans telle occasion : ceux qui séjournent dans la ville seront dans la crainte et du haut de la muraille ils se précipiteront contre l'ennemi (*ašib ali ipallaḫuma ištu dûri eli nakri urradu*) : l'armée (ou plutôt ton armée) tombera dans un combat de plaine (*ummânka ina taḫâzi ṣêri imaqut*) : le *nuballum* [272] de mon armée tombera : le sacrificateur mourra, dans le combat chute de celui qui marche en tête de mon armée. C'est dans ce texte seulement que j'ai trouvé la mention d'un terme déjà connu, *naiabu*, Del., *H. W.*, p. 452, qui y paraît à deux ou trois reprises, ainsi que [cunéiforme] (voir plus haut). Il est même question du *ḫalâqu* des *naiabe* [cunéiforme] *naiabe* II R. 37, 63 *e, f = abullum*. On pourrait à propos de *naiabe* penser à l'arabe نَاْيِب primitivement زَيْنِب (Lane) = dent. Il est fait allusion aussi à certaines mesures qu'on prend (le sacrificateur) du corps de l'animal puisqu'on lit : [cunéiforme] [cunéiforme], c'est-à-dire depuis le devant des [cunéiforme] jusqu'à la queue 5.

Il y a très peu de textes qui traitent du [cunéiforme]. Déjà Bezold avait montré (*Z. A.*, IV, 432) que c'était l'idéogramme de *kalîtu*. (Tallqvist, *Maqlû*, p. 135), *cf.* K. 6402 et 82–3–23, 32.[273] *kalîtu* (rein) = [cunéiforme] dans K. 4609 (Craig, *Religious Texts*, II, Pl. ii, traduction de F. Martin, *Textes Religieux*, Paris, 1900, p. 61). De même qu'on lit *libbaki lipaššiḫ* l'on a *lipaššiḫ kalîtka*. Un certain nombre de termes qui indiquent des parties fatidiques et qui se trouvent isolés dans le corps des textes, comme [cunéiforme] par ex. (voir plus haut, p. 68, 1. 6) resteront inexpliqués, tant qu'on n'aura pas des matériaux plus considérables à disposition ; [cunéiforme] revient encore dans Rm. 302 (voir plus loin).

---

[272] *nuballum* est très fréquent dans les omina.

[273] *Catalogue*, p. 1816, lire au lieu de [cunéiforme] : [cunéiforme], c'est-à-dire : si le rein droit vers le gauche sort.

Augures tirés de l'examen du 《《.

79–7–8, 58, qui est probablement un duplicata[274] de IV R. 34, traduit par moi dans la *Revue Sémitique*, Juillet, 1902, p. 275. Comme la plupart des assyriologues paraissent ignorer cette revue, je crois bien faire en reproduisant telle quelle la traduction de cet article. Pendant longtemps on a cru qu'il s'agissait dans IV R. 34 d'astrologie, mais Knudtzon a reconnu la vraie nature de ce texte (*S.G.*, p. 51). Il est très nécessaire de bien faire la différence entre ce qui est astrologique et ce qui ne l'est pas. C'est ainsi que K. 2162 + K. 2206 aurait dû être placé sous la rubrique "Astrologie" dans le catalogue puisqu'il s'agit de présages tirés en grande partie de l'observation du soleil ; cela vaudrait mieux que cette classification par trop vague de " Omens partly relating to public affairs." En définitive tout omen a trait plus ou moins aux affaires publiques.

IV R. 34 (K. 2130).[275]

1. Šumma bantu (?) ana siḫḫirti-šu ṢI saḫ-rat-si purussû Šar-gi-na ša ina šîri an-ni-i

2. ana mât NIM . MA . KI illik-ku-ma amêl NIM . MA . KI-meš i-na-ru

3. ú-bur-ta iš-ku-nu-šu-nu ti-[ma bu —] bu-ti-šu-nu u-bat-ti-iq

4. šumma bantu (?) ana siḫḫirti-šu ṢI saḫ-rat-si-ma u . . . . . eli-ša nadi ṢI arki banti (?) imqut-(ut)-ma ŭ i-ku-na

5. purussû Šar-gi-na ša a-na mât MAR . TU . KI illik-ku-ma

6. mât MAR . TU i-ni-ru kibrat irbitti qât-su ikšudu-(du)

7. šumma bantu (?) imitti-ša šumêliti-ša bunâni-ša ug-da-bir-ma eli . . . . šu u ŠU . SI eli-ša ṣal-lat

8. purussû Šar-gi-na ša ina šîri an-ni-i kiš-šu-[tam epuš] Bâbilu i-?-šum-ma[276]

9. eprâti (?)[277] ša ŠAL . LA Bâb-ṭu(gin)-na is-su-ḫu-ma . . . . . . ni . . . . ma

[274] Le catalogue donne à ce sujet des indications erronées.

[275] 79, 7–8, 58 renferme un texte semblable. Le catalogue donne à ce sujet un indication inexacte.

[276] *ipušumma* (?).   [277] Douteux.

10. . . . . . . A-ga-de^{ki} ala i-pu-šu-ma . . . . KI šum-šu
im-bu-ú

11. . . . . bi u-še-ši-bu

12. . . . . ina šumêli ŠI i-lat qa-qa-rat šumêlu
ṣabit-(bit)-ma

13. . . . . [purussû Šar-gi-]na ša ina šîri an-ni-i
ana mât MAR . TU . KI

14. . . . . kibrat irbitti qât-su ikšudu-(du)

15. . . . . kussû (?) arki banti (?) qaqqad-ṣa nadat-(at)

16. . . . . mât MAR . TU . KI   illik-ku-ma

17. . . . . šu   imḫaṣ-(aṣ)   qarradê-šu

18. . . . . ina   qabli   aṣi-šu

19. . . . . iṣ? u ṣuprânu . . . . [Šar-gi-]na ša
ina šîri an-[ni-i]

20. . . . . ri-šu (tal-qat) šu-ma li-si . . . . ilu
Ištar . . . .

21. . . . . reš alik pâni-šu ana ti-ri . . . . si šu
uš . . . .

22. . . . . nêšu it-tab-ši purussû Šar-gi-na ša ina šîri
an-ni[-i]

23. . . . . i-la-am-ma ša-ni-na gab-ri lâ iši-(ši) ša-lum-
mat-su eli : .

24. . . . . tâmta ša erib šamši i-bi-ru-ma šattu III
^{kan278} ina erib šamši

25. . . . . qât-su ikšudu-(du) ka-šu a-šar išten-(en) u-ki-nu
ṣalmâni-šu ina erib šamši

26. . . . . zu šal-la-su-nu ina ma-a-ti tâmtim ú-še-bi-ra

27. [Šumma bantu (?) kima im²⁷⁹-]šuk-ki-ma ŠI u ŠU . SI lâ iši-(ši)
NA arku-ma bantu (?) sa-ḫir

28. [purussû] Šar-gi-na ša ekalla-šu PA(ḪAṬ)-ṬI V ta-a-an BIT-
ḪU²⁷⁹ u-rap-pi-šu-ma

29. . . . . ašaridê i-zi-zu-ni-šum-ma e-ki-a-am i ni-lik iq-bu-šu

30. šumma bantu (?) ki-ma im-šuk-ki-ma ŠI u ŠU . SI lâ iši-(ši)
ina imni ŠI IS . KU zaqip ma šumêlu amir

31. ana pâni-šu šumêlu ŠI paṭir Ú Kaš-tu-bi-la mât Ka-zal-la
ibbalkitu-šu-ma ana mâti Ka-zal-la

---

²⁷⁸ Pour l'explication de ce *kan* (*kam*) après les noms de nombre ordinaux voir
la *Revue Sémitique*, Avril, 1900, p. 151, § 2.
²⁷⁹ *Cf.* 79-7-8, 58.

32. illik-ku-ma bêlê-šu-nu imi-ḫa-ṣu ka-mar-šu-nu iš-ku-nu

33. um-ma-an-šu-nu rabî-ta ú-šam-ki-tu mât Ka-zal-la ana ip-ri u kar-me ú-tir-ru

34. ma-an-za-az   iṣṣurê   ú-ḫal-liq

35. šumma bantu (?) ki-ma im-šuk-ki-ma ṢI u ŠU . SI lâ iši-(ši) ina imni ṢI IS . KU zaqip-ma šumêlu amir

36. u ana pâni-šu VII GAB-meš purussû Šar-gi-na ša ina šîri an-ni-i

37. ši-bu-ti mâti kalâmi ibbalkitu-šu-ma ina A-ga-deki iptaḫru-šu-ma

38. Šar-gi-na uṣṣi-ma bêlê-šu-nu im-ḫa-ṣu ka-mar-šu-nu iš-ku-nu

VERSO.

1. Ummân-šu-nu rabî-ta ú-šam-ki-tu buša-šu-nu eli-šu-nu ik-su-ú

2. ku-um   Iš-tar   il-su-ú

3. Šumma bantu (?) II ŠU . SI-meš iši-ma IS . KU imnu u šumêlu našḫû DAN u DI ina šumêli šaknû

4. IS . KU šu-šu-ru IS . KU šumêlu ṢI su-ḫu-ru-ni GIR (niru) šumêlu ṢI II-ma SAG-UŠ (kaiamânûtu)-meš šaknû

5. purussû Šar-gi-na ša ina šîri an-ni-i

6. mât SU . EDIN KI ina gi-ib-ši-šu tebû-šu ana IS . KU ik-mi-su-ma

7. Šar-gi-na šubâti-šu-nu ú-še-ši-bu-ma

8. bêlê-šu-nu im-ḫa-ṣu ka-mar-šu-nu iš-ku-nu um-ma-an-šu-nu rabî-ta

9. [ri]-ṣi-šu u illâte-šu u-qa-i-la ana A-ga-deki ú-še-ri-bu

10. Šumma bantu (?) II ŠU . SI-meš iši-ma ina imni ṢI IS . KU šakin-ma šumêlu amir

11. u ana pâni-šu VII GAB-meš ina šumêli ṢI U nadi-(di) purussû Na-ram-ilu Sin

12. ša ina šîri an-ni-i ana alu A-pi-rak illik-ku-ma

13. . . . . ip-lu-šu Ri-iš-Adad šarru alu A-pi-rak

14. . . . . u alu A-pi-rak qât-su ikšudu-(du)

15. [Šumma bantu (?)] pu-ut-lu-ut-tu mala-at ina imni ṢI IS . KU šakin-ma šumêlu amir

16. [u ana pâni-šu VII GAB]-meš purussû Na-ram-^{ilu} Sin ša ina šîri· an-ni-i

17. ana mât Ma-gan-na illik-ku-ma mât Ma-gan-na iṣ-ba-tu-ma

18. . . . . šarru mât Ma-gan-na qât-su ikšudu-(du)

19. [Šumma bantu (?) ana pâni-šu] VII BAR-meš ana arki-šu . . .

20. . . . . a   a-ma-ru   i-ba . . . .

21. . . . . ŠID   IM .

TRADUCTION.

Recto.

1. *Si le (la)* bantu (?) *dans son pourtour enveloppe le* ṣi, *oracle de Sargon qui, en suite de cet omen*

2. *marcha contre Elam et anéantit les Elamites*

3. *il leur infligea un désastre et leur coupa les vivres*

4. *Si le (la)* bantu (?) *dans son pourtour enveloppe le* ṣi *et qu'un — ? sur lui est placé, que le* ṣi *derrière le* bantu (?) *tombe et reste stationnaire*

5. *oracle de Sargon, qui marcha contre la Phénicie,*

6. *la Phénicie il subjugua, sa main fit la conquête de l'univers.*

7. *Si le (la)* bantu (?) *sa droite, sa gauche, sa structure (?) est épaisse et sur lui . . . . et le* šusi *sur lui est étendu*

8. *oracle de Sargon qui, en suite de cet omen, la puissance de Babylone il fit (?)*

9. *les — ? — de — l' ? de* Bâbṭuna *il enleva et . . . .*

10. [*la puissance ?*] *de* Agade *il fit et . . . . son nom il nomma*

11. . . . . *il fit habiter*

12. . . . . *à la gauche du* ṣi *s'élève, est mutilé (?), la gauche il tient et*

13. . . . . [*oracle de*] *Sargon qui, en suite de cet omen contre la Phénicie*

14. [*marcha ?*] . . . . *et de l'univers sa main fit la conquête*

15. . . . . *du* kussû *derrière le* bantu (?) *tombe*

16. . . . . *contre la Phénicie il marcha*

17. . . . . *écrasa ses guerriers*

18. . . . . *du milieu de sa sortie*

19. . . . . *et des griffes ? . . . .* [*oracle*] *de Sargon qui en suite de cet omen*

20. . . . . ? . . . . ? . . . . *d'Ištar* . . . .

21. . . . . *marchait à sa tête pour atteindre* . . . . . .

22. *Si* . . . . *comme un lion est, oracle de Sargon qui en
suite de cet omen*

23. [*vers*] . . . . *monta et n'eut pas de rival semblable, sa
renommée sur* . . . .

24. . . . . *la mer du soleil couchant il traversa et la
troisième année dans l'occident*

25. . . . . *sa main fit la conquête, comme (en) un seul
territoire il établit ses statues en occident*

26. . . . . *leur butin il fit passer dans le pays de la mer*

27. [*Si le (la)* bantu (?) *est comme un*] imšukku *n'a ni* și *ni* šusi *que
le* na *est allongé et entoure le (la)* bantu (?)

28. [*oracle de*] Sargon *qui son palais d'un territoire (espace) de 5*
miṯ̱u (?) *il agrandit*

29. . . . . *les grands se tinrent vers lui disant : Allons ! nous
voulons marcher*

30. *Si le (la)* bantu (?) *est comme un* imšukku *et n'a ni* și *ni* šusi,
qu'à la droite du și *une pointe se dresse et qu'on voit la
gauche*

31. *que devant lui la gauche du* și *est fendue, idem (c'est-à-dire oracle
de Sargon qui en suite de cet omen)* Kaštubila *de* Kazalla *se
souleva contre lui vers* Kazalla *(alors)*

32. *il marcha et leurs armes il brisa, leur défaite il infligea*

33. *leurs hordes nombreuses il défit et le pays de* Kazalla *il réduisit
en poudre et en décombres*

34. *il rasa la demeure des oiseaux*

35. *Si le (la)* bantu (?) *est comme un* imšukku *et n'a ni* și *ni* šusi,
qu'à la droite du și *une pointe se dresse et qu'on voit la
gauche*

36. *et que devant lui il y a sept fissures, oracle de Sargon qui en
suite de cet omen*

37. *les habitants de toute la contrée se soulevèrent contre lui dans*
Agade *ils l'assiégèrent*

38. Sargon *sortit alors et brisa leurs armes, une défaite il leur
infligea.*

Verso.

1. *leurs hordes nombreuses il défit, il lia sur eux leurs biens*

2. *au lieu d'Istar ! il s'écria*

3. *Si le (la)* bantu (?) *a deux* šusi *et que la pointe droite et la pointe gauche sont enlevées et que le* dan *et le* di *à gauche se trouvent*

4. *que l'isku bien dirigé*[280] *entoure l'isku gauche du* și *que le* niru (gir) (à) *gauche du* și *est double et que les* kaiamânûtu *se trouvent*

5. *oracle de Sargon qui en suite de cet omen*

6. *dompta par les armes la contrée de* Subartu *qui dans sa totalité l'avait attaqué*

7. *Sargon leurs demeures fit habiter*

8. *et il brisa leurs armes, leur infligea une défaite et leurs hordes nombreuses*

9. *ses auxiliaires et ses forces il rassembla et les fit entrer dans* Agade

10. *Si le (la)* bantu (?) *a deux* šusi *et qu'à la droite du* și *une pointe se trouve qu'on voit la gauche*

11. *que devant lui il y a sept fissures, qu'à gauche du* și *il y a un enfoncement, oracle de Naram Sin*

12. *qui en suite de cet omen marcha contre* Apirak

13. . . . . *il le transperça, Riš Adad roi d'*Apirak

14. *il* . . . . *et de la ville d'*Apirak *sa main fit la conquête*

15. *Si le (la)* bantu (?) *est plein de* putluttu, *qu'à la droite du* și *une pointe se trouve, qu'on voit la gauche*

16. [*et devant lui il y a sept fissures*], *oracle de Naram Sin qui en suite de cet omen*

17. *marcha contre Magan et s'empara de Magan et*

18. . . . . *du roi de Magan sa main s'empara*

19. [*Si le (la)* bantu *devant lui*] 7 *fissures derrière lui* . . . .

20. . . . . ? . . . . ? . . . . *entra ?*

21. . . . . *nombre*   *tablette*

---

[280] *šuduru* voir plus loin l'explication.

Remarques.

⫷ a été transcrit par *bantu* (*pantu*). Un *pantû*, *K.B.*, VI, p. 395 = *kabittu*, qui = *baṭnu* désigne non seulement le foie mais aussi la cavité abdominale. El Amarna traduction Winckler, ⧉ = *kabitu* (*kabtu* 230, l. 4; 246, l. 6) = le ventre. *D.A.*, 21, l. 7, on lit :

“Si pendant sa maladie il fait entendre un gémissement, qu'il est couché sur le ventre vers le *niru* (GIR) et qu'il ne bouge pas (littéralem. qu'il ne se déplace pas, ne se lève pas), main (c'est-à-dire : châtiment) des Dioscures.”

𒁹[281] ina murṣišu 'ua šasi ina bantišu ana niri (GIR) ṣalilma lâ
      ibbalkit qât ilu BAR . TAB . BA

D.A., 155, l. 3, et 179, l. 6 et 9, etc. L. 7. *bunâniša* ou *kîma ša*, le sens ne m'est pas clair. *ugdabirma* (*uktabirma*) II₂ de *kabâru* être épais. L. 12. *qaqarat* un thème *qaqâru*, Del., *H.W.*, p. 593, a le sens d'effacer, mutiler, etc. L. 25. *kašu* = “comme” (?) d'après le contexte. L. 28. *padi; pâṭu*, *H.W.*, p. 521 = étendue, espace, territoire et *mithu* est une mesure de superficie. L. 30. ⧉ = *garû*, qui a un sens analogue à *zaqâpu*. Knudtzon, *Sonnengott*, No. 8, l. 10, Verso : [⊢⊣] ⧉ : Si les intestins se dressent K. 1908, 𒁹 ⧉ : Si un serpent dans la rue de la droite d'un homme vers la gauche d'un homme se redresse brusquement. (Dans ce texte on trouve la forme I₂ *iz-za-na-qip*.) Nombreux exemples dans Johns où il faut lire à mon avis simplement : No. 173, ll. 13 et 14, *Mannu ša ina urkiš immatema izaqupani igiluni; igiluni* avec changement de *l* en *r* = *igiruni* de *garû* et Meissner avait déjà dans ses *Beiträge z. A.B.P.R.*, p. 118, cité ce verbe. Je n'ai aucune preuve que ⧉ = *ašâru* et ce que dit Zimmern, *B.P.*, p. 39, n'est pas concluant. Les passages de IV R. 34 d'après lesquels on suppose qu'il faut lire : l. 30 a ⧉ ⧉ comme l. 4 *b*, c'est-à-dire *šušuruma*, ne prouvent rien,[282] pas plus que II R. 31, 5 *g*. Dans un texte astrologique Thompson, *Astrolog. Reports*, No. 252, l. 3 : Si un arc-en-ciel depuis le zénith jusqu'en

---

[281] 𒁹 naturellement à lire *šumma*; K. 1908 et K. 2937 (catalogue) en sont une preuve, qui convaincra Jensen, je l'espère.

[282] Voir la traduction ci-dessus.

bas s'élève [283] (s'étend) le dieu Rammân n'inondera pas ; l. 5, si un arc-en-ciel sur la ville s'élève, la ville le roi et ses princes seront saufs. L'explication de 〔signes cunéiformes〕 a été donnée par Meissner et Rost (*Bauinschriften Sanheribs*, p. 29) et *B.A.*, III, p. 214. Dans Zimmern, *B.R.*, II, p. 100, l. 63, *GIL* est transcrit par *tušappaḫ* avec le sens de "répandre." Dans *B.T.*, Part XVII, Plate 1, l. 41 : Le méchant *utukku* qui dans la rue se dresse hostilement (ou barre la rue) = 〔signes cunéiformes〕, Reissner, *S.B.H.*, p. 23, l. 26, *itgurutu* = 〔signes cunéiformes〕 = hauts, élevés en parlant des cieux (*šamê*) comme on a aussi *šadû itguruti*, Del., *H.W.*, p. 160, et ce *itguru* vient de *garû*. Dans Meissner, *Supplem.*, p. 21 : Tiglatp. qui trancha les orgueilleux comme un noeud.

imšukku = *IM.ŠU*, c'est-à-dire argile + boucher, bouchon d'argile = *zirbu*, Del., *H.W.*, p. 93, où le passage est inexactement transcrit ; *imšukku* est un mot comme *imgurru* (dans *Imgur Bêl*, le nom d'un des grands murs de Babylone), qui comme je l'ai dit plus haut ne peut être traduit, "Bêl a été favorable." Je crois que *imšukku* doit signifier bouchon, boule et aussi fermeture (d'une porte, par ex. *cf.* V R. 32, 20 *a–c*) 〔signe〕 = *katâmu, karâmu* = fermer, mettre en bouteille. L. 31. Le pays de *Kazalla* (*Kazallu*) est mentionné à deux ou trois reprises dans les documents publiés par King, *The Letters of Ḫammurabi.* *Verso*, l. 2, *ku-um* peut-être de *kûmu* = lieu, habitation, Del., *H.W.*, p. 320, *ku-um Ištar* = au lieu d'Istar ! il s'écria, c'est-à-dire donna l'ordre d'apporter le butin au temple d'Istar. L. 9. *uqaila* II₁ d'un verbe *qâlu* à introduire dans le lexique assyrien=hébreu קהל (se) rassembler. L. 15. *pu-ut-lu-ut-tu* si le premier signe est exact de *patâlu*. Sur une tablette inédite,[284] et dont je donnerai la publication in extenso plus loin, on lit :

〔signes cunéiformes〕, *etc.*

Si dans le palais du šusi *une pointe tordue se trouve (suit l'indication de* patâlu = kapâlu*).*

Mais que signifie le mot *putluttu*? Quelque chose de tordu, de trituré, etc. Quant à *kapâlu* il doit avoir un sens analogue à *patâlu.*

---

[283] 〔signes cunéiformes〕

[284] K. 2086 + 82-3-23, 26 + 83-1-18, 421 aurait dû être simplement catalogué ainsi : Document se rapportant à l'extispicium avec dessins explicatifs de l'〔signes cunéiformes〕.

Puisqu'il a été question de K. 2086 il convient de dire à ce propos, qu'il renferme outre des données lexicographiques, des figures en marge à l'usage des étudiants qui pouvaient se rendre compte des diverses formes, que présentaient les viscères et de l'apparence des lignes fatidiques. Dans le 5ᵉ volume de son catalogue, p. 2031, Bezold donne sous la rubrique inexacte de "Geometrical figures" la liste de tablettes dont la plupart selon moi font partie des cours d'haruspicine tels qu'ils étaient professés dans les facultés de Babylonie et probablement à celle de Sippar. Il était évident que pour étudier la structure intime de la victime, il fallait que le candidat ait des manuels avec des figures semblables à celles que renferment nos ouvrages d'anatomie, afin de bien se pénétrer du système institué de temps immémorial par les rois des sacrifices. C'est ainsi, que nous possédons plusieurs de ces membra disjecta de livres auguraux avec leurs schemas et les commentaires, et c'est une erreur de faire intervenir ces dénominations fausses de "geometrical figures,"[285] contre lesquelles j'ai du reste déjà protesté, *D.A.*, p. 36 note. J'ai examiné plusieurs de ces vieilles planches tracées sur l'argile que MM. Lenormant et Sayce ont été les premiers a étudier. Dans *T.S.B.A.*, Vol. IV, p. 304, nous voyons en marge de la tablette diverses formes que peut présenter l'*isku*; l. 9 on a : *aṣitum izzaz* qui indique la possibilité d'une sortie (Sayce traduit avec raison : " exit is allowed "), et cet omen est déduit de la constatation d'un petit appendice, qui émerge à droite et en haut de cette sorte d'ampoule horizontale. L'on voit que l'*isku* peut présenter des formes diverses

L. 10. šumma IS . KU[286] imnu kîma ziqip . . . . .

L. 11. kîma   ,ṣiel   paṭri zaqip . . . . . .

Il s'agit donc là de la forme effilée, que peut prendre l'*isku*, telle que la pointe d'un couteau.

ṣiel d'un *ṣêlu* = côté, bord, Del., *H.W.*, p. 566. Il faut donc traduire l. 10 : Si l'*isku* (*zibu*) c'est-à-dire la pointe (meurtrissure) de droite comme la pointe d'un . . . . . l. 11 : comme le bord, (tran-

---

[285] M. Bezold a suivi en cela l'exemple de M. Sayce. Il est évident que K. 2087 n'a rien à voir avec l'extispicium, autant qu'on en peut juger d'après la publication de Sayce.

[286] Selon toute probabilité il faut d'après II R. 43, *D.E.*, l. 6 (K. 4416) transcrire ⊏⫶ ⫶⊐⫶ par *zibu* = *digtu* (l. 17), et cette transcription me parait appuyée par d'autres documents comme K. 3728 par ex.

chant?) d'un couteau se dresse . . . . . . La copie de Sayce est fautive à certains endroits. Lire :

5. 〈cuneiform〉

6. 〈cuneiform〉

7. 〈cuneiform〉

8. 〈cuneiform〉

9. 〈cuneiform〉

Le mot *šulli* se retrouve K. 2090, qui renferme des passages semblables à K. 99 mais avec *šullu* au lieu de *šulli :* 〈cuneiform〉 〈cuneiform〉, etc. D'après les diagrammes qui accompagnent ces passages, l'on voit que le *šullu* affecte des formes arrondies et allongées. Le signe 〈 qui se rencontre dans les textes un grand nombre de fois, quand il ne s'applique pas au lobule de Spiegel (*lobus pyramidalis*) peut correspondre à *šullu* (cela ressort de K. 6647), et alors la traduction par "enfoncement" serait encore à vérifier. A voir K. 2090 où le *šullu* est représenté sous cette forme 〈cuneiform〉, l'on pourrait penser aux douves qui sont fréquents dans le foie du mouton. II R. 43, *d.e.*, l. 15 et 16 on a *šullu* et *šullu paršu*. *Paršu* (la lecture *dagšu* sans être impossible n'est pas probable). = פרש = ﻓﺮﺚ est ce qui est contenu dans l'estomac et je renvoie pour l'explication de ce terme aux notes détaillées données par Haupt, *Hebraica*, III, p. 110, note 7. Il en résulterait que le *šullu* est quelque chose qui est en rapport avec le contenu des viscères, impureté ou ver.

K. 2089.

〈cuneiform〉

1. TA . GAR (= šumma šutabulta) uṣurâte IS . KU-meš u šibi
   ana pânika[287]
2. šumma kaksû   IS . KU   eši   ša   Bêl[288]
3. IS . KU (zibu) imnu   kîma   sikkat   karri   garir[289]
4. šanû-(ú)   muni   IS . KU imnu   kîma   kamuni
5. annitum   uṣurtišu

1. *Si sont apportés les dessins, les* isku *et les* šibu *devant toi*
2. *Si le* kaksû (*s'il y a* kaksû), *l'arme de bouleversement de Bêl*
3. *si l'*isku (*la pointe ou le lambeau*) *comme le clou* (*piquet, cheville*)
   d'un karru *est enfoncé?*
4. *si* šanû (?) muni *l'*isku *droit est comme* un *kamunu*
5. *telle   est   sa forme.*

Remarques.

Ce texte se rattache à un groupe auquel appartiennent K. 3837,
publié *D.A.*, p. 45 (voir les corrections plus bas) avec les doubles
K. 2086 + 82–3–23, 26 + 83–1–18, 421 ; K. 2093 (?) ; K. 2434 ;
K. 8289 ; K. 1999 publié *D.A.*, p. 36, et d'autres mentionnés dans
le catalogue.[290] Les diagrammes de K. 3837 manquent malheureusement.—D'après l. 1 il semblerait que ⟨cuneiform⟩ ait aussi un sens
analogue à ⟨cuneiform⟩ et l'on pourrait ainsi lui attribuer les significa-
tions suivantes (1°) pointe, lambeau, formation lobée (le latin : *fibra*),
(2°) marque, empreinte, signe. Nous avons vu plus haut qu'il corre-
spondait à *zibu* et devait être transcrit ainsi. Un autre ⟨cuneiform⟩ dans
les textes *Labartu* (*Z.A.*, XVI, p. 180, l. 36), que Myhrman rend par
Knochen (?). Mais le contexte ne permet pas de rien affirmer ; le
sens de "plaie, blessure," serait plausible n'était le *buâni*, qui donne

[287] D'après K. 2434 et d'autres tablettes ⟨cuneiform⟩ doit correspondre à :
⟨cuneiform⟩, et il doit falloir transcrire ainsi.
[288] *Cf.* K. 8289, *Catalogue*, p. 913.
[289] *garâru.*
[290] M. Bezold a omis de citer parmi les *omina*, K. 2858, document se rapportant purement et simplement à l'extispicium, et qui n'a rien à voir avec la
géographie. Il en est de même de K. 6757, qui aurait dû être classé dans la série
de l'hépatoscopie. Dans le 5ᵉ volume du catalogue, M. Bezold a mis cependant
un point d'interrogation. K. 8865 rentre dans la même catégorie et l'on ne
comprend pas pourquoi dans le 5ᵉ volume il est compris dans les "Religious
Texts." K. 2858 mentionne le ⟨cuneiform⟩ [*bantu* (?)], le fleuve du ⟨cuneiform⟩ d'où l'on
conclut qu'il s'agit d'extispicine.

une certaine force à l'interprétation de Myhrman. Je me permets à
ce propos de lui signaler pour la question de la *labartu* ce qui
est raconté dans les documents néo-araméens publiés par Socin,
chap. X, *d*, p. 183 (*Die Neu-Aramaeischen Dialekte von Urmia bis
Mosul*, Tübingen, 1882), l. 2 est identique à II R. 43, 26 *d, e*,
l'explication de Delitzsch, *H.W.*, p. 327, est inadmissible ; l'arme
dévastatrice de Bêl se fait sentir s'il y a *kaksû*, c'est-à-dire, une
anomalie quelconque observée dans les entrailles. 𒀭 𒌓 𒌋 𒁀
= *sikkat karri*, Brünnow, No. 6536 ; *karru* signifie armature, Del.,
H.W., p. 356 ; un autre *karru*, *K.B.*, VI, 400. *sikkatu*, clou
cheville, etc., se retrouve aussi *B.A.*, III, 200. Cette même phrase
se rencontre dans K. 2086,[291] (etc.), avec l'augure en plus, on lit :
[*šumma IS.KU imnu kîma sikkat karri*] *garir nakru ina
URU.ZAG MU*[292] (= *ali-ia*) *it* . . . . Si l'*isku* droit comme le
clou d'une armature est enfoncé, l'ennemi dans ma ville . . . . . .
. . . . Nous avons déjà dit que les fissures, les sillons constituaient
une partie essentielle de cette branche divinatoire, qui se propose
de scruter attentivement les régions intestinales. Les haruspices
assyriens sont des fissiculatores ; c'est ainsi qu'on note le nombre et
la position des 𒑊 et une tablette K. 219 nous donne des dessins
des GAB (fissures) que l'on constate au *niru* (𒊬). En voici
quelques exemples tirés d'une colonne de K. 219.

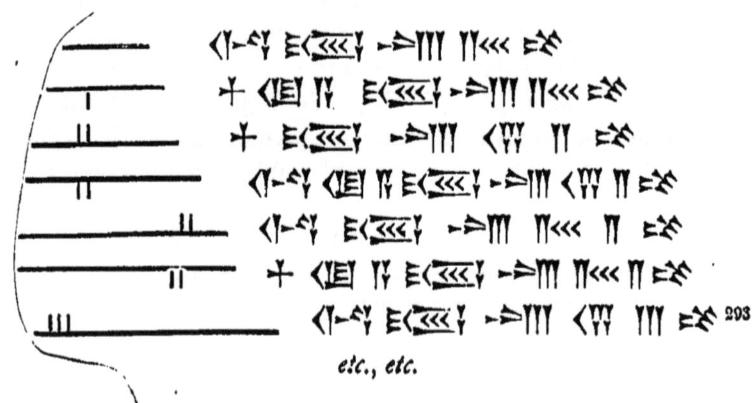

etc., etc.

<hr>

[291] Ce texte doit être aussi étudié à l'aide de K. 9872.

[292] 𒊬 𒁉 𒑊.

[293] K. 6270 est exactement semblable, seulement les figures se trouvent en bas
du texte. Le scribe s'est borné à mettre ⊁ ‾‾‾‾|‾‾‾‾ ; ⊁ ‾‾‾‾|‾‾‾‾ , *etc.*

D'après ce qui reste de cette colonne le nombre de GAB ne
dépasse pas trois et l'on signale à la fin comme conséquence de ces
faits observés, le rugissement des lions.   C'est-à-dire que, si l'on re-
marquait telle ou telle fissure (le texte est mutilé à cet endroit), cela
indiquait l'apparition des lions dans le voisinage.   Voici comme l'on
doit comprendre ces sept lignes :

    1. *favorable, au milieu du* niru *à gauche une fissure*

    2. *néfaste, dessous* (KI . A) *au milieu du* niru *à gauche une fissure*

    3. *néfaste, au milieu du* niru *à droite deux fissures*

    4. *favorable, dessous au milieu du* niru *à droite deux fissures*

    5. *néfaste, dessous au milieu du* niru *à gauche deux fissures*

    6. *favorable, au milieu du* niru *à droite trois fissures, etc., etc.*

Dans ce même K. 219 on lit aussi au bas de la colonne dont j'ai
extrait quelques lignes [⚹ ⚹⚹⚹] ⚹⚹⚹ ⚹⚹ ⚹⚹ ⚹⚹ ⚹⚹ ⚹ ⚹⚹
c'est-à-dire : Si le milieu du *niru* est fendu, refoulement (repoussement,
choc) dans (vers) l'expédition.   ⚹⚹ ⚹⚹ (*nakâpu*) ⚹⚹ ⚹⚹ (*ubânu*,
qarnu), ne peut avoir que ce sens dans notre texte et ce ⚹⚹ ⚹⚹
n'est là que pour renforcer l'expression ; l'on n'a qu'à se remémorer
la locution *nakâpu ina karnâte*, Del., *H. W.*, p. 464.   J'ai restitué
les deux premiers signes de cette phrase à l'aide de K. 6724, ce qui
montre que ces deux textes se complètent l'un l'autre.   Ces diagrammes sont d'un certain secours pour l'intelligence des *omina*.
C'est ainsi que K. 2094 par ex. nous donne également des dessins
explicatifs des particularités que peut présenter le *na*.   Dans
Knudtzon, *Sonnengott*, No. 29, Verso, l. 14, on lit *šumma qabal*
(*NA PA aš-ṭa* [*da*]), etc., et une phrase assez analogue dans K. 2094
comprend deux lignes qui encadrent un petit diagramme :

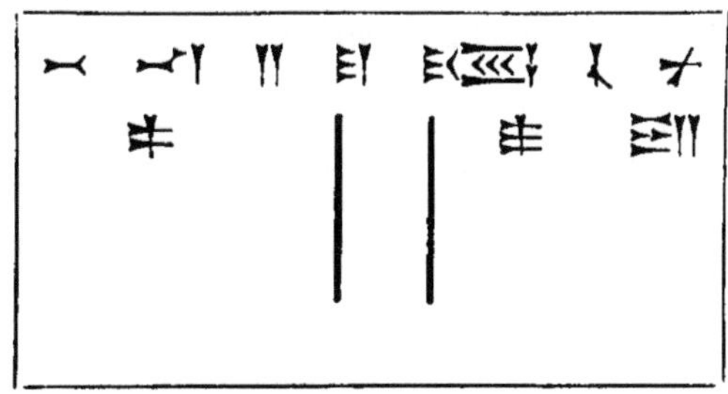

C'est-à-dire :

> *Si le* na *est double et que leur milieu*
> *une tige* *s'étend* [294]

ašṭa = hébreu et araméen ישׁט. Or 〔signe〕 = *ḫaṭṭu* = bâton, sceptre de sorte que l'expression *ḫaṭṭu ašâṭu* correspond à la locution si fréquemment employée dans le livre d'Esther הוֹשִׁיט אֶת־שַׁרְבִיט.

K. 2094 est divisé en petits compartiments portant chacun son dessin pour que l'étudiant ès haruspicine ne soit pas dans l'incertitude touchant la direction et l'apparence des lignes fatidiques. Dans un de ces compartiments la figure ci-jointe 〔signe〕 est là pour montrer la manière dont il faut se représenter le cas où le *na* tombe vers le *niru* et celui-ci à son tour vers le *puridu* droit ; idem dans le compartiment suivant mais vers le *puridu* gauche. Nous retrouvons d'une manière plus détaillée l'énumération de cas semblables dans 81–2–4, 197 (voir plus haut page 41.) Il resterait à traiter de quelques-uns des textes avec diagrammes qui concernent le 〔signes〕 ; j'y reviendrai plus loin. Pour terminer le chapitre du 〔signe〕 (*bantu* ?) je ferai remarquer qu'il peut être double 79, 7–8, 58, qu'on examine si un lambeau de chair à sa droite ou à sa gauche présente telle ou telle conformation (ibidem) ; à droite du *bantu* (?) = 〔signe〕 il peut y avoir un *šul*[*lu*] II R. 43 *e, f,* ll. 14 et 15, *šu*[*llu nadi*] et de même que pour d'autres parties intérieures de la victime il y a dans le 〔signe〕 une rivière (〔signes〕) ; le 〔signe〕 est en rapport avec le *niru*, le 〔signe〕, etc. (K. 2858). Enfin dans K. 2858 on a comme dans plusieurs de ces autres textes seulement l'énumération de cas qui peuvent se présenter sans l'indication de ce qui en résultera pour l'avenir.

Exemple :

〔 signes cunéiformes 〕

Le mukil reš *du foie* (?) *de droite est-il à droite* [205]

---

[294] Si nous voulons savoir ce qui arrivera dans un cas qui sans être tout à fait le même présente certains points analogues, nous n'avons qu'à choisir au hasard parmi les nombreuses tablettes, par ex. 80–7–19, 87 où on lit :

〔 signes cunéiformes 〕

Si le *na* est allongé et que ses milieux s'étendent en une tige, les jours du prince seront de longue durée. Il s'agit là d'un *na* simple et non d'un *na* double, mais dans les deux cas on remarque l'extension de leurs milieux en forme de tige.

[295] Sur d'autres tablettes plus détaillées l'omen devait être indiqué.

[signes cunéiformes]

Le derrière (kutallu) *du foie* (?) *de droite est-il à droite*

[signes cunéiformes]

La partie postérieure du derrière (kutallu) *du foie* (?) *de droite est-elle à droite*

Suivent d'autres cas concernant le [signe] du [signe], le [signe] du [signe], la rive de la rivière du [signe] ([signes] [296]). Pour ce [signe] dont il a été question plus haut (page 56) le sens de bordure, rebord, peut être postulé d'après Brünnow, No. 4983, *amâru ša lipitti*. K. 2858 fait allusion en outre au [signe] (*tarbaṣu*), partie fatidique de la victime de même que 79–7–8, 54, qui n'a rien d'astrologique malgré ce qu'en dit Bezold, *Catalogue*, p. 1703 ; il en est probablement de même des autres tablettes signalées sous cette fausse rubrique. Il fallait la décrire ainsi : Tablette se rapportant à l'extispicine ; au lieu que page 1703 on lit : "Astrolog. forecasts ; page 2014, forecasts concerning [signe]," et pour K. 3845, qui d'après Bezold est du même ordre que 79–7–8, 54, on trouve cette mention trop vague (page 570) : "Omens, partly relating to public affairs." Même indication pour K. 3728 qui se rapporte aux lacunes ([signe]) qu'on constate à diverses parties du ⟨ = lobus pyramidalis (ici.) Je crois donc qu'étant donnée cette classification arbitraire il faudra dans l'avenir refaire la liste de toutes les tablettes relatives à la divination, supprimer ces déterminations incertaines du catalogue et les remplacer par des indications précises. M. Bezold est parfois singulièrement laconique. A K. 2284 on lit simplement : "omens" ; mais il s'agit là de présages tirés de l'observation des dattiers. Il y aura lieu de distinguer en première ligne ce qui est observé dans la ciel de ce qui est observé sur la terre, autrement dit d'établir deux groupes : les présages terrestres et les présages astrologiques ; puis dans celui des présages terrestres faire l'énumération complète des nombreux documents appartenant à l'haruspicine proprement dite et bien délimiter les autres classes. Personne ne pourrait faire ce travail mieux que M. Bezold, qui couronnerait par un supplément

---

[296] 80, 7–19, 277 (voir plus haut), mention des lacunes ([signe]) du [signe] (*kutallu*) du [signe], de la rive de la rivière (*aḫ nâri*) du [signe], etc.

indispensable son monument important. Il faut le reconnaître, l'auteur du Catalogue ne pouvait sans une étude approfondie d'un sujet entièrement nouveau mettre au point la classification des documents divinatoires et ces réserves par conséquent ne sauraient diminuer en rien la profonde reconnaissance que nous devons et devrons toujours à M. Bezold. Pour en revenir à 79–7–8, 54, j'en extrais ces deux lignes :

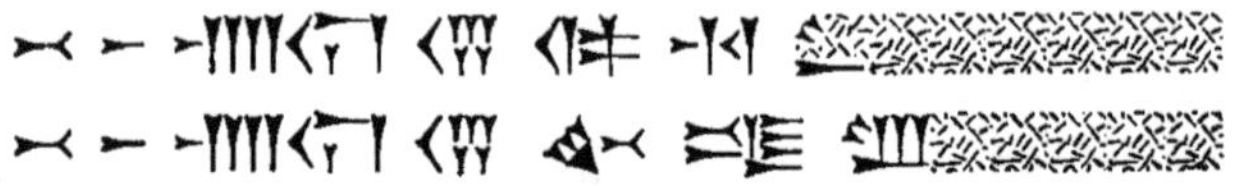

C'est-à-dire, si dans le *tarbaṣu* droit un *diḫu* est placé (*nadi*) ou une *kantum* est placée (*nadat*). Ce terme de *tarbaṣu* n'a rien qui doive surprendre ; nous connaissions un *ekallu* palais (du *šusi*, des *irru saḫirûti*), une cour peut par conséquent désigner aussi un emplacement des viscères. V R. 18, 18, 10 *a*, *b*, où  (précédé d'un signe effacé) *bêṣu* indique sans doute autre chose qu'œuf. Dans le dictionnaire de Dalman, p. 52, בֵּיצָה a plusieurs sens parmi lesquels, Klumpen, Stamm, Hode. Mais je ne puis me prononcer. *diḫu* et *kamtum*, II R. 43, 8 *d*, *e* (K. 4416). S'il y a *kamtum* (*kartum*) cela veut dire qu'il y aura *daṣâtum* (Del., *H. W.*, p. 334) inimitié. L. 9. Si le (la) *kamtum* est noir [297] (?) et s'abaisse 𒁹 *kamtum ṣalmat*(*-át*) *u kanšat-*(*át*), le secret de l'ennemi s'en ira vers . . . ? (*pirištu nakri illaku*) lire . L. 10. Si (il y a) un (une) *kamtum ḫarurtum*, il y aura atteinte du but (littér. conquête de la main). 𒁹 *kamtum ḫarurtum kišittu qâti*. *ḫarurtum* de *ḫarâru* perforer, trouer ; le (la) *kamtum* peut avoir des trous ? L. 11. Si un (une) *kamtu* est sur un (une) *kamtu*, mes LAL (?) ses LAL (?) ne — ? pas (ou leurs LAL — ?) Cette phrase 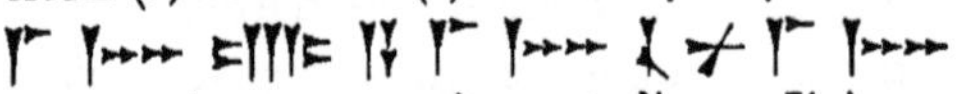 se retrouve dans K. 3728. Je ne sais ce que cela veut dire. J'ai montré plus haut comment il fallait interpréter ce texte (II R. 43) et pour n'y pas revenir j'ajouterai encore que dans l. 28 et suivantes *palsû*, *didisû* ne doivent pas être pris purement et simplement pour les synonymes d'armes de Bêl (contra Delitzsch et Meissner) mais comme des phénomènes

[297] *Cf.* K. 7929. Si sur la tête du *na* un (une) *kamtum* tombe et est noire (?). Noir est des moins sûrs. K. 7929 mentionne le nom d'un personnage (ancien roi) historique ou légendaire *Šibi SAL*. Si l'on constate telle ou telle chose (alors), *turussû* () de *Šibi SAL*.

observés qui sont l'indice que l'arme de Bêl se fera sentir. Donc s'il y a *palsû*, ou *didisû* cela signifie d'après les institutions des devins que l'on aura à craindre l'arme de Bêl ; or comme plus haut nous avons vu que ⊏⌐ ⧉ = *zibu* = *digšu*, c'est-à-dire, percussion, action de transpercer, il s'agit là d'un des effets de la colère de Bêl. Cette colère peut se manifester de diverses manières, de là les expressions comme *IS.KU eši ša Bêl*, l. 26[298] ; mais *IS.KU (zibu)* peut aussi être interprété dans un sens favorable, car si l'on constate (l. 33) à la droite du *ṣi*[299] un *IS.KU (zibu) šûšuru* (= bien dirigé, régulier) cela équivaut à un *IS.KU (zibu) šalmu*[300] (⧉ ⧉) ; outre ce passage il convient aussi de mentionner celui de K. 187, ⊏⌐ ⧉ ⊏ ⊏⌐⌐ ⊏⌐⌐⌐ ⧉⌐⌐ cet *isku (zibu)* (est) *ištaru*, autrement dit bien dirigé ; *ištaru* (I₂ de יׁשׁר) est le masculin d'un adjectif dont le féminin *ištaritu* est connu ; *ištaritu* en parlant d'une déesse est celle qui se dirige droit au but, la ligne directe, la norme *šûšuru* avec *isku* a le sens que lui donne Meissner, *Supplem.*, p. 20, et non celui de "niederwerfend" (ibidem, p. 104) qui est erroné. L'*isku* est souvent mentionné avec le ⌐⌐◁ et dans ce cas le sens d'appendice, pointe convient parfaitement, par ex. dans K. 4 (S. A. Smith, *Asurbanipal*, Heft III), l. 5, [⊏ ⌐ ⧉⌐ ⌐◁ ⊏⌐ ⧉ ⧧ ⊏⌐ ⊏⌐⌐⌐ ⧧⌐ l. 6, [⌐ ⌐⌐]⧧ ⧧⌐ ⊏ : Si sur le *bir* un *zibu (IS.KU)* se trouve et se dresse de droite à gauche. L'on a également K. 1600, ⊏ ⊏⌐ ⧉ ⌐◁⌐ ⌐ ⌐⌐⧧ ⌐⌐⧧ ⊏, c'est-à-dire : Si le *zibu (IS.KU)* du *bir* à la gauche se dresse (*ZI-bi = te-bi*). Dans un § de K. 7844 l'on observe le *zibu (IS.KU)* : ⌐ ⧧⌐ ⧉⌐⌐ ⊏⌐⧧⧧ ⧉⌐⌐ ⧧ ◁⧧ ; l'on voit par là que le *zibu* peut se trouver au devant du ṬU (*takaltu*), derrière le ṬU et dans le foie (?) ◁⧧ (ou cavité abdominale).

Parmi les tablettes un peu considérables, dont la nature n'est pas difficile à établir, un coup d'œil rapide indiquant de suite qu'elles appartiennent à la classe de l'extispicium il faut citer K. 6269. Là

---

[298] K. 187, ⊏⌐ ⧉ ◁ ⧧ ; DA. p. 82, l. 19, ⊏⌐ ⧉ *tušši* (Del., *H.W.*, p. 716).

[299] DA. p. 82, l. 19.

[300] Sm. 216, mais dans K. 3656 il s'agit apparemment du *zibu (IS.KU)* du ⧧ (voir plus haut), c'est-à-dire, de la pointe du ⧧. Se dresser en pointe est une expression courante, *cf.* Rm. 1004, ⌐ ⌐⧧⌐ ⧧ ⌐ ⊏⌐ ⧉ ⧧⌐ ⧧⌐ ⧧⌐ ⧧⌐ ⌐ [⧧] *Šumma niru (GIR) imnu ana zibi (IS.KU) uštelim šibušu*: Si le *niru* droit en pointe se dresse, il y aura *šibušu*.

encore le catalogue s'inspire d'une classification dangereuse et qui ne répond à aucun plan raisonné. M. Bezold ayant constaté que dans le second membre des propositions il était question du malade, en a conclu, qu'il fallait reléguer K. 6269 sous la rubrique "Omens concerning the chances of a sick man's life," alors qu'ailleurs il classait des textes semblables et avec raison d'après les données contenues dans le premier membre des propositions. Ce qui nous intéresse en premier lieu est de savoir quels sont les facteurs principaux des présages et peu importe que le devin ait été appelé auprès d'un général qui le consulte pour savoir s'il sera victorieux ou auprès d'un simple particulier, qui désire être fixé sur l'issue de sa maladie ;[301] il en résulte que la distinction établie dans le catalogue entre ces divers groupes ne se justifie en rien. K. 6269 faisant allusion à l'examen du , du 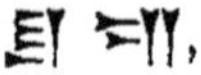, du 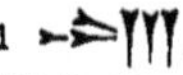, etc., avait autant de raison d'être groupé dans le catalogue (Vol. V) parmi les "Forecasts" (page 2011) que dans la section des "Omens" de la page 2144. Au reste la distinction que M. Bezold établit entre ces deux dénominations ne m'est pas claire. Dans le recto[302] on considère s'il y a des fissures () à droite ou à gauche du *šusi* (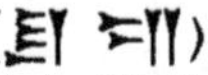) et l'on compte s'il y en a 1, 2, 3, 4, 5, 6, 7, ou plusieurs ()

Exemple :

D'après K. 3744 et d'autres  remplace  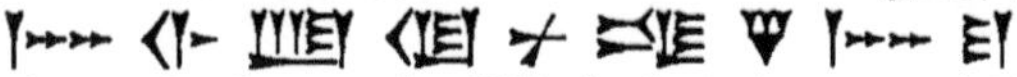. C'est-à-dire : Si (les signes de devant le ṬU (*takaltu*) sont véridiques) et que de nombreuses fissures à droite se trouvent, le malade mourra, le dieu avec (contre) l'homme prononcera des paroles équivoques (hostiles ?) K. 3744 complète le recto de K. 6269.

301 En cela je ne dis rien de contraire aux faits, puisque même dans ce document on prognostique en vue de l'armée et que par conséquent K. 6269 ne concerne pas exclusivement le malade.

302 Voir aussi les textes identiques K. 3744, Sm. 255, etc. Dans le catalogue (V, p. 2013) ces deux tablettes sont enregistrées sous le titre de "Forecasts concerning ." Il n'y a pas d'augures du .

303 *itami*.

Si "idem" et que le niru (GIR) *à droite tombe, le malade vivra,
(mais) il n'accomplira pas le désir*

La fin du Recto de K. 6269 se terminait autant qu'on peut juger
d'après son double (K. 3744) par des observations du ⟨𝕀⩲, du
⊢𝕀, du ⊢≽𝕀𝕀𝕀, etc. A noter que toutes les fois qu'il y a "le
malade mourra" suit : ⧧ 𝕐 𝕐, tandisque quand le malade
doit vivre suit : ⧧ ⊀ 𝕐 𝕐. L'on trouve aussi cette phrase :

*Si "idem" et qu'il y a trois fissures à droite, le malade vivra, le
désir il n'accomplira pas, empêchement*[304] (?) *du* gabuštum

Dans Sm. 255 (voir plus haut, p. 62) l'on examine également les
fissures à droite ou à gauche du lobule = ⟨ ainsi que le *tarâku
(tarâqu) du šusi*. Le Verso de K. 6269 renferme entre autres
passages les suivants :

1. ▨▨▨ 𝕐 𝕐 ⧢ ⧢ ⟨𝕀 𝕐 𝕐 ⊢𝕀 ⊹ 𝕀
   ⧧ 𝕐 ⧧[305]

2. ▨▨▨▨ ⊠ ▽ 𝕀 ⧧ 𝕐 ⧧

3. ⊢ ⧢ ⊢ 𝕀 ⟨𝕀 𝕀𝕀𝕀𝕀 ⟨𝕀 ⊹ ⊢𝕀 ▽ 𝕀 𝕀
   ⟨𝕀 𝕀𝕀𝕀 ⊠ 𝕐 ⊢𝕀 ⧧ 𝕐 ⧧

4. ⊢ ⟨𝕀𝕀𝕀 𝕐 𝕐 𝕀 ⧢ ⧢ ⊢ 𝕀 ⧢ 𝕐
   ⊢ ⟨⧢ ⟨𝕀 ⟨⩲ ⊢𝕀 ⟨𝕀 ⊠ 𝕀 ⧧ 𝕐 ⧧

5. ⊢ ⟨𝕀𝕀𝕀 𝕐 𝕐 𝕀 ⧢ ⧢ ⧢ 𝕀 ⧢ 𝕀
   ⧧ 𝕐 ⧧

6. ⊢ ⟨𝕀𝕀𝕀 𝕐 ⧢ ⟨𝕀 ⧢ ⊹ ⊢⧢ ⊡ ⧧ 𝕐 ⧧

---

[304] *paras de parâsu.*   [305] *Idem,* DA. p. 36, l. 10

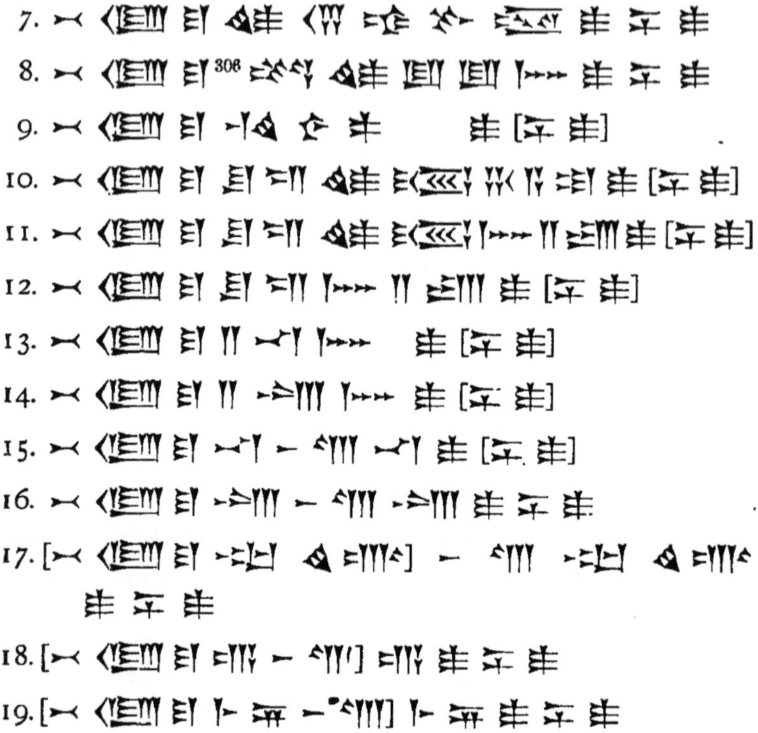

TRADUCTION.

1\. . . . . *le* šusi *du foie milieu des* qidâti (*le*) *partagent* (?), *il accomplira le désir*

2\. . . . . *se trouvent,* *il accomplira le désir*

3\. [*Si les signes devant le*] ṭu (takaltu) *sont véridiques et que la partie inférieure va et vient* (?), *il accomplira le désir*

4\. *Si* "*idem*" *et que le* šusi *du foie milieu sort et sur le* (*la*) qiditu *droit se tient, il accomplira le désir*

5\. *Si* "*idem*" *et que le* šusi *du foie milieu sa base est liée, il accomplira le désir*

6\. *Si* "*idem*" *et que le foie droit* (*à droite*) *entre, il accomplira le désir*

7\. *Si* "*idem*" *et que le foie droit est ferme* (?), *il accomplira le désir*

[306] Ma copie ayant été faite à la hâte, il se pourrait que j'ai omis ici un signe entre et peut-être . Cette leçon confirme celle que j'ai donnée plus haut (page 55) de Nabonide Constantinople XI, l. 32.

8. *Si "idem" et que le foie et le dessus du foie sont tenus, il accomplira le désir*

9. *Si "idem" et que le* bir *est arraché* (šalḫat), *il accomplira le désir*

10. *Si "idem" et que le* šusi *du foie milieu est divisé (partagé), il accomplira le désir*

11. *Si "idem" et que le* šusi *des foies milieux est double, il accomplira le désir*

12. *Si "idem" et que les* šusi *sont deux, il accomplira le désir*

13. *Si "idem" et qu'il y a deux* na, *il accomplira le désir*

14. *Si "idem" et qu'il y a deux* niru (GIR), *il accomplira le désir*

15. *Si "idem" et qu'il y a un* na *dans l'intérieur du* na, *il accomplira le désir*

16. *Si "idem" et · qu'il y a un* niru (GIR) *dans l'intérieur du* niru (GIR), *il accomplira le désir*

17. [*Si "idem" et qu'il y a un* kadugga] *dans l'intérieur du* kadugga, *il accomplira le désir*

18. [*Si "idem" et qu'il y a un* dan *dans l'intérieur*] *du* dan, *il accomplira le désir*

19. [*Si "idem" et qu'il y a un* meni *dans l'intérieur*] *du* meni, *il accomplira le désir*

Remarques.

La fin du Verso est très incomplète, à noter cette expression ⸬⸬⸬ ; si je ne me trompe cela veut dire en haut et en bas. ⸬ "et," quoique cette graphie étonne, n'est pas très rare dans nos documents. Quant à *kutal* (*kutallu*) le sens de "dessous, en bas" ressort du contexte. La signification précise de ⸬ n'est pas aisée à déterminer, cavité abdominale, foie; mais dans une ligne comme l. 11 s'agit-il du foie? l. 1. *qidâti* (DA. 36 l. 10) est le pluriel d'un *qiditu* (et non *ditu* comme écrit Knudtzon, S. G, p. 292 [307]); *qiditu* en dehors des passages cités par Meissner revient

[307] Voir les corrections de quelques-uns des textes publiés par Knudtzon plus bas; l'article *ditu* à la page 292 est à biffer. No. 1, Rs. 23 lire *qiditi*; No. 116, Rs. 21, lire *šumma KAK*. *TI*, etc.; cette phrase se retrouve dans DA. p. 234, l. 22; ⸬ revient K. 1523 + K. 1436 (S. A. Smith), l. 12. *Šumma KAK.TI ša imitti kaṣṣat* (lire ainsi avec *k.*), *kaṣâṣu* aussi dans la phrase (III R. 65, No. 2, l. 40) *Šumma isbu kursinni imittišu kaṣṣat*; *kaṣâṣu* est probablement le même que *qaṣâṣu*, Del., *H. W.*, p. 590, ⸬ serait-il = *kursinnu*?

DA. 38, l. 12, 39, l. 8, 43, l. 9, où l'on voit que la tablette 〔cunéiforme〕 〔cunéiforme〕 *(sic!)* 〔cunéiforme〕 était la neuvième, ce qui est confirmé par le No. 91 du Choix de textes cunéiformes publiés par Lenormant, page 236.   DA. p. 233, l. 14.   Le No. 91 des textes de Lenormant fait mention du *ḫalâqu*, du *paṭâru*, des parties droite ou gauche du *šusi ḫar qiditum*.

1. Šumma ŠU . SI ḪAR qiditum ṣaḫirtum ša imitti ḫalqat, *etc.*

2. Šumma ŠU . SI ḪAR qiditum rabitum ša imitti ḫalqat, *etc.*

3. Šumma ŠU . SI ḪAR qiditum rabitum ša šumêliti ḫalqat, *etc.*

4. Šumma ŠU . SI ḪAR qiditum ša imitti qaqqadṣa paṭir, *etc.*

5. Šumma ŠU . SI ḪAR qiditum ša imitti eliš paṭrat (-át), *etc.*

6. Šumma ŠU . SI ḪAR qiditum ša šumêliti eliš paṭrat-(át), *etc.*

7. Šumma ŠU . SI ḪAR qiditum ša imitti libbânu paṭrat-(át), *etc.*

8. Šumma ŠU . SI ḪAR qiditum ša šumêliti libbânu paṭrat -(át), *etc.*

9. Šumma ŠU . SI ḪAR qidâtum ša imitti u šumêliti eliš paṭrû, *etc.*

10. Šumma ŠU . SI ḪAR qidâtum ša imitti u šumêliti šapliš paṭrû, *etc.*

11. [Šumma] ŠU . SI ḪAR qiditum ša imitti adi II paṭrat-(át), *etc.*

12. [Šumma] ŠU . SI ḪAR qiditum ša šumêliti adi II paṭrat-(át), *etc.*

13. [Šumma ŠU . SI] ḪAR qiditum ša imitti adi III paṭrat-(át), *etc.*

14. [Šumma ŠU . SI ḪAR] qiditum ša šumêliti adi III paṭrat -(át), *etc.*

15. [Šumma ŠU . SI ḪAR] qiditum ša imitti adi IV paṭrat-(át), *etc.*

16. [Šumma ŠU . SI ḪAR qi]ditum ša šumêliti adi IV paṭrat -(át), *etc.*

17. [Šumma ŠU . SI ḪAR qi]ditum ša imitti GAB-meš paṭrat[308] -(át), *etc.*

18. [Šumma ŠU . SI ḪAR qi]ditum ša šumêliti GAB-meš paṭrat -(át), *etc.*

19. [Šumma ŠU . SI ḪAR qi]dâtum ša imitti u šumêliti paṭrû, *etc.*

---

[308] Je n'ai pas vu l'original, mais je suppose que Lenormant a omis le signe 〔cunéiforme〕 devant 〔cunéiforme〕 ainsi qu'à la ligne suivante, lire donc 〔cunéiforme〕 〔cunéiforme〕 〔cunéiforme〕.

1. *Si le* šusi *du foie* (?) *le* (*la*) *petit* qiditu *de droite est divisé,* etc.
2. *Si le* šusi *du foie* (?) *le* (*la*) *grand* qiditu *de droite est divisé,* etc.
3. *Si le* šusi *du foie* (?) *le* (*la*) *grand* qiditu *de gauche est divisé,* etc.
4. *Si le* šusi *du foie* (?) *le* (*la*) qiditu *de droite sa tête est fendue,* etc.
5. *Si le* šusi *du foie* (?) *le* (*la*) qiditu *de droite en haut est fendu,* etc.
6. *Si le* šusi *du foie* (?) *le* (*la*) qiditu *de gauche en haut est fendu,* etc.
7. *Si le* šusi *du foie* (?) *le* (*la*) qiditu *de droite au milieu est fendu,* etc.
8. *Si le* šusi *du foie* (?) *le* (*la*) qiditu *de gauche au milieu est fendu,* etc.
9. *Si le* šusi *du foie* (?) *les* qiditu *de droite et de gauche en haut sont fendus,* etc.
10. *Si le* šusi *du foie* (?) *les* qiditu *de droite et de gauche en bas sont fendus,* etc.
11. *Si le* šuši *du foie* (?) *le* (*la*) qiditu *de droite jusqu'à deux* (*fois*) *est fendu,* etc.
12. *Si le* šusi *du foie* (?) *le* (*la*) qiditu *de gauche jusqu'à deux* (*fois*) *est fendu,* etc.
13. *Si le* šusi *du foie* (?) *le* (*la*) qiditu *de droite jusqu'à trois* (*fois*) *est fendu,* etc.
14. *Si le* šusi *du foie* (?) *le* (*la*) qiditu *de gauche jusqu'à trois* (*fois*) *est fendu,* etc.
15. *Si le* šusi *du foie* (?) *le* (*la*) qiditu *de droite jusqu'à quatre* (*fois*) *est fendu,* etc.
16. *Si le* šusi *du foie* (?) *le* (*la*) qiditu *de gauche jusqu'à quatre* (*fois*) *est fendu,* etc.
17. *Si le* šuši *du foie* (?) *le* (*la*) qiditu *de droite* (*plusieurs*) *fissures est fendu,* etc.
18. *Si le* šusi *du foie* (?) *le* (*la*) qiditu *de gauche* (*plusieurs*) *fissures est fendu,* etc.
19. *Si le* šusi *du foie* (?) *les* qiditu *de droite et de gauche sont fendus,* etc.

Lenormant a donné une publication assez correcte de ce texte qu'il regardait à tort comme renfermant des augures dactylomantiques; [309] quant à la chiromancie je crois pour ma part, que jamais les Babyloniens ne l'ont pratiquée où que s'ils l'ont connue, elle n'a joué qu'un rôle secondaire. Et cependant malgré tout, il existe un rapport

[309] Il se peut fort bien que les Babyloniens aient pratiqué la dactylomantie, mais je ne connais aucun texte qui en fasse mention.

entre ces deux disciplines.   La chiromancie est sœur de l'extispicine ;
elle lui a emprunté certaines règles et certaines expressions.   La
chiromancie est à la portée de toutes les bourses, il est plus coûteux
de sacrifier un mouton ; après tout l'avenir est aussi bien écrit dans
la paume de la main, que sur le foie d'un animal.   Et c'est ainsi que
la chiromancie était destinée à prendre peu à peu la succession de
son aînée ; sans doute il valait la peine autrefois d'immoler une
victime avant la bataille pour s'assurer des chances du succès.
Mais pour les circonstances moins importantes de la vie, il suffisait
d'aller auprès des diseurs de bonne aventure, qui pour une somme
modique consentaient à dévoiler l'avenir d'après les lignes de la
main.   Les termes de ligne hépatique,[310] ligne céphalique, ligne
mensale, etc., dont font usage les chiromanciens du Moyen Age sont
un indice, que ce vocabulaire avait fait de larges emprunts à celui de
l'extispicine.   Un *bârû* babylonien aurait pu signer en partie les
lignes suivantes écrites par Jean Belot, curé de Mil-Monts, professeur
aux Sciences Divines et Célestes (chapitre XVI de son traité de la
chiromance, p. 124) : "S'il se trouve que la ligne hépatique soit droite
et non distincte, et soit traversée d'autres petites lignes, cela dénote
une grande santé, force d'esprit et grande mémoire, mais une humeur
bizarre et variable aux affaires, plus sérieux et non résolu."   Pour ce
qui est des diagrammes qui accompagnent tous ces traités de chiromancie il en est qui ressemblent d'une manière frappante à ceux de
quelques tablettes cunéiformes dont il a été fait mention plus haut.
Lignes du foie ou lignes de la main, peu importe, toutes se ramènent
invariablement à des schemas analogues.   Pour en revenir à *qiditu*
il n'y a pas lieu d'établir deux mots différents comme le fait Meissner,
Supplem., pp. 45 et 83 ; l'exemple cité p. 45, *libbi ša kidâtim tâniḫa
umalli* a sa place à côté de celui donné par Del., *H.W.*, p. 580,
ûmišam lâ naparkâ ṣurri qiddâti ina zumria lâ ipparsûma.   Qiditu
paraît bien signifier "affaissement, enfoncement," *qadû*[311] (קָדַד) =
enfoncer, trouer, perforer par analogie avec l'araméen ?   Que signifie
au juste *qiditu*[312] dans le texte précité et dans celui de Lenormant ;

---

[310] Linea mensalis, linea hepatis, linea vitae vel cordis, linea hepatis vel
stomachi ; consulter le traité bien connu de Joan. Indagine, *Introductio in Chiro-
mantiam*, p. 8 (Lugduni apud Joan. Tornaesium, M.D.LXXXII).

[311] Il ne doit pas y avoir de grande différence entre *qadâdu* et *qadû*.

[312] Reisner, *S.B.H.*, p. 49, l. 19 : *ina qiddâtum u taniḫi išab*, c'est-à-dire : dans
la dépression et l'accablement il est assis (*išab* = ▷⏐⏐⏐◁ ▷⏐⏐⏐◁ est à retenir,
on a en général à cet endroit *ašib*, Del., *H.W.*, p. 100, s. *tâniḫu*.)

s'agit-il d'une partie basse, concave, creuse du lobe (*šusi*) du foie? Cette dépression (il y en a une grande et une petite, l. 1 et 2) peut être divisée, fendue, etc., l. 2 (p. 127); à cause de 𒅗 𒌋 il n'est guère plausible de lire . . . . *ḫal-qu;* ailleurs DA. p. 234, l. 22, on a *šumma KAK . TI ša imitti u šumeliti I tan ḫalqa*, mais il est douteux que ce soit la même ligne. *ḫalâqu* a dans ces textes un sens comme partager, diviser, séparer, etc., et est le même que dans l'expression קְרוּם הַחוֹלֵק = diaphragme, c'est-à-dire, membrane de séparation (Haupt, *Babylonian Elements in the Levitic Ritual*, p. 77, note 99). L. 9, le verbe *šalâḫu* s'emploie aussi avec 𒍝 dans Lenormant, *Choix de Textes Cunéiformes*, No. 90, deuxième colonne, l. 9, ⊢ 𒍝 𒐫 𒌋 : Si le *ṣi* est arraché, ce n'est pas favorable. Le No. 90 (Lenormant, *Choix de Textes*) qui donne des augures du 𒌍 du 𒍝, etc., se rapporte par conséquent à l'hépatoscopie; il indique ce qui arrivera si le *ṣi* est plein de 𒅀 (sable, boue); l. 7, *šumma ṢI IM malat -(át)*; l. 8, si le *ṣi* est plus grand que ses proportions ordinaires = *šumma ṢI eli minâtêša rabi (irabi);* les fissures 𒃲 qui peuvent se trouver à gauche du *ṣi*. Lenormant avait avec une rare perspicacité déterminé la nature exacte du No. 88 de son choix de textes, dont le duplicata Rm. 302 a été communiqué plus haut[313] p. 72. L'édition de Lenormant est fautive en plusieurs endroits et le texte mériterait d'être collationné. Dans le recto il est question de la coloration noire (6 premières lignes) du 𒌍 du foie (𒅀) à droite ou à gauche, de sa coloration brune (l. 7, 8, 9, 10) à droite ou à gauche; l. 11 et 12, si dans (⊢ 𒌍) le 𒌍 du foie à droite (respectiv. à gauche) un U (enfoncement[314]) est placé. Voici comme il faut lire les lignes suivantes :

11. ⊢ ⊢ 𒌍 𒅀 𒅗 𒌋𒌋 𒌋 𒐲 𒌍 𒐊 ⊣𒐊⊢ ⊣𒍝

12. ⊢ ⊢ 𒌍 𒅀 𒅗 𒐊𒌍𒌍 𒌋 𒐲 𒌍 𒐊 ⊣𒐊⊢ ⊣𒍝 𒌋

15. ⊢ 𒌍 𒅀 𒅗 𒌋𒌋 𒐊 𒂍 ⊣𒐊 𒌍𒅀 ⊣𒐊𒌋⊢ ⊢ 𒂍 𒌫
    ⊣𒌍 𒌍 𒐕 𒌍𒐊 𒐊 𒅀𒌍 𒐕[315]

<hr>

[313] Bezold a placé dans son catalogue Rm. 302 au milieu de tablettes qui sont entièrement différentes malgré l'indication exacte de Lenormant. Cette critique ne s'applique pas à ce qu'il dit page 1602 mais à la page 2141a, où la classification est inadmissible.

[314] Ici il est difficile de savoir de quel 𒌋 il s'agit; l'on a vu plus haut que 𒌋 avait plusieurs sens, lobule de Spiegel, enfoncement, douve, etc.

[315] Rm. 302 (voir plus haut page 72, l. 1 et suiv.).

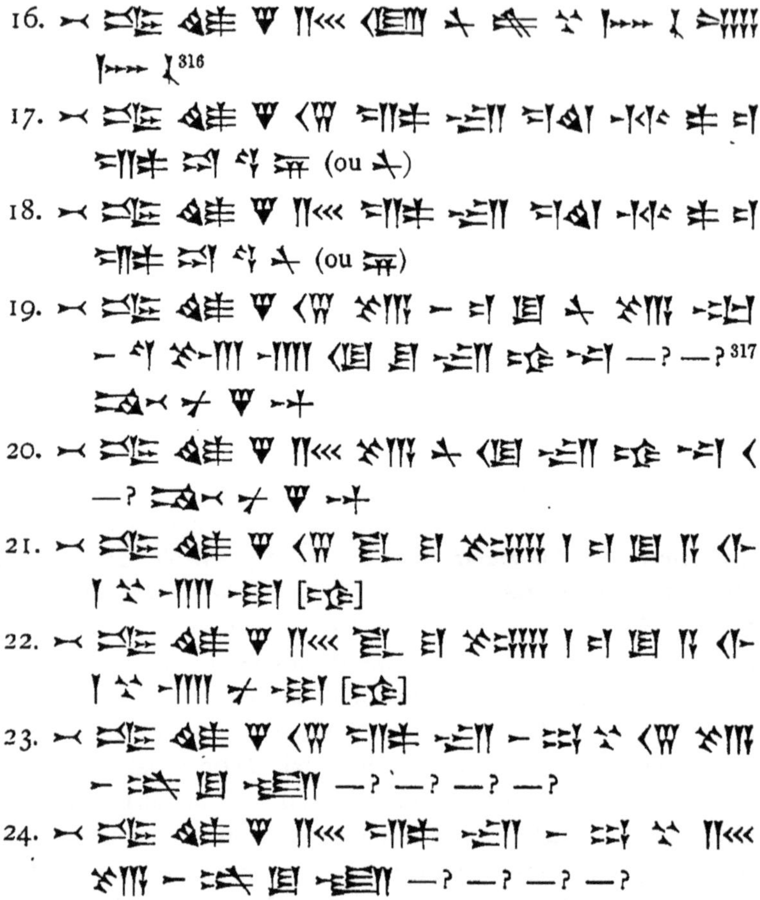

L. 15. Le verbe *tarâku* = contusionner, frapper, blesser. C'en est aussi le sens dans les textes médicaux (Küchler, A. B. Medizin, p. 105), et ce même sens ressort du contexte puisqu'il est dit l. 17 et 18 : Si le (la) 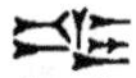 du foie à droite (respectivement à gauche sa tête) est frappée (*tarik*), décapitation (*nikis qaqqadu*) de mon armée (ou de l'armée ennemie). 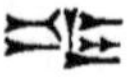 désigne un endroit du foie puisque dans le Verso du No. 88 (Lenormant) on trouve à

[316] Je n'ai pas collationné le No. 88 de Lenormant (d'après le catalogue ce ne peut être K. 3686) mais le duplicata Rm. 302 permet de faire les corrections suivantes ainsi que d'autres textes qui me sont familiers.

[317] La copie de Lenormant paraît fautive, et comme Rm. 302 est mutilé à cet endroit, la fin de la phrase est incertaine.

sa suite 𒀭 𒁹 𒐕 et *qirib* 𒐕 ; dans le 𒀭 𒁹 du foie (voir plus haut page 76) l'on remarque à l'occasion des fissures (𒐕) comme dans le milieu (*qirbu*) l. 10 et suiv. du Verso du No. 88 (Lenormant). Quant à 𒐕 c'est peut-être la partie qui entoure le foie, la bordure du foie ; Brünnow, No. 4989, mentionne le *imeru* du bâteau. Voici comment il faut traduire les lignes en question.

11. *Si dans l'*imeru *du foie à droite il y a un enfoncement, destruction (?) de la ville* (arat ali)

12. *Si dans l'*imeru *du foie à gauche il y a un enfoncement, destruction (?) de la ville ennemie* (arat ali nakri)

15. *Si l'*imeru *du foie à droite vers le lobe (grand lobe) est meurtri, dans le combat mes forces seront désorganisées* [318]

16. *Si l'*imeru *du foie à gauche " idem," l'ennemi ses forces l'abandonneront*

17. *Si l'*imeru *du foie à droite sa tête est meurtrie, la tête de mon armée (ou de l'armée ennemie) sera tranchée*

18. *Si l'*imeru *du foie à gauche sa tête est meurtrie, la tête de mon armée (ou de l'armée ennemie) sera tranchée.*

19. *Si l'*imeru *du foie à droite est enlevé* (ekim) *dans le combat l'ennemi t'enlèvera (?), le prince avec — ?   l'augure ne fera pas*

20. *Si l'*imeru *du foie à gauche est enlevé, l'ennemi avec — ? et (?) l'augure ne fera pas*

21. *Si l'*imeru *du foie à droite est jaune (vert) et — ?, pendant le combat la lamentation dans le pays du prince entrera*

22. *Si l'*imeru *du foie à gauche est jaune (vert) et — ?, pendant le combat la lamentation dans le pays du prince n'entrera pas*

23. *Si l'*imeru *du foie à droite sa tête dans la* napšat *droite est enlevée, — ? . .*

24. *Si l'*imeru *du foie à gauche sa tête dans la* napšat *gauche est enlevée, — ? . .*

Que signifie *sadit* dans le No. 88 (Lenormant), Verso, ll. 12 et 13, où il faut lire sans doute :

12. 𒀭 𒁹 𒐕 𒐕 𒐕 𒐕 𒐕 𒐕 𒐕 𒐕
    𒐕 𒁹 𒐕

---

[318] DA. p. 6, l. 1.

13.

12. *Si le (la)* šalla *du foie à droite des fissures —?, le prince entrera dans le pays*
13. *Si le (la)* šalla *du foie à gauche des fissures — ?, l'ennemi entrera dans le pays*

Sadit d'un verbe *sadû* ou *sadid* de *sadâdu*. Meissner, *Supplem.*, p. 70, *saḍidu* = celui qui est devant, en avant, le premier. Peut-être le même que سديد : celui qui va droit au but, qui est dans la bonne direction. Je ne puis proposer aucune interprétation valable de ce terme et j'inclinerais à lire *sadit* de *sadû*.

VERSO.

K. 2086 × 82-3-23, 26 × 83-1-18, 421.

RECTO.

K. 2086 × 82-3-23, 26 × 83-1 18, 421.

GRAND DOCUMENT AUGURAL AVEC FIGURES.

Ce document est le plus considérable de tous ceux qui portent des dessins explicatifs auguraux. Il n'est point aisé à déchiffrer mais j'ai pu, grâce à une photographie obligeamment communiquée par M. Budge, vérifier ma copie faite il y, a plusieurs années. Quelques passages néanmoins sont presque illisibles. Un moyen de contrôle important nous est donné par plusieurs petits textes dont j'ai déjà fait mention plus haut et qui permettent de compléter plus ou moins les lacunes de ces quatre colonnes. K. 2086 + 82-3-23, 26 + 83-1-18, 421 donne la synthèse pour ainsi dire de toutes les observations consignées sur les tablettes suivantes: K. 2089; K. 2090; K. 2092; K. 7269; 79-7-8, 110; Sm. 1335.[319] Le catalogue (Vol. V, p. 2031) les mentionne sous la rubrique "Geometrical figures" alors qu'il ne s'agit point de géométrie; quelques-unes de ces tablettes portent des figures pour expliquer les ⫦ c'est-à-dire, les fissures observées dans les viscères; d'autres pour désigner les diverses formes que peut avoir l'*isku* (*zibu*), et il n'y a aucun rapport entre Sm. 162 (astrolabe) et K. 219; aucun rapport entre K. 6270, qui traite des fissures observées sur le *niru* (⫣𒐈), et K. 2089, où il s'agit de la forme que peut prendre l'*isku* (voir plus haut page 118). Dans ce domaine le catalogue est à réviser. A noter encore que le grand document augural renferme en marge le signe ⤚ en petits caractères comme 83-1-18, 421 + 83-1-18, 422 (voir le catalogue), que je n'ai pu copier à mon grand regret.

K. 2086 + 82-3-23, 26 + 83-1-18, 421.

COL. I.

1. ▨▨▨▨▨▨ 𒀸 𒀸 𒀸? 𒀸? ▨▨▨

2. ▨▨▨▨▨ 𒀸? 𒀸 𒀸 𒀸 𒀸 𒀸 𒀸▨

3. ▨▨▨▨ 𒀸 𒐕 𒀸 𒀸 𒀸 𒀸 𒀸 𒀸▨

K

4.

5.

6.

7.

8.   [320]

9.

10.

11.

12.

13.

14.

15.

16.

17.

18.

19.

20.

21.

[320] Signe incertain.

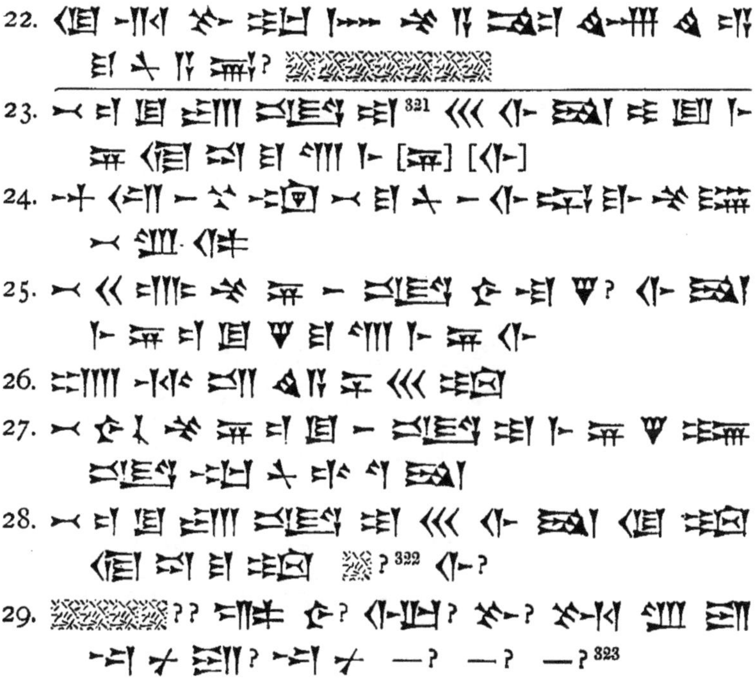

COL. II.

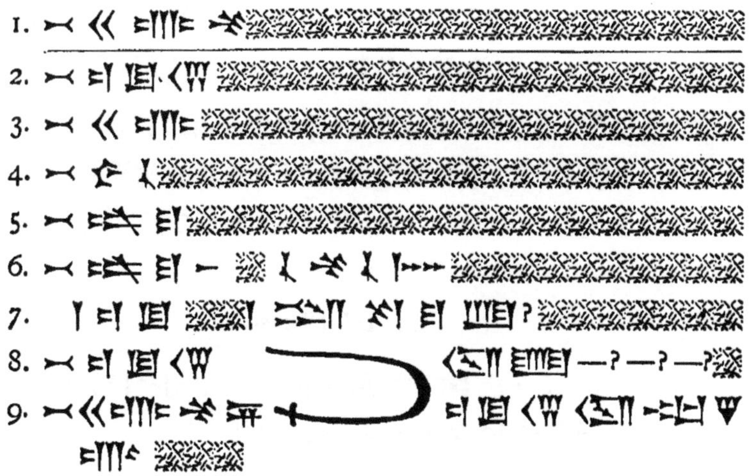

[321] Voir aussi K. 8496.

[322] Il ne manque peut-être aucun signe, mais la tablette est en mauvais état.

[323] Je ne puis lire les trois derniers signes.

10.

11.

12.

13.

14.

15.

16.

17.

18.

19.

20.

21.

22. [324]

23.

24.

25.

Col. III (Verso).

1. [325]

[324] Voir plus haut, p. 118, K. 2089, l. 3, avec le diagramme.

[325] Au-dessous de cette ligne et tout à la fin l'on distingue les signes peut-être la continuation de la ligne 1.

2.

3.

4.

5.

6.

7.

8.

9.

10.

11.

12.

13.

14.

15.

16.

---

[326] Le signe écrit en marge en petits caractères indique un point de repère du scribe.

17.

18.

19.

20.

21.

22.

23.

24.

25.

26.

27.

COL. IV (VERSO).

1. [327]

2.

3.

4.

5.

6.

7.

[327] Même texte et même figure K. 2092 ; même texte 79, 7-18, 110, même figure, mais tournée dans le sens opposé :

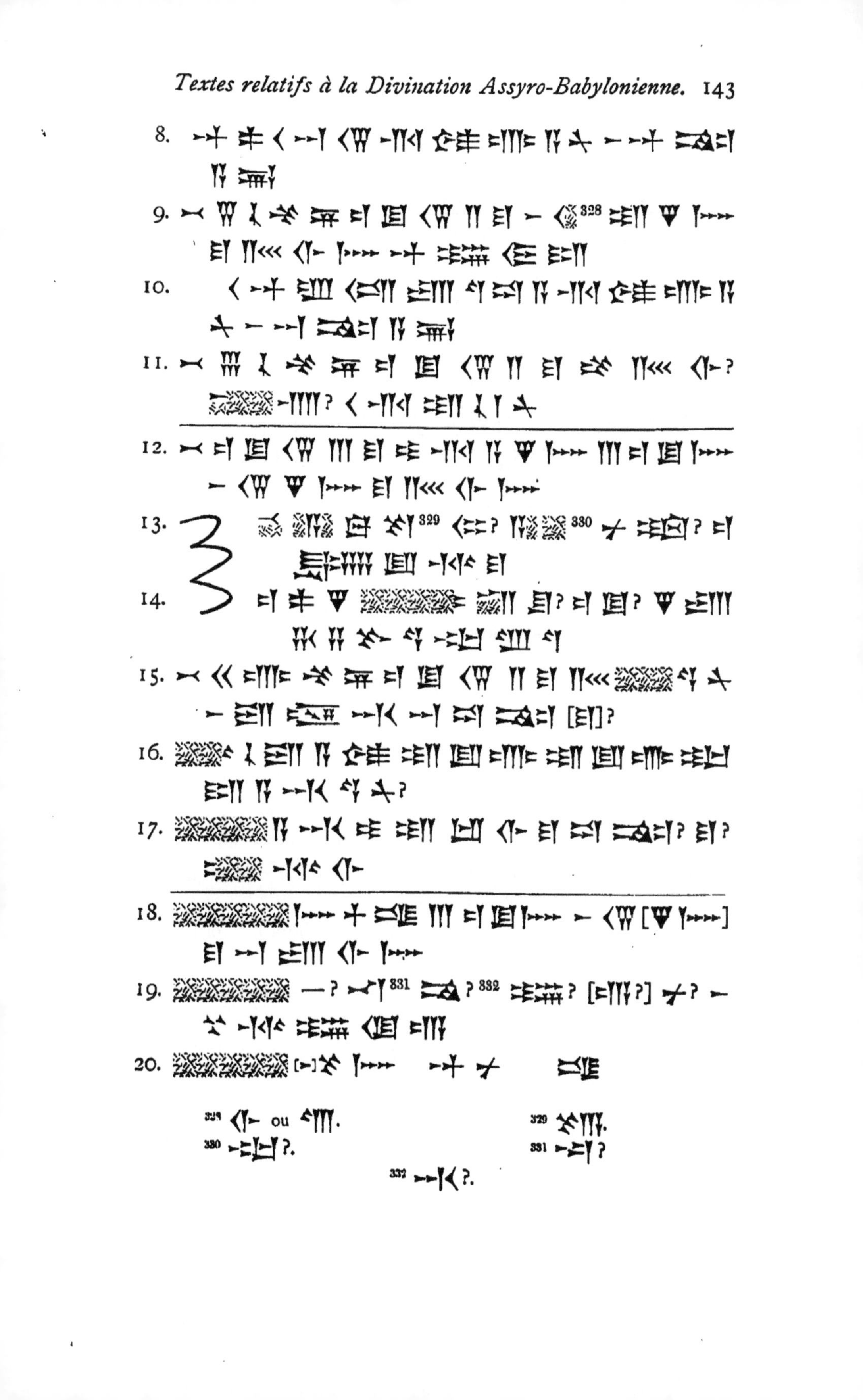

8.

9.

10.

11.

12.

13.

14.

15.

16.

17.

18.

19.

20.

---

328 <|– ou —|||.

329 —|||.

330 —|—|?.

331 —|—|?

332 —|—|<?.

21. 〈cunéiforme〉

22. 〈cunéiforme〉

23. 〈cunéiforme〉[333]

24. 〈cunéiforme〉

25. 〈cunéiforme〉

26. 〈cunéiforme〉

27. 〈cunéiforme〉

28. 〈cunéiforme〉

29. 〈cunéiforme〉

30. 〈cunéiforme〉

31. 〈cunéiforme〉

TRANSCRIPTION ET TRADUCTION.

1. . . . . *à droite — ?* . . . .
. . . . imittu ki ? ku ? . . . .

2. . . . . *se trouve et que l'isku droit est tourné ?* . . . .
. . . . šakin ? ma IS . KU imnu suḫ-ḫu . . . .

3. . . . . *et vers le signe favorable son nom* . . . .
. . . . ma   ana   šîri   damqi   šumšu   im . . . .

4. . . . . *viscère une empreinte ? est tournée et (ce qui est)
entre le* bir *et le* šusi *on voit*
. . . . ṬU (takaltu) kibsu suḫḫuratma birit BIR u
ŠU . SI innamir

5. . . . . *viscère une empreinte ? est tournée et la base du*
šusi *on voit*
. . . . ṬU (takaltu) kibsu suḫḫuratma išid ŠU . SI
innamir

---

[333] Ce paragraphe peut être reconstitué à l'aide de K. 2092, où on lit 〈cunéiforme〉
〈cunéiforme〉, etc., avec ce diagramme 〈cunéiforme〉 qui devait
également se trouver dans notre document.

6. . . . . *viscère une empreinte? le* niru (gir) *gauche le*
şêru? *suit*

. . . . ȚU (takaltu) kibsu niru (GIR) šumêlu şieru?
irdi

7. . . . . *viscère une empreinte?, la base du* šusi *on voit*

. . . . ȚU (takaltu) kibsu išid ŠU . SI innamir

8. . . . . *viscère une empreinte à droite? se trouve?*

. . . . ȚU (takaltu) kibsu imnu? šakin

·9. . . . . . . *du derrière du* bantu? *devant le* manzazu *un* diḫu *sort
et qu'on voit la tête du* şi

. . . . . ištu arkat-(at) banti? panit-(it) manzazi diḫu ittaşima
reš ŞI innamir

10. *l'arme des infatigables? l'ennemi? défaite? —?, l'arme? des
infatigables —? —?*

kakku? lâ âniḫûtê[334] nakru? abiktu? — ? kakku? lâ âniḫûtê
—? —?

11. *si en sa place il y a un enfoncement?, il y aura éclipse, le dieu
Adad inondera, le préfet de la ville sortira*

šumma ina maškânišu U inadi atalû iššakan ilu Adad iraḫiş
laputtû .uşşi

12. *"id est"* laputtû = nâgiru *ou bien* ḫazânu

ša iqbû laputtû nâgiru šaniš ḫazânu

13. *si la tête du* şi *est partagée (ouverte) et qu'un* isku *se trouve et
que* . . . . *du* manzazu *un* diḫu *sort?*

šumma reš ŞI BAR-ma (= uššur)[335] IS . KU šakinma lâ . . .?
manzazi diḫu —? ittaşi

14. *le* šattammu *s'emparera? du pouvoir*

amêl šattammu kiššu[tam] ibar

15. *si l'ouverture du* bantu? *est devant et que le* ŠID *gauche* [sort?],
Nergal dans le pays ennemi dévorera

šumma SAL . . LA banti panit-(it)ma ŠID šumêlu —? Nêrgal
ina mâti nakri ikkal

---

[334] *mukulê* = de ceux qui résistent ?

[335] ✝ dans les textes de Knudtzon est rendu par *uššur* et *uššuru* = *pitû* =
ouvrir ; voir Del., *H. W.*, p. 725, et corriger *H. W.*, p. 311, où le sens de "recht
machen" ne convient pas.

16 —? —? —? . . . . *en haut est partagé (ouvert) et*
—? —? EN . NAM . BI? . . . . eliš BAR(uššur)-ma

17. *si l'ouverture? du* bantu? *devant le* šibbu *du* meni *sort?* — ?
—? —?
šumma SAL . LA banti panit-(it) šibbi meni —? . . . ku
—? ṣabit

18. *trace? de* —? —? *puissance?, si le roi* . . . . ?
kibis a-bil-li a-?-ma? da?-na-ni šumma-(ma) šarru? . . . .
i?-me?-si

19. *on dit* mesu = akkú *ou bien* . . . .
ša iqbû mesu akkû šaniš . . . .

20. *Si l'ouverture du* bantu? *devant le* na *et le* niru (gir) *une trace*
se trouve . . . .
šumma SAL . LA banti? panit-(it) NA u niru (GIR) kibsu
šaknat-(at) . . . .

21. *l'ennemi je tuerai, on dit* emidu = sanâqu . . . .
nakra adâk ša iqbû emidu sanâqu . . . .

22. *dans l'intérieur de mes jardins j'arriverai et tuerai l'ennemi* . . .
qiribu kirâtiia aṭeḫḫiema nakra adâk . . . .

23. *Si l'isku de derrière le* bantu? *devant le seuil du* meni *sort et*
qu'on voit l'intérieur du meni
šumma IS . KU (zibu) ištu arkat-(at) banti? panit-(it) askup-
pati ME . NI ittaṣima libbu MENI innamir

24. *Nergal dans le pays dévorera, il mourra, l'ennemi devant ma*
grande porte un cadavre jettera
ilu Nêrgal ina mâti ikkal, imâtma nakru ina pân abulli-ia
šalamta inadi

25. *Si* sanû muni (*une seconde fois?*) *dans le derrière de l'ouverture*
qui?[330] *devant le* meni *un* isku *se trouve et qu'on voit*
l'intérieur du meni
šumma sanû-(ú) muni ina arki SAL . LA ša?[330] panit-(it)
ME . NI IS . KU (zibu) šakinma libbu ME . NI innamir

26. *amas de terre, la construction de la muraille*
šipik epirê, epeš dûri

[330] Il n'y a pas ⟨⟨⟨ sur l'original, mais un signe indistinct lu provisoirement Ｗ.

27. *Si une troisième fois? l'isku dans le derrière du* meni *se trouve,
derrière toi l'ennemi sortira*

šumma šalšu muni IS . KU ina arkat-(at) MENI šakin-(in)
arkika nakru išaḫḫid-(id)

28. *Si l'isku de derrière le* bantu? *devant le lieu? du* dûru[337] *sort et
que le* dûru — ? . . . . *on voit*

šumma IS . KU (zibu) ištu arkat-(at) banti panit-(it) dûri
ittaṣima dûru — ? . . . . innamir

29. . . . . *malheur? mystère? consomption, consomption* . . .
[mukil] reš limuttim? puzru, dâbânu, dâbânu . . . .

Col. II.

8. *Si l'isku droit comme une couronne* . . . .
šumma IS . KU (zibu) imnu kîma agû . . . .

9. *Si une seconde fois? l'isku droit comme la bouche d'un* . . . . . .
šumma šanû-(ú) muni IS . KU (zibu) imnu kîma pû ša ga . . .

10. *Si une troisième fois l'isku droit sa·bouche comme une jambe
sort* . . . . .
šumma šalšu muni IS . KU imnu pâšu kîma qursinni ittaṣi . . .

11. *Si une quatrième fois l'isku droit ses yeux sont larges* . . . . . .
šumma IV-ú muni IS . KU (zibu) imnu inêšu rapšû . . . . . .

12. *Si l'isku droit est double et* — ?, *le prince dans son palais sera
faible?* . . . . .
šumma IS . KU (zibu) II-ma ŠI . ŠI . LUM rubû ina ekallišu
enšu . . . . .

13. . . . . *l'isku droit est double et qu'entre eux un* isku
est placé . . . . .
. . . . IS . KU (zibu) II-ma ina birišunu IS . KU
(zibu) innadi . . . . .

14. . . . . *l'ennemi dans son pays j'écorcherai* — ?. . . . .
. . . . nakra ina libbi mâtišu aqâṣ[338] us-sa-ra ? . . .

15. . . . . *(est) tourné, déplacé (ou troué) ou bien* . . . .
. . . . turrat   naḫsat (naḫlat)   šaniš . . . .

16. . . . . *devant toi* GI = târu *tourner* GI . . . .
. . . . mušu ana pânika GI târu GI . . . .

[337] Lieu fatidique 'en rapport avec le *bantu?*, dénommé ainsi : muraille.
[338] Faut-il lire plutôt *adâk* ▬ je tuerai?

17. . . . . *déplacé* naḫâsu = târu *tourner* — ? . . . .
. . . . a naḫis naḫâsu târu kašu . . . .
18. . . . . — ? — ? *devant elle* . . . .
. . . . ma la a la ana pâniša . . . .
19. . . . . *tourné sa base entoure* saḫâru = lamû . . . .
. . . . saḫir išidsu lame saḫâru lamû . . . .
20. . . . . — ? — ? *devant toi* GI = saḫâru *tourner* GI = .
. . . . sâti muni ana pânika GI saḫâru GI . . . . . .
21. *Si* . . . . *enfoncé? l'ennemi dans (de) ma ville*[339] ? . . . .
. . . . garir nakru ina aliia (URU . ZAG-ia) it . . . .
22. *Si* . . . . *son derrière est effilé?, si* — ? . . . .
šumma IV ? . . arkatsu udad šumma . . . .

Col. III.

1. *Si une sixième fois l'*isku *droit comme* ? . . . . *favorable* ?
. . . . . *derrière? c'est ainsi qu'on dit l'ennemi* . . . . .
šumma VI-šu muni IS . KU (zibu) imnu kîma ? . . . .
damiq ? . . . . . arki ? kîma iqbû nakru . . . . .
2. *Si l'*isku *droit comme* — ? . . *dans sa délimitation ? se tient,
l'arme du dieu Ura secoureur* ? . . . . .
šumma IS . KU (zibu) imnu kîma . . . . šudu ina
ŠUR-šu izziz-(iz) kakku ilu Ura rišu . . . . . .
3. *l'ennemi je tuerai, on dit que dans (vers) le cas favorable c'est
ainsi* — ? — ?
nakra adâk ša ana damqi iqbû kîma šumšu ? ša išdu . . . . . .
4. šakurru SUR = tubqu = *lieu fermé* — ? — ?
šakurru SUR tubqu pûšu dubba . . . .
5. *Si une seconde fois l'*isku *droit comme un clou (une barre) se
tient, l'arme du dieu DAN, dans le combat l'ennemi je* — ?
šumma šanû-(ú) mu[ni] IS . KU (zibu) imnu kîma sikkatu
izziz-(iz) kakku ilu DAN ina kakki nakra a . . . . .
6. *comme* . . . . *sa base entoure et replie et* . . . .
kîma . . . . išidsu ilammima ikabbilma (ikappilma) . . .
7. *Si une troisième [fois] l'*isku *normal (sain) dans la délimitation
du și comme un clou (une barre) se tient, l'ennemi* . . . . . .
šumma šalšu . . . . IS . KU (zibu) šalimu ina SUR ȘI
kîma sikkatu izziz-(iz) nakra . . . . .

[339] *sortira? ittași ?.*

8. —? . . . . . . *le devin (l'haruspice) la faveur tiendra* — ? . . .
iṣ . . . . amêl bârû mukil damiqtim ilaqqi muab . . . .

9. *où . . . . . mon armée, celui qui marche en tête de mon armée,*
comme . . . . .
ema ? . . . . . ummâni-(ni) alik pân ummâni-(ni) kîma ka . .

10. *Si l'isku . . . . . sort et comme un clou (une barre) se tient,*
arme de destruction ? de [Bêl]
šumma IS . KU (zibu) . . . . . ittaṣima kîma sikkatu izziz-(iz)
kakku arattê [ilu Bêl]

11. *une vision ? sur mon armée tombera, destruction ? de Bêl*
mukallimtum eli ummâni-ia imaqut-(ut) arattû ilu Bêl

12. *et (de) Bêl d'Ekour, (de) Nergal, arme de Nergal, ainsi de*
même l'on dit
ilu Bêl EKURRA ilu Nêrgal kakku ilu Nêrgal kîma II-šu iqbû

13. *Si dans le palais du* šusi *(lobe) un* isku *replié se trouve* patâlu=
kapâlu *tordre, plier*
šumma ina ekalli ŠU . SI IS . KU (zibu) putlu šakin patâlu
kapâlu

Col. IV.

1. *Si l'isku droit est double et que des circonvolutions ? se trouvent,*
Nébo et Anšar (ou le dieu Šar) avec mon armée
šumma IS . KU (zibu) imnu II-ma I . RI . A šaknû ilu Nabû
u ilu Šarru itti ummâni-(ni)

2. *marcheront, l'ennemi je tuerai ; deux* isku *à droite se trouvent-ils*
et les voit-on à gauche
illakû nakra adâk II IS . KU-meš (zibe) imitti šaknûma šumêliti
innamrû

3. *une circonvolution ? à la droite du* kubšu, *une circonvolution — ?*
se trouve-t-elle et les voit-on, — ? — ?
I . RI . A ina imitti kubši I . RI . A —? šakinma innamrû
akâlu ? mudišši ?

4. *Si une seconde fois l'isku droit est double et vers le* ṣi *le second ?*
est vu à gauche, Nébo et Anšar avec mon armée marcheront
šumma šanû-(ú) muni IS . KU (zibu) imnu II-ma ana ṢI
šanû-(ú) šumêlu innamir ilu Nabû u ilu Šarru itti ummâniia-
(ia) illakû

5. *Si une troisième fois l'*išku *droit est double et qu'à la tête du* și
   à droite ils se trouvent et qu'à gauche on les voit

   šumma šalšu muni IS . KU imnu II-ma ina reš ȘI imitti
   šaknûma šumêliti innamrû

6. *Nébo et Anšar avec mon armée marcheront et je tuerai l'ennemi*

   ilu Nabû u ilu Šarru itti ummâniia-(ia) illakûma nakra adâk

7. *Si une quatrième fois l'*isku *droit est double et qu'au milieu du*
   și *à droite ils se trouvent et qu'on les voit à gauche*

   šumma IV-ú muni IS . KU (zibu) imnu II-ma ina qabal ȘI
   imitti šaknûma šumêliti innamrû

8. *Nébo et Istar mes secoureurs (seront), l'ennemi par le feu je tuerai*

   ilu Nabû u ilu Ištar rișûa nakra ina išâti adâk

9. *Si une cinquième fois l'*isku *droit est double et que dans le —?*
   du și *ils se trouvent et qu'on les voit à gauche le dieu Lugalgira*

   šumma V-šu muni IS . KU (zibu) imnu II-ma ina —? ȘI
   šaknûma šumêliti innamrû ilu Lugalgirra

10. *et le dieu Šitlamtaêa mes secoureurs (seront), l'ennemi par le feu
    je tuerai*

    u ilu Šitlamtaêa rișûa nakra ina išâti adâk

11. *Si une sixième fois l'*isku *droit est double et qu'on voit? le (un)*
    gab[340] *à gauche . . . . . . et son secours à l'ennemi*

    šumma VI-šu muni IS . KU (zibu) imnu II-ma GAB šumêlu
    innamir? . . . . . . u rișišu ana nakri

12. *Si l'*isku *droit est triple et que des circonvolutions se trouvent,*
    trois isku *à droite se trouvent et qu'à gauche on les voit*

    šumma IS . KU (zibu) imnu III-ma I . RI . A šaknû III
    IS . KU-meš (zibe) ina imitti šaknûma šumêliti innamrû

13.   *de la rivière —? —? —? . . . —? du palmier s'en ira*
    nâru te? mi? a . . . . lâ dûru? gišimmaru ettiq-(iq)-ma

14.   *le sceptre? du . . .? ? l'arme? combat long?, ton armée*
    tombera

    ḫaṭṭu ša . . . . šu? kakku? ša taḫâza BU (arku)
    ummânka imaqut-(ut)

15. *Si une seconde fois? l'*isku *droit est double et qu'à gauche* [*on*
    voit?], *l'armée ennemie dans l'hostilité du dieu marchera?*

    šumma šanû-(ú) muni IS . KU (zibu) imnu II-ma šumêlu
    [innamir?] ummân nakru ina dâști ili itallakkumma

---

[340] fissure ?.

16. — ? dâṣu = ṣilû, *hostile, hostile, trahison de l'armée ennemie ?*

    . . . . .? dâṣu ṣilû ṣilû sarrâti ummân nakri ?

17. . . . . *en petit nombre il se trouvera et il ira ?*

    . . . . . . *sera*

    . . . . ati iṣi ibšima itallakkumma . . . .
ibaši-(ši)

18. . . . . *scission ? trois* isku *à droite se trouvent et qu'en
haut on voit*

    . . . . meš bar-tum III IS . KU-meš (zibe) ina imitti
šaknûma eliš innamrû

19. . . . . *le roi ? puissant ? dans le pays sera,
le roi* — ?

    . . . . na-am ? (*ou* ba-ti ?) šarru ? dannu
ina mâti ibaši šarru KI . KAL

20. . . . . *ceux-là*

    . . . . meš   annutum

21. . . . . *la ville   assiégeront*

    . . . . ali   usanniquma ?

22. . . . . *est double et que des circonvolutions se
trouvent, une fois*

    . . . . ša II-ma I . RI . A šaknû I-ma muni

23. . . . . *le pays se soulèvera contre moi et me tuera*

    . . . . mâtu ibbalkitannima idâkanni

24. . . . . *et   à gauche on les voit*

    . . . . ma   šumêliti innamrû

25. . . . . *percussion, crainte, on dit*

    . . . . zibu ḫattum ša iqbû

26. . . . . *ainsi l'on dit*

    . . . . kîma iqbû

27. . . . . *des rues ?*

    . . . . ku sulie

Remarques.

Les dessins qui accompagnent le texte de cette tablette indiquent
les diverses formes que l'*isku* (*zibu*) peut avoir et dans la colonne IV
ce sont en effet des lignes en zigzag, dont la signification symbolique
est révélée par l'haruspice. L'*isku* peut avoir deux ou trois boucles
et dans le premier cas, il n'est pas impossible d'y voir une sorte de

signe hiéroglyphique semblable au signe archaïque ⧖, correspondant au No. 173 de la tabelle dressée par Thureau Dangin.[341] Comme je l'ai dit ailleurs, l'écriture cunéiforme revendique une origine divine et transcrit la pensée des dieux révélée au sein de la victime immolée. Il fallait en outre avoir la clef de cette écriture sacrée et cette clef était constituée par un certain nombre de signes conventionnels classés d'après la formule courante et adoptés par le collège des augures. Si l'on se refuse à donner aucune théorie expliquant les mystères de la mantique, on peut regarder ces diagrammes comme de simples moyens mnémotechniques à l'usage des candidats à l'haruspicine et destinés à faciliter l'intelligence des textes hiératiques. Ce document renferme aussi des explications de termes avec leurs synonymes. Col. I, l. 12, *nâgiru = laputtû = ḫazânu* ; l. 21, *emidu = sanâqu.* Col. II, l. 17, *naḫâsu = târu.* Col. III, l. 13, *patâlu = kapâlu*, etc. Je me contenterai d'une ou deux remarques pour ne pas allonger indéfiniment ce travail. Pour le sens du mot *isku*, voir page 119 ; je maintiens cette interprétation jusqu'à nouvel ordre, quand même, j'ai laissé dans ma traduction le terme assyrien tel quel. Col. 1, l. 10, *nukušša* de *nukušû*, "stabilité," d'après Delitzsch, *A.L.*[4], p. 177. l. 15, ilu Nergal, ce dieu cruel, ce dieu du meurtre par excellence, est le héros d'une légende, qui a des points communs avec celle de Caïn, Genèse iv ; il est fait une allusion au *rabiṣu* de Nêrgal dans le verset 7, où il est question de רֹבֵץ ; l'on sait (cf. *K.B.*, VI, 527) que Išum est le *rabiṣu* de Nergal. Comme curiosité je me permets de signaler ce que dit Théodore bar Khouni sur la secte des Nergaliens d'après la traduction de Pognon :[342] "Leur secte vient de Caïn. Après la mort de Caïn, ses fils se réunirent et dirent : 'L'esprit de notre père Caïn n'a pas de repos sur la terre, car il a peur et tremble à cause du meurtre d'Abel.' Ils firent un naos et disposèrent dessus des aliments pour que l'esprit de Caïn vînt et résidât sur lui. Les fils de Caïn se réunirent auprès de ce naos comme pour une cérémonie funèbre et ils donnèrent à leur père Caïn le nom de Nerig, parcequ'ils disaient que leur père désirait le repos ; c'est donc Caïn que ses fils ont appelé Nerig." Comme le fait remarquer très justement Pognon, en note, ce Nerig

---

[341] *Recherches sur l'origine de l'écriture cunéiforme*, Paris, 1898.

[342] *Inscriptions Mandaïtes des coupes de Khouabir*, p. 228. Espérons que cet illustre sémitisant nous fera bientôt part de tous les trésors scientifiques qu'il a en réserve, pour le plus grand bonheur et le progrès des études assyriologiques.

est une forme abrégée de Nergal. L. 27, ⸢⸣ = *šaḫâdu*, cf. Meissner, *Supplem.*, p. 92 ; en parlant du lever du soleil ⸢⸣, K. 2221 (*Catalogue*, p. 423). L. 29, *dâbânu* = דְּאָבוֹן. Col. II, l. 23, *udad, adâdu* dans les *Reports of the Magicians* publiés par Thompson = être pointu, effilé (voir le glossaire). L. 13, *kapâlu* revient dans les présages fournis par les serpents, DA. p. 262, l. 4, et ailleurs, *iktaplu* : si les serpents dans la maison d'un homme *iktaplu* = se replient. *kapâlu* d'après notre document a le même sens que *patâlu* = entortiller (voir Meissner, *Supplement*, p. 79). *kapâlu* = hébreu כָּפַל. L. 16, *marru* est un objet, houe, pioche (Meissner). J'ignore le sens de *uri*. Col. IV, l. 1. Le dessin corrobore le texte, l'*isku* est double et ⸢⸣ doit se rapporter aux replis formés par ces deux boucles. ⸢⸣ désigne donc circonvolutions, replis ou boucles, ce qui est en forme de boucle. L'*isku* est susceptible de prendre les formes les plus diverses, comme l'indique aussi Sm. 1335, qui se rattache à notre texte. Voici ce que renferme ma copie d'un extrait faite très à la hâte.[343]

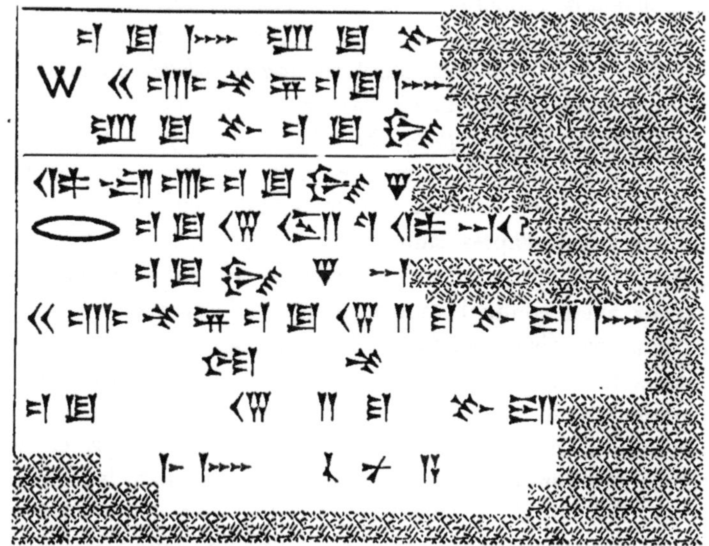

1. *Les* isku *chevauchent (grimpent) l'un sur l'autre*
2. *une seconde fois les* isku
3. *chevauchent (grimpent) l'un sur l'autre, l'arme destructrice [de Bêl]* (II R. 43 *e, f*, l. 26).

[343] Pour les diagrammes voir aussi le Catalogue.

4. [*S'il y a*] disû, *l'arme destructrice* [*de Bêl*]
5. *l'isku droit est-il comme une lentille?* . . .
6. *l'arme destructrice de* [*Bêl*]
7. (*Si*) *une seconde fois l'isku droit est double et qu'ils sont allongés*
8.   *tout ce que* . . . .
9. *l'isku droit est-il double et sont-ils allongés*
10. . . . . . . *leurs — ?* . . . .

Remarques.

Ritkubu (1₂) de *rakâbu*, monter; le dessin montre que les *isku* s'enchevêtrent, s'emboîtent l'un dans l'autre. *Disû* est nouveau; on trouve II R. 43 *e, f*, l. 29, *didisû*. Comme dans ce texte il paraît y avoir des abréviations il se pourrait qu'on doive lire *didisû*. *udditi*, si ma lecture est exacte, désigne un objet arrondi et allongé, sorte de lentille (voir le dessin). *udditu*, IV R. 28, No. 4, 44 *b*, désigne une semence ou une céréale quelconque; ce serait peut-être le même terme que celui de notre texte. *ummâni* = mon armée; on oublie trop souvent ce pronom suffixe de la première personne; un exemple entre cent; dans le cylindre de Taylor, Col. I, l. 16, Sanchérib s'exprime ainsi: les rois puissants *iduru taḫâzi*, craignirent mon combat, et ailleurs.[344] L. 16. *dâṣu* = *ṣilû* de même que *dâṣâtu* (le premier *a* est long) = *ṣalti*, Del., *H. W.*, p. 227, et *ṣilû* = ennemi, hostile. Une dernière remarque pour en finir avec cette classe d'augures. Si l'on admettait comme certaine l'interprétation donnée par Myhrman d'après laquelle ⊫ 𝍞 serait = os, l'on pourrait penser à l'omoplate et se demander si les Babyloniens n'auraient pas eux aussi connu l'omoplatoscopie, qui est encore pratiquée de nos jours par divers peuples de l'Asie et même en Albanie. Lire à ce sujet le chapitre si détaillé de Pallas dans le volume intitulé *Sammlungen historischer Nachrichten über die Mongolischen Völker-schaften*, St. Petersburg, 1801, Zweiter Theil, p. 352, et les renseignements communiqués par Bouché-Leclercq dans le tome premier de son *Histoire de la Divination*, p. 180. Les lignes fatidiques de l'omoplate de la victime portent chacune un nom et ont une signification pour l'augure, et c'est ainsi que cette divination se rattache à l'haruspicine et à la chiromancie. Ces trois disciplines procèdent d'un même principe et leur étude emploie des procédés identiques.

---

[344] Consulter aussi l'article de Ungnad, *Z. A.*, XVIII, p. 18, pour les textes de Ḫammurabi.

Je ne crois pas pour ma part que nous trouvions l'omoplatoscopie dans les documents cunéiformes, mais je ne voudrais point affirmer non plus, qu'elle n'y ait jamais été mentionnée. Il eut été séduisant de voir dans l'*isku*, qui, comme je l'ai dit plus haut (p. 119), peut parfaitement avoir eu un sens analogue à ⟨signes⟩, c'est-à-dire, sillon, déchirure, fissure, etc., ces lignes fatidiques observées sur une omoplate grillée au feu, mais cette explication est inadmissible à cause d'autres passages. ⟨signes⟩ = combat dans Col. III, l. 5. Cette acception est fréquente dans les omina, par ex., Rm. 128 (extrait).

1. ⟨signes cunéiformes⟩

2. ⟨signes cunéiformes⟩

3. ⟨signes cunéiformes⟩

4. ⟨signes cunéiformes⟩

5. ⟨signes cunéiformes⟩

6. ⟨signes cunéiformes⟩

1. *Si le* na *est double, dans le combat (il y aura) embrasement ?, aux sacrifices du prince les dieux — ?*

2. *Si le* na *est triple, la raison du sacrificateur sera troublée (littéralement transformée)*

3. *Si le* na *est quadruple et que deux se trouvent en haut* (elânu) *deux en bas* (šaplânu), *le dieu . . . . .*

4. *Si le* na *se trouve intact (littéralement bien consistant, solide) et qu'un autre (un second) au sommet du* na *est formé* (eṣir), *le dieu . . . . .*

5. *Si le* na *se trouve intact et qu'un autre (un second) au milieu du* na *est formé, le dieu . . . . . .*

6. *Si le* na *se trouve intact et qu'un autre (un second) à la base du* na *est formé, la déesse Belit ? . . .*

Remarques.

L. 1. 𒁹 𒂍 = combat ; 𒁹 𒉺 (= *niplu* ?) est l'idéogramme d'un terme qui doit signifier incendie, feu ; K. 9494 cite un dieu 𒁹 𒉺 = Nusku ? L. 2. 𒂍 = *têmu*, et le sens indiqué par Küchler, *A.B.M.*, p. 78, ne saurait convenir ici ; au reste l'expression *sunnû têmu* est courante (Del., *H.W.*, p. 297) et il faut transcrire KU (= têmu) bêl nîqi MAN . NI (= iššanni) ; ⟨⟨ = šanû, *cf.* Craig, *A.A.T.*, 93, Col. II, line 14, *ušanna.*

Examen de quelques textes relatifs à l'haruspicine.

Knudtzon (Sonnengott).	*S. A. Smith*, Assurbanipal, Heft III.
No. 1, Verso, 13, 𒁹 𒂍 𒈾 𒌍 𒀭 𒁉 (*idem* K. 1600 non publié)	K. 4, l. 5. [𒈛 𒄀 𒂍]? 𒈾 𒁹 𒂍 𒉺 𒁹 𒂍 ⟨𒉺 𒌍 𒀭 𒁉 (K. 385)
*Si l'*isku (zibu) = (*la pointe*) *du* bir *à gauche se lève*	*Si sur le* bir *une pointe se trouve et que de droite à gauche elle se lève*
Ibidem, 𒈠 𒂍𒐈 𒂖 𒁹 𒀭𒁉	K. 4, l. 8. 𒈛 𒈠 𒂍𒐈 𒈨 𒂖 𒁹𒀭𒁉
Si la partie supérieure va et vient ?	*Idem*
L. 14. 𒈛 ⟨ 𒀉 𒂖⟨𒌍 𒁉 𒂍 𒐊 𒈨 𒉺	K. 159, l. 11. 𒈛[sic!] 𒂖⟨𒌍[sic!] 𒁉[sic! 345] 𒂍 𒐊 𒄬[346]
Si le lobule du foie le milieu sa base est partagée (ouverte = ušsur)	*Si le milieu sa base est partagée (ouverte = ušsur)*
L. 15. 𒈛 ⟨ 𒀉 𒂖⟨𒌍 𒂍 𒐊 𒈛 𒁹	*Idem,* K. 1436 + K. 1523, l. 9.
Si le lobule du foie le milieu sa base est liée	*Idem*

- - - - - - -

[345] Le *sic !* indique que le texte est à corriger.
[346] Knudtzon, No. 19, Verso, l. 15, etc.

L. 14. 𒑱 𒑱 𒑱 𒑱   K. 159, 12. 𒑱 𒑱 𒑱 𒑱 𒑱 [347]

Le kaskasu *est-il épais*   *Idem*

No. 5, Verso, 7. 𒑱 𒑱 𒑱 𒑱   K. 159, 3. 𒑱 𒑱 𒑱 𒑱 𒑱 𒑱 𒑱

Si le dan *ne se trouve pas*   *Si le* dan *ne se trouve pas, il y aura* nipḫu

No. 30, Verso, 9. 𒑱 𒑱 𒑱 𒑱 𒑱 𒑱 𒑱 𒑱   K. 4, 9. 𒑱 𒑱 𒑱 𒑱 𒑱 𒑱 𒑱 𒑱 *idem,* K. 159, 11, 17 (K. 385)

Si le kubšu *sur la* bamâtu *monte*   *Si la* bamâtu *sur le* kubšu *monte*

No. 85, Verso, dernière ligne. 𒑱 𒑱 𒑱 𒑱 𒑱 𒑱 𒑱 𒑱   K. 4, 11 ; K. 159, 12, *idem* [348]

Si l'intestin 14, *l'intérieur du mouton est sain, normal*

Comme l'on peut s'en rendre compte, les textes de Knudtzon, à part quelques variantes, ne donnent rien de bien nouveau ; le point de départ pour ce genre de recherches restera toujours la collection assyrienne de Koujunjik, dont je crois avoir donné un nombre d'extraits suffisants dans cet opuscule.

Voici quelques observations et rectifications que j'ai à présenter au sujet de la publication de Knudtzon, mais je ne prétends pas être complet, n'ayant eu sous les yeux aucun des originaux.

No. 2, Rs. 12, au lieu de *ŠUTA* lire *šutapulu ;* la phrase *elitum u šaplitum šutapulu* signifie : la partie supérieure et la partie inférieure correspondent (se balancent). Nous trouvons de même K. 1600 (non publié), l. 9, 𒑱 𒑱 𒑱 𒑱 𒑱 𒑱 𒑱 𒑱 𒑱 𒑱 : Si la partie supérieure (et) la partie inférieure correspondent, ce qui montre que *apâlu = šaqâlu.* Meissner a déjà indiqué ce sens, *Supplem.,* p. 14.

---

[347] 𒑱 n'est pas impossible = *ḫaliq* = est séparé, divisé.

[348] Knudtzon aurait dû citer S. A. Smith ailleurs, que dans son *Index Bibliographique ;* il ne dit rien de son importante publication, chapitre II, page 6. L'on en est à se demander s'il a même jamais lu le 3° cahier des *Keilschrifttexte Asurbanipals.*

No. 5, Rs. 7, transcrire : *šumma DAN lâ šakin* = si le *dan* ne se trouve pas ; 9, [⟦signes⟧] ⟦signes⟧ = si le RU du trône [349] se trouve ; le ⟦signes⟧ est un viscère quelconque ; fréquent dans les omina, *cf.* DA. 225, ll. 3, 4, etc. ⟦signe⟧, ligne 9 (dans *šumma U ibbit* [350]) = lobule de Spiegel ?

No. 6, Rs. 5, ⟦signes⟧, *cf.* No. 58, Rs. 5, ⟦signes⟧ d'où l'on conclut que ⟦signe⟧ = lobule et ⟦signes⟧, grand lobe d'après ce qui a été dit plus haut, p. 76 ; la phrase précédente doit se lire *šumma ina niri* (= *GIR*) *NE . ŠA šakin* = si dans le *niru* un *neša* (*negar*) se trouve. L'idéogramme ⟦signes⟧ (*niphu?*) fréquent dans les omina ne m'est pas clair.

No. 8, Rs. 11, *allulat* de *alâlu* et *alâlu* = *šaqâlu*, DA. 39, l. 2.

No. 9, Rs. 3, au lieu de *BAL?* lire ⟦signes⟧ ; 5, KI . AZAG . AN n'est guère probable, cela doit être *qiditi*.

No. 11, Rs. 8, lire *qirbit* (*qir-bit*), ainsi que l'indique dubitativement l'auteur, p. 337. La transcription est fautive à la fin de la ligne. *Ina mahar kursinni ša imitti* (*imni*) *U inadi*, c'est-à-dire devant la jambe de droite y-a-t-il un enfoncement (une ouverture ?) ; *LAL* (?) *mahriti* paraît terminer la phrase précédente et *LAL* (?) est bien peu sûr.

No. 17, Rs. 12, au lieu de ANNU transcrire *elânu* ; 13, ⟦signes⟧ [351] ⟦signes⟧ (Si) le *dan* et le RU AŠ TE se trouvent.

No. 19, Rs. 13, le dernier mot est *šalulti* sans doute. 14. *šumma DI šakin šumma ina šumêliti ṢI eliš kibsu šapliš GAB* = Si le *di* se trouve, si à gauche du *ṣi* en haut une trace, en bas une fissure (il y a).

No. 29, Rs. 15, lire *šumma* ⟦signes⟧ ; les points d'interrogation après le DAN doivent être supprimés. Le texte est un de ceux qui inspirent le plus de confiance et la traduction de l'omen calquée sur la transcription de Knudtzon peut se concevoir ainsi :

> 14. *Si le milieu du* na *en une tige s'étend, si le* gir *a une tige à droite et à gauche, si le* dan *se trouve, si le* di *la droite et la gauche . . .*

---

[349] Il se peut fort bien que les trois signes constituent un seul idéogramme.

[350] De עבה être épais.

[351] Voir la remarque au No. 5.

15. *Si le* gir *à gauche du* și *se trouve, si le RU du trône*[352] *se
trouve, si le sommet du dos droit du lobe est en bas? et fendu,
si sur le dos* . . .

16. *Si la pointe* (zibu) *du* bir *à gauche se lève, si la partie supérieure
va et vient, si le milieu sa base est scindée (ouverte), si le*
kaskasu *est épais,*[353] *face antérieure*

18. *Si le* na *est, si le* gir *se trouve, si le* dan *se trouve, si le* di *se
trouve, si le RU du trône se trouve, si à la base du dos* . . .

19. *Si la partie supérieure va et vient, si le —? se trouve, si le
milieu sa base est scindée (ouverte), si le* kaskasu *est épais*

20. *si l'intestin*[354] 14,[355] *l'intérieur de la victime est sain, face postérieure.*[356]

No. 30, Rs. 9, [cunéiforme] en un seul signe; pour cette phrase *cf.*
K. 4 (S. A. Smith, *Asurb. III*), l. 9, [cunéiforme]; K. 159 (*ibid.*), l. 11; K. 385, [cunéiforme]
[cunéiforme], c'est-à-dire : Si la *bamâtu* (SA . TI) sur le *kubšu*
s'élève ; si le *kubšu* sur la *bamâtu* s'élève.   A la fin de la ligne [cunéiforme]
est suivi de *iț-ra-at* (= *ețeru*, qui correspond donc à [cunéiforme]).   Il est
enfin évident que le *zi-bu* (l. 6) n'a rien à voir avec *zibu* loup
(glossaire, p. 295) *zibu* = IS . KU (voir plus haut, page 74) = blessure, atteinte, percussion, piqûre, etc.

No. 33, Rs. 9, au lieu de *tur?-ri-tum* lire *ku-tal-tum*, malgré ce
qui est dit p. 338.   Je ne me souviens pas avoir rencontré ailleurs le
terme [cunéiforme] (*cf.* No. 21, Rs. 9) ; si les [cunéiforme] se
trouvent.

No. 37, Rs. 3, *pu-ut-[lu?]* voir plus haut page 149, l. 13.

No. 41, Rs. 5, lire [cunéiforme] ; le signe [cunéiforme] est très possible;
un mot [cunéiforme] (partie du corps) revient assez souvent dans les omina.
LIT šumêlitu šaknat-(at) kaskasu ebi.

No. 51, Rs. 15, l'original seul peut nous éclairer sur la ligne 14
[cunéiforme] ?

No. 52, Rs. 5, sans vouloir nier l'existence d'un mot *bartum*, ne
serait-il pas plus spécieux de transcrire *uššurtum* et de même à la

---

[352] RU . AŠ . TE.

[353] עבה ?

[354] [cunéiforme] = iléon.

[355] On compte toujours un certain nombre de circonvolutions.

[356] S'agit-il de l'examen des deux faces du foie, la face antérieure et postérieure?

ligne suivante ; après *dan* nous avons la négation *lâ* et par conséquent il faut lire : si le *dan* ne se trouve pas ; dans les omina on
tient compte de sa présence ou de son absence ; *šumma ina eli
BIR bartum (uššurtum)* : si sur le *bir* il y a une scission (ouverture).

No. 54, Rs. 8, *uppuqat (ubbuqat)* ; *up* est certain.

No. 55, Rs. 16, les corrections p. 338 sont exactes, supprimer
tous les points d'interrogation et lire au début de la ligne : *Šumma
eli NA U nadi*, etc., c'est-à-dire : si sur le *na* un *u* (enfoncement) est
placé.

No. 57, Rs. 8, je lirai plutôt : *kikitti (qiqitti)* au lieu de : *KU
kit-ti* (DA. 233, l. 16), la proposition (page 338) de lire à la ligne
précédente *NA BAD-ma* ne me sourit pas.

No. 60, L.K. 1, au lieu de *Ú aš-da* lire *PA aš-da(ţa)*.

No. 69, Rs. 4, *ariktu* [357] est sûr, comme l'indiquent les corrections
de l'auteur, p. 338, où il faut biffer le point d'interrogation.

No. 72, Rs. 6, *Šumma ina reš niri kamtum nada-át*, [358] et la fin
šumma kubšu (⟨cunéiforme⟩) *eli SA . TI*, etc., etc. = si au sommet du
niru [359] la *k.* est placée — si le *kubšu* sur la *bamâtu* s'élève (domine).
L. 8, *nasiḫ* plutôt que *napiḫ*. A remarquer les termes *maḫriti, šaniti*
et *šalulti*, qui désignent trois observations consécutives.

No. 75, Rs. 12, *iki-im* est certain.

No. 85, Rs. 4 : Si au sommet du — ? (*ṣîru ?*) du lobe (*ŠU . SI*)
un sillon (*uṣurtu*) est tracé (*iṣrit* = ⟨cunéiforme⟩) d'une manière marquée
(*parkiš*), *cf.* No. 69, Rs. 4.

No. 92, Rs. 4, lire *kamtu* et non *KAMUD*, c'est le même mot
qu'au No. 72, Rs. 6.

No. 93, Rs. 4, lire *šumma NA GIR DI* ⟨cunéiforme⟩ [⟨cunéiforme⟩],
pour le terme ⟨cunéiforme⟩ voir plus haut.

No. 97, Rs. 11, *kabsu* est certain ; l. 12, lire *kubšu* (⟨cunéiforme⟩ [360])
eli, etc. Le mot *šippu* (No. 72, l. 6) est à retenir.

---

[357] No. 33, Rs. 9, on a [⟨cunéiforme⟩] *kutaltum išariš iṣrit* : Si le sillon
postérieur est régulièrement (en ligne droite) tracé. Ici au lieu de *kutaltum* on a
ariktum, d'où l'on conclut que *ariktum = kutaltum*, ce qui confirme l'explication
donnée par Jensen, *K.B.*, VI, 464.

[358] Dans les corrections Knudtzon a rectifié sa transcription, le point d'interrogation est à biffer.

[359] Le *niru* (*GIR*) est un terme fréquent dans l'haruspicine (voir plus haut).

[360] Je ne connais pas la véritable transcription de ⟨cunéiforme⟩ mais l'essentiel est
de montrer qu'il s'agit ici d'un seul signe et non de deux signes séparés.

No. 107, Rs. l. 16 et l. 17, une collation de l'original pourrait seule donner les rectifications nécessaires, plusieurs signes sont erronés.

No. 125, Rs. 7, lire 〈signes cunéiformes〉 au lieu de IS . KU ZI et biffer la remarque p. 234 à propos de Rs. 7.

No. 134, Rs. 3, le signe *MIS* me paraît fautif ; il faut lire 〈signes cunéiformes〉 ; le point d'interrogation après *ṣaḫ* est superflu ; l. 4, *ina qiqittišunu* est préférable à *KU kittišunu*.[361]

Ces quelques réserves, qui m'ont été suggérées par l'étude du travail de Knudtzon et n'ont pas la prétention d'être complètes, montrent la nécessité d'une collation à faire sur les originaux. Cependant l'importance de ces documents étant presque nulle, puisque ce ne sont que des extraits de tablettes plus considérables, qui se copient invariablement, il ne vaut pas la peine de s'y arrêter. Ce qui est utile, est contenu dans l'invocation à Schamasch et c'est aussi la partie la plus solide et la plus neuve du travail de Knudtzon. Il y aurait en revanche urgence à faire paraître dans leur ensemble les tablettes spéciales de la classe à laquelle appartiennent K. 4, K. 1436 + K. 1523 et K. 159 publiées en partie par G. Smith (*History of Assurbanipal*) et d'une manière complète par S. A. Smith.[362] L'on remarque dans la partie augurale de chacun de ces trois textes deux sections. Dans la première (K. 4, ll. 1–11 ; K. 1436 + K. 1523, ll. 1–13 ; K. 159, ll. 1–13) sont indiqués non seulement l'observation des diverses localités fatidiques de la victime mais souvent aussi le présage qui s'ensuit ; dans la seconde (K. 4, ll. 12-17 ; K. 1436 + K. 1523, ll. 14–15 ; K. 159, ll. 14–17) il est seulement fait mention de l'examen de la victime sans indication de ce qui doit arriver.[363] Ces deux sections sont du reste séparées l'une de l'autre par une barre. J'ai publié un document relatif à Assurbanipal dans DA. p. 47 (K. 102) ; quelques erreurs à signaler dans mon édition. Nous ne savons malheureusement pas à quel propos le roi consulte l'oracle dans K. 4.

---

[361] Voir la remarque au No. 57.

[362] *Keilschrifttexte Asurbanipals*, Heft III.

[363] Voir mon article intitulé : La consultation de l'oracle à l'époque d'Asurbanapal, *P.S.B.A.*, Vol. XXIV (1902), p. 229, et Vol. XXV (1903), pp. 23-29, et pp. 75-81 (où il y a quelques erreurs).

1. [⟨cuneiform⟩]

Si le na *se trouve* (šakin), *si le* niru (gir) *se trouve* (šakin)

2. ⟨cuneiform⟩

Si le — ? se trouve, la gauche du și *est — ?* (ṣamid[364])

3. ⟨cuneiform⟩

à la tête du dessus gauche du lobule une pointe (zibu) *se trouve-t-elle et*

4. [⟨cuneiform⟩]

la tête du lobule voit-on, son désir ([ṣume]ratsu ?) *l'ennemi atteindra* (kašdu)

5. [⟨cuneiform⟩]

si sur le bir *une pointe* (zibu) *se trouve* (šakinma) *et de droite*

6. [⟨cuneiform⟩]

*à gauche se lève, mon armée de l'*himṣu *avec l'armée ennemie mangera*

7. ⟨cuneiform⟩

si le gibšu *à gauche du* și *chevauche, (il y aura) affluence?* (gibšu) *de l'armée ennemie vers mon pays*

8. ⟨cuneiform⟩

Si la partie supérieure (eliti) *va et vient* (alik)

9. ⟨cuneiform⟩

Si la bamâtu *sur le* kubšu *chevauche*

10. ⟨cuneiform⟩

si à la gauche du foie? une trace (empreinte), (si) le kaskasu *sa tête est fendue* (paṭir)

364 *ṣa-mi-id* ou *ṣa-mi-il*, voir plus haut, p. 51, l. 28.

11. ⸻

si l'intestin 14, *l'intérieur du mouton est sain*

12. ⸻

si la base du na *se trouve, si à la tête du dessus gauche du lobule*

13. ⸻

une pointe (zibu) *se trouve et qu'on voit la tête du lobule*

14. ⸻

si le gibšu *à gauche du* și *chevauche*

15. ⸻

si à la gauche du foie? une trace (empreinte?) (si) le kaskasu *sa
tête est fendue* (pațir)

16. ⸻

si dans le rîmu [365]? *à gauche du lobule et vers le côté du dessus
du lobule au milieu*

17. ⸻

un enfoncement? est placé, 5 *signes contraires dedans*

Il s'agit d'une demande faite par Assurbanipal pour savoir si
réellement Šamaššumukîn le frère infidèle s'enfuira vers l'Elam (l. 29,
Rev.). Le sens de ⸻ est : contraire, opposé, défavorable,[366]
c'est-à-dire, qu'il y a (l. 17) 5 indices défavorables (ou plutôt contraires). Assurbanipal avait entendu ceci : Šamaššumukîn vers Elam
s'enfuira,[367] mais il tient à s'assurer qu'il en sera bien ainsi.
L. 29, Rev., 5 signes contraires dedans, cela n'est pas bon.

Il convient à propos de ces signes contraires de citer un passage

[365] Sein, matrice, mais quel est le sens ici? Il s'agit de quelque chose en
rapport avec le foie, si ⸻ est vraiment le lobule de Spiegel.

[366] DA. p. 226, l. 18, *ina TAG-ti bartum* (*uššurtum*) l. 13, *ina lâ šalimti*
(*DI-ti*) *bartum* (*uššurtum*). D'où l'on conclut que ⸻ = contraire, anormal,
irrégulier, opposé.

[367] Rev., ll. 25, 26, 27.

curieux de Suétone (*Othon*, ch. 8). "De plus il (Othon) entra en campagne le jour même où les prêtres de Cybèle commencent leurs chants funèbres, et malgré les augures les plus funestes; car la victime immolée à Pluton n'offrit que des signes favorables *tandisque dans un tel sacrifice les signes pour être heureux doivent être contraires.*"[368] Nous avons vu plus haut qu'il y avait des cas où en effet les signes contraires étaient interprétés dans un sens favorable (page 57, ll. 5, 6, 7); l'art divinatoire consistait à mettre en contradiction les diverses solutions, qui découlaient de l'examen des entrailles, afin que le *bârû* initié aux mystères pût s'enorgueillir d'une sagesse hors de la portée du commun des mortels. Ce qui paraissait défavorable aux yeux de la masse, avait pour le devin un sens opposé suivant qu'il lui plaisait de s'appuyer sur tel ou tel article du code augural. Et c'est ainsi que l'haruspicine était un terrain propice à l'éclosion des théories les plus paradoxales et les plus déconcertantes.[309]

K. 159.[70]

1. Šumma NA šakin GIR (niru) II-ma GIR (niru) šumêlu eli GIR (niri) imni šakin

   Si le na *se trouve que le* niru *est double et que le* niru *gauche sur le* niru *droit se trouve*

2. nakru kakkêšu eli kakkê rubi SIS-meš

   l'ennemi ses armes sur les armes du prince l'emporteront?

3. šumma DAN lâ šakin nipḫu

   si le dan *ne se trouve pas, embrasement?*

4. šumma ina imitti NA U inadi-(di) šalimti-(ti) ummâni-(ni)

   si à la droite du na *le* u *est placé, salut de mon armée*

[368] "Quum tali sacrificio contraria exta potiora sint."

[369] "Si d'une manière normale (heureuse) le *gir* (*niru*) est plus grand que ses proportions habituelles, ce n'est pas favorable, dans le cas non favorable (heureux) c'est favorable," K. 4066 (Catalogue): *Šumma ina šalimti-(ti) niru eli minatešu rabi-(bi) lâ DI-at ina lâ šalimti-(ti) DI-at.*

[370] S. A. Smith.

5. šaniš nasukku u šarru (parakku)
   ou bien du chef? et du roi

6. šumma šumêlu (šumêlitu) ṢI ṣamid (ṣamit) pirik-ka mâti nakri
   si la gauche du ṣi est — ?, séparation du pays ennemi

7. šumma ŠU . SI u BIR šalmu
   si le šusi *et le* bir *sont sains (normaux)*

8. šumma kutal ḪAR [371] imni nakis nikis qaqqadi
   si le derrière du foie est coupé (contusionné), décapitation

9. šanie-(e) ṭêmu ša ummâni-ia
   changement de l'esprit de mon armée

10. šumma eliti-(ti) alik-(ik)
    si la partie supérieure s'en va

11. šumma bamâtu eli kubši ḪUSI u qablitum-(tum) išidṣa uššur
    si la bamâtu *sur le* kubšu *chevauche et que le milieu sa base est
    ouverte (partagée)*

12. šumma kaskasu ḫaliq (ebi ?) irru saḫirûti XIV
    si le kaskasu *est séparé (divisé) que l'intestin est* 14

13. libbu šu'i išalim
    l'intérieur du mouton est sain

14. šumma GIR (niru) II-ma GIR (niru) šumêlu eli GIR (niru)
    imni šakin
    si le niru *est double et que le* niru *gauche sur le* niru *droit se
    trouve*

15. šumma DAN lâ šakin ina imitti NA U nadi
    si le dan *ne se trouve pas, qu' à la droite du* na le u *est placé*

---

[371] = *ḫašû*, *A.S.K.T.*, p. 82, l. 23, et *ḫašû* = *takaltu*, Meissner, *M.V.A.G.*,
1904, p. 24. 𒐊𒂖 est une partie bien définie des 𒄷𒌁 𒁹 (entrailles)
comme le montre K. 13423 (Catalogue): Si un homme souffre des entrailles et que
sa maladie vers son 𒐊𒂖 ░░░ .

16. šumma kutal ḪAR imni nakis (gi-is)

    si le derrière du foie droit est coupé

17. šumma bamâtu eli kubši ḪU.SI

    si la bamâtu *sur le* kubšu *chevauche*

18. V TAG-meš ina libbi

    5 *signes contraires dedans*

19. damqûtišu iânu

    ses (signes) favorables il n'y a pas

20. TAG-át

    c'est contraire

Assurbanipal consulte la divinité pour s'informer si Nabûbêl—šumâte (écrit ici šimâte) réussira à se mettre à la tête d'une grande coalition contre l'Assyrie. Pour ces événements tels qu'ils se sont passés en réalité, consulter les différents manuels d'histoire.

L. 4. *nasukku* = *nasiku*? chef; *parakku* = roi. L. 11. 𒀀 𒁀 = *bamâtu*, voir *P.S.B.A.*, Vol. XXV (1903), page 23, note 2 ; *kubšu* d'après Del., *H.W.*, p. 316 = coiffure, ce qui recouvre la tête ; quant à *bamâtu* j'ai montré qu'il se rapportait également à la tête ; je ne sais s'il s'agit dans notre document de la tête de la victime, cependant je serais très porté à croire que ces termes désignaient des emplacements fatidiques dans les entrailles.

K. 1523 + K. 1436.[372]

Ce texte a été transcrit et traduit par moi dans *P.S.B.A.*, Vol. XXIV (1902), page 231 ; j'estime donc inutile de reproduire cet article ici et en indiquerai seulement quelques rectifications. J'ai cru longtemps que 𒅗 𒁉 𒀊 = KA-BI-AB était une lecture plus ou moins idéographique d'un verbe *kabâbu* = bomber ; cependant 𒀊 ayant aussi la valeur *is, iṣ* il me paraît plus prudent de lire *kabis* de *kabâsu*, fouler, comprimer. Voir K. 2912 : Si le *na* et le *gir* sont comprimés (*kabsuma*), et que l'examen n'est pas favorable ; cela est dit aussi du *di*, K. 4028. L. 7. *kutallu* = derrière (d'après Jensen) et c'est ainsi qu'il faut traduire plutôt que par muraille, il en est de même à la ligne 8. L. 10. KAK.ZAG.GA =

<hr>

[372] *Keilschrifttexte Asurbanipals*, Heft III.

kaskasu. L. 13. *išaṣ* confirme la lecture de DA. 2, 3, etc. (*cf.* Meissner s.v.). L. 16, au lieu de : 4 signes énigmatiques, lire 4 signes contraires. L. 27, Verso. ⸢𒀹 𒁹⸣ = il est contraire, est-il contraire ? Les trois dernières lignes sont obscures. *Bani* est un personnage connu par une lettre publiée par Harper,[373] K. 512, dans laquelle le roi le consulte au sujet d'un de ses serviteurs qui était malade.[374] Quelques remarques pour terminer ce long chapitre de l'haruspicine. Un mot qui paraît signifier oracle est *ummâtu.* King, *Babylonian Magic and Sorcery*, No. 2, Verso, l. 47, *mukîn ummat ilâni = mukîn têrêti* IV R. 54, 31*b*. Cet *ummâtu* revient K. 6483 + Sm. 791 (Catalogue) : *Šumma ummat irru saḫirûti II-ta tîb limuttim.* Si l'*ummat* de l'intestin est double, le malheur surgira (voir plus haut, page 88). Voir aussi Hunger Becherwahrsagung où *ummâtu* est traduit par " Masse." *Ummâtu* désigne donc 1°, un viscère ou un endroit dans les viscères, 2°, ce qui est vu dans les entrailles, oracle. Ces oracles sont écrits dans les entrailles par le dieu lui-même, King, op. cit., No. 6, Verso, l. 110, *ina libbi šu'i tašaṭar šîru*[375] : dans l'intérieur du mouton tu écris l'oracle. Un lieu fatidique de la victime était le *mukil reš* d'après les extraits de Sm. 674 donnés dans le Catalogue.

1. *Si le lieu du* mukil reš *en haut est fendu, les gardes de la muraille seront dépouillées, la garde du roi se soumettra, le trésor du palais sera enlevé (littéralem. sortira)*

    Šumma ašru mukil reš eliš paṭir maṣṣarâte dûri iqqâ maṣṣartu šarri ikannaš-(aš) niṣirtu ekalli ittaṣi

2. *Si " idem " en bas est fendu, l'ennemi devant ma grande porte jettera son* kiritu ?

    Šumma II šapliš paṭir nakru ina pân abulliia kirisu inadi-(di)

3. *Si " idem " est arraché violemment, bouleversement et trouble*

    Šumma II ekim ekim[376] ešû u dalâḫu (laḫ-ḫu)

---

[373] Vol. II, p. 204.

[374] *BA.* I, p. 196.

[375] King, No. 18, l. 7, Verso : tu examines leurs ⸢𒑱 𒍢 𒄑⸣ (entrailles), c'est-à-dire, ce qui se passe au fond de leurs cœurs.

[376] *ukkum* ?

4. *Si en haut du* mukil reš *il y a un enfoncement* (u), *chute de celui qui marche en tête de mon armée*

šumma êlânu mukil reš U nadi-(di) miqitti alik pân ummâni-(ni)

5. *Si en bas du* mukil reš *il y a un enfoncement, le dieu Adad contre le pays parlera d'une manière redoutable (douloureuse)*

[šumma šap]lânu mukil reš U nadi-(di) ilu Adad eli mâti marṣiš-(iš) išasi-(si)

Remarques.

iqqâ de נקה, Esaïe iii, 26 ; l'assyrien *naqû* a le même sens que l'hébreu. A en juger d'après ce que dit le Catalogue à K. 14175 𒀀 𒈨 = *mukil reš* serait la partie antérieure, ce qui est devant par opposition à *kutal* (*kutallu*) ce qui est derrière. Ici il y a un sous-entendu ; après *mukil reš* il faut suppléer peut-être 𒈨 (*cf.* Rm. 106). J'ai fait allusion (page 61) à Sm. 753, dont le catalogue nous donne l'extrait suivant.

1. *Si le* šusi *ses bases sont stables et que sa tête sur sa droite et sa gauche tombe, le prince le pays de son ennemi sa droite et sa gauche, sa main s'emparera*

šumma ŠU . SI išdeša kânûma qaqqadṣa eli[377] imittiša u šumêlitiša imaqqut-(ut) rubû mât nakrišu imittušu u šumêlitušu qâtsu ikaššad-(ad)

2. *Si le* šusi *sa droite et sa gauche des* taiarâti — ?, *invasion de sauterelles*

šumma ŠU . SI imittuša u šumêlituša taiarâti sandat, tebut-(ut) âribe

3. *Si le* šusi *sa droite et sa gauche comme des* šaššaru *sont fendus, invasion de sauterelles*

šumma ŠU . SI imittuša u šumêlituša kîma šaššare paṭrat-(at) tebut-(ut) âribe

4. *Si le* šusi *est tiré (tendu),*   *embrasement?*

šumma ŠU . SI šalḫat   nipḫu

---

[377] ḪA-KA est peu probable.

5. *Si le* šusi *est tiré (tendu) et plus grand que ses proportions habituelles, embrasement*

šumma ŠU . SI šalḫatma eli minâteša rabi-(bi) nipḫu

6. *Si le* šusi *est tiré (tendu) et que sa base est détachée ?, la muraille s'écroulera*

šumma ŠU . SI šalḫatma išidṣa ZI . IR (= iḫḫilṣa) dûru imaqqut-(ut)

7. *Si la tête du* šusi *le dos du* šusi *au milieu touche, les jours du prince seront accomplis, accomplissement du règne (long règne)*

šumma reš ŠU . SI ṣêru ŠU . SI qabli teḫi ûme rubi iggammarû labarit-(it) pale

8. *Si le* šusi *se tient (ferme, droit), le roi aura un dieu protecteur*

šumma ŠU . SI naziz šarru ilu lamassu iši-(ši)

Remarques.

L. 3. TAG-(sic)GAM-ME = *šaššaru*, Meissner, *Supplem.*, 99, et Thompson, *Devils*, Vol. I, p. 183, l. 10, *šaššaru ša ṣarpi* = pruning-knife. Ll. 4, 5, 6. *šalâḫu* a le même sens que l'hébreu שָׁלַח, tendre, tirer, distendre, étendre. L. 6. ZI . IR est un idéogramme d'un verbe הלצא, Del., *H.W.*, p. 279, et Thompson, *Devils*, p. 40, l. 2. Je laisse complètement de côté la lettre traduite par van Gelderen, *B.A.*, IV, p. 512; quelques termes de cette missive sont obscurs et la traduction de van Gelderen laisse à désirer. Ce document à mon sens n'a rien à voir avec l'haruspicine.

L'empyromancie.

Quelques documents mentionnent la pyromancie qui était pratiquée par les Babyloniens. On observait les différentes couleurs de la flamme ou de la fumée, on écoutait le crépitement du feu, on comptait le nombre des petites langues de feu. Le plus considérable de ces documents est K. 4097 + Rm. 93 + Rm. 544, qui dans un paragraphe donne aussi des présages d'après l'aspect de la farine dissoute dans de l'eau. Le dieu *Nusku*, comme on peut le comprendre, avait sa place dans ces rites pyromantiques (*cf.* K. 3821) car il servait d'intermédiaire entre le roi et la divinité : *ilu Nusku abut*

M

šarri ana Bêl išakan ? = le dieu Nusku la volonté du roi au dieu Bêl
transmettra. Ces tablettes font partie de la grande série : Si une
ville est située sur une hauteur. Voici quelques extraits de K. 4097
+ Rm. 93 + Rm. 544.

1.

*Si du feu ses flammes sont noireâtres, dans trois jours le
malade — ?*

2.

*si du feu ses flammes sont vertes, le maître de la maison et la
dame de la maison dans le deuil (kiḫullû) . . . .*

3.

si du feu ses flammes sont rougeâtres, dans trois jours . . . . .

4.

*si du feu ses flammes sont blanches, dans trois jours destruction ?
(ḫulqu) . . . . . .*

5. [378]

la dimtu *devant l'installation du sacrifice . . . .*

6. [379]

13 présages du feu la flamme   tablette

7.

*Si la flamme (le feu) qui dans (sur) un flambeau qu'on porte
brille (namir), cette maison . . . .*

[378] Le signe est écrit ainsi.

[379] Il s'agit d'extraits de la grande série : Si une ville est située sur une hauteur.

8. [signes cunéiformes]

Si la flamme "idem" est amassée (etu), souffrance (nazaq) . . .

9. [signes cunéiformes]

si la flamme "idem" est épaisse (šapu), destruction ? . . . .

10. [signes cunéiformes]

si la flamme "idem" est douce (neiḫ), (cette) maison . . . . . .

11. [signes cunéiformes]

si la flamme "idem" se répand (ittanapiš), destruction . . . . . .

12. [signes cunéiformes]

si la flamme "idem" est continue ? (kaiaman), l'intérieur de l'habitation . . . . . .

13. [signes cunéiformes]

si la flamme "idem" brûle (ṣillani [380]), l'intérieur de l'habitation . . . . . .

14. [signes cunéiformes]

si la flamme "idem" est — ? (šaliṭ [381]), l'intérieur de l'habitation . . . . . .

etc., etc.

Les mêmes observations sont faites du feu allumé dans la maison d'un particulier ([signes cunéiformes]).

15. [signes cunéiformes]

si la flamme "idem" [382] est fumante (kuttur) — ? . . . . maison

16. [signes cunéiformes]

si la flamme "idem" s'élève et s'abaisse (išaku [343] u išapil) . . . . maison

---

[380] De צלה voir aussi Meissner, *Suppl.*, 81 ; ce verbe doit indiquer un mouvement ou apparence de la flamme.

[381] *šaliṭ*, même verbe *šalâṭu*, Hunger, *Becherwahrsagung*, p. 40, l. 19.

[382] Se rapporte à [signes cunéiformes].

[383] *išaqu.*

17. *si la flamme "idem" disparaît (diminue)* (ibtenelli)[384] . . . . . .
maison

18. *si la flamme "idem" son bruit* (rigimšu) *fait entendre, sa langue présente, aggression, inimitié dans la maison de l'homme sera*

19. *si la flamme "idem" sa langue en deux divise* (izuz), ...
de l'épouse

Je saute deux lignes :

20. *si la flamme "idem" elle-même* (ramân-šu)[385] *en deux* [*divise*],
. . . . *partageront* (izuzzu)

21. *si la flamme "idem" elle-même en quatre* [*divise*], *cette maison sera détruite*

22. *si la flamme "idem" elle-même en cinq* [*divise*], *les fils pendant la vie de leur père seront divisés*[386]

---

[384] *ibtenelli* de *bâlû*, Del., *H. W.*, p. 174 ; *ibteli* en parlant du *šulmu* de l'huile Hunger, *Becherwahrsagung*, p. 46, l. 57 ; N. E. édition Haupt, page 58, l. 19 ; *ibteli išâtu* et *K. B.*, VI, 164, 19.

[385] = *ramânšu* d'après les textes hydromantiques traduits par Hunger, *Becherwahrsagung*, page 38, l. 2.

[386] = *êdeu*, partager III R. 59, No. 15, l. 50.

23.

si la flamme "idem" elle-même en six [divise], cette maison sera — ? — ? sera habitée, détruite (ibbat)

24.

si la flamme "idem" elle-même en sept (divise), le dieu de l'homme se détachera [387]

25.

si la flamme "idem" dans le buṣinnu [388] .... *en deux divise, il y aura clameur (kulum = qulum) dans la maison de l'homme ; aggression ; de la* qalâtu *de la maison de l'homme sortira*

Dans les lignes suivantes il est question des couleurs diverses que peut prendre la flamme. Je citerai encore quelques lignes de la section suivante :

26.

si de la farine jetée dans de l'eau deux fois s'en va, le dieu acceptera les requêtes de l'homme

27.

si dans de l'eau deux fois elle ne s'en va pas, mesat [389] *du dieu à l'homme*

[387] *ZI . IR* = *iḫḫilṣu* voir plus haut.
[388] Del., *H. W.*, p. 181.
[389] *mesat* = *mesâtu*, Del., *H. W.*, p. 420 = *missatum*, Meissner, *Supplem.*, p. 59. K. 3821 : ?. Si du feu dans l'encensoir (*niknakki*) des dieux fortement (*danniš*) brûle (*iqallum*) il y aura *mizzi* du dieu à l'homme.

28.
si dans l'eau elle va (ilak), comme avant

29.
si dans l'eau elle ne va pas, comme après

30.
si dans l'eau elle enfonce (iṭbu), remonte, cet homme sortira de l'épreuve

31.
si dans l'eau elle enfonce (iṭbu) ne remonte pas, cet homme ne sortira pas de l'épreuve

32.
si dans de l'eau elle s'embrase, clameur du peuple —?. . . . . . .

33.
si "idem" et que dans son milieu du feu va, (il y aura) soit du malheur soit du dommage

34.
si en deux (masses) elle se concentre (ištanappu), méchanceté [390] épreuve

35.
si vers le levant . . . . dieu ? aux sacrifices de l'homme se tiendra

36.
si vers le couchant . . . .

etc., etc.

---

[390] III R. 65, No. 1, Reverse, ll. 12, 13 ; Hunger, *Becherwahrsagung*, p. 52, l. 31, *lumun libbîm*, qui donne la transcription de cet idéogramme ; DA. 218, l. 4, *l'isku* du malheur, *l'isku* funeste.

Comme on le voit, nous avons dans ces dernières lignes un genre de divination que les Grecs connaissaient sous le nom de ἀλευρο-μαντεία ou ἀλφιτομαντεία et qui se trouve éclairci par les textes cunéiformes.[391] Ces pratiques divinatoires relèvent de l'hydromancie ; voir à ce propos l'excellente monographie de T. Hunger : *Becher-wahrsagung bei den Babyloniern*, qui me suggère deux ou trois remarques : *irtakik*, p. 46, l. 62, de *rakâku* être mince, voir plus haut page 48, note 117. *birṣu*, l. 63 = fissure, solution de continuité, fente (fréquent dans les présages des maisons). P. 48, l. 8, traduire : si l'huile a la forme d'un viscère de mouton, il y aura *emiqtum* (dépression), la dame de la maison s'en ira vers un autre.

La dernière ligne de notre texte correspond à la ligne suivante de DT. 10.

[lignes en caractères cunéiformes][392][393]

Si un homme s'approche de la divinité et qu'en rêve une parole artu (artam) *lui répond, l'*artu — ?, *le dieu sa prière a entendu.*

Lenormant avait déjà dans la *Divination et la Science des Présages*, page 130, montré que le rite de l'incubation était connu à Babylone ; ceux qui désiraient avoir des révélations s'en allaient dormir dans certains temples pour avoir des rêves, dont les devins tiraient des prédictions pour l'avenir. Un texte intéressant K. 2238 nous renseigne sur la manière dont on pouvait interpréter les réponses divines.

1. [ligne en caractères cunéiformes]

si un homme dans un rêve oui ! (anni) une fois il (le dieu) lui répond (ipulšu), réalisation du désir

[391] Bouché Leclercq, *Histoire de la Divination*, Tome I, p. 182.

[392] C'est avec raison que Jensen, *K.B.*, II., 253, traduit [signe cunéiforme] précédé de *sullu* par "Sprechtraum."

[393] Écrit [signe cunéiforme].

2. *si un homme dans un rêve oui ! deux fois il lui répond, corruption* (tazbiltum)

3. *si un homme dans un rêve oui ! trois fois il lui répond, oui sincère* (annum kînum)

4. *si un homme dans un rêve oui ! quatre fois il lui répond, embrasement ?* [391]

5. *si un homme dans un rêve oui ! cinq fois il lui répond, embrasement ?*

6. *si un homme dans un rêve oui ! il (le dieu) répète ?* (usadirma) *et lui répond, embrasement ?*

7. *si un homme dans un rêve non !* (ula) *une fois il lui répond, pas de réalisation du désir*

8. *si un homme dans un rêve non ! deux fois il lui répond, réalisation du désir*

---

[391] *niphu (nibhu) est obscur.*

9. ⟦cunéiforme⟧

si un homme dans un rêve non ! trois fois il lui répond, non sincère (ullu kinu)

10. ⟦cunéiforme⟧

ou bien destruction (ḫuluq) *du froment* [395]

11. ⟦cunéiforme⟧

si un homme dans un rêve non ! quatre fois il lui répond, embrasement ?

12. ⟦cunéiforme⟧

si un homme dans un rêve non ! cinq fois il lui répond, embrasement ?

13. ⟦cunéiforme⟧

si un homme dans un rêve non ! il (le dieu) répète ? et lui répond embrasement ?

14. ⟦cunéiforme⟧

si un homme dans un rêve à sa droite il lui répond, corruption

15. ⟦cunéiforme⟧

si un homme dans un rêve à sa gauche il lui répond . . .

16. ⟦cunéiforme⟧

l'inondation du dieu — ?

[395] Littér. farine.

Suivent quelques lignes où il est prédit ce qui arrivera, si la voix se fait entendre un certain nombre de fois devant ou derrière.

Dans K. 6964 il est fait mention de la voix de divers animaux, qui répondent à l'homme au milieu de ses rêves ; un bœuf, un cheval, un chien, un mouton, un cochon, un oiseau s'adressent à lui. Ceci nous amène directement au genre de divination connu sous le nom d'oniromancie ; cet important chapitre de la littérature augurale trouvera sa place dans le prochain volume.

TRADUCTION ET TRANSCRIPTION DE QUELQUES-UNS DES TEXTES PUBLIÉS DANS MES *DOCUMENTS ASSYRIENS RELATIFS AUX PRÉSAGES.*
K. 7000 (DA. page 6).

Ce document important se rapporte à l'haruspicine. Les corrections que j'ai pu faire, grâce à des photographies, permettent de donner un texte aussi exact que possible.

TRANSCRIPTION ET TRADUCTION.

1. Šumma DAN paṭir-(ir) qiṣrûa[396] issapaḫû

   si le dan *est fendu, mes forces seront disséminées*

2. šumma DAN ibbalkitu-(tu) tebû mukil reš limuttim ina kakki ummâni-(ni) šubatsa-(ṣa) innakar-(ár) ilâni ina zumri ummâni-ia ittesû

   si le dan *est déplacé, aggression ; l'agent de malheur ; dans le combat mon armée sa position changera ; les dieux s'éloigneront du corps de mon armée*

3. šumma DAN šittašu KID-ma šulultašu ibbalkitu-(tu) ina tubbâti URU . ZAK-ka APIN . MEŠ-ka

   si le dan ⅔ *de lui restent en place ? et que* ⅓ *de lui est déplacé, dans les* tubḫâtu *de ta ville on te —— ?*

4. šumma DAN šittašu KID-ma šulultašu ibbalkitu-(tu) u ina elišu U inadi-(di) ina tubbâti URU . ZAK-ka

   si le dan ⅔ *de lui restent en place ? et que* ⅓ *de lui est déplacé, et que sur lui un* u *est placé, dans les* tubbâtu *de ta ville*

[396] Après 𒁁𒇀 ajouter 𒀭.

5. APIN . MEŠ-kama lâ SUM-ma kâlu ?[397] iṣṣabatma bîtu innaqar-
(qar)

*on te — ?   et on ne donnera pas, tout ? sera pris, la maison
sera détruite*

6. šumma DAN ibbalkituma qaqqadsu paṭir nakruka šummerati-
šu (šummerat libbi) lâ ikaššad-(ad) ana nakrika riṣa
ibaši-(ši)

si le dan *est déplacé et que sa tête est fendue, ton ennemi
n'obtiendra pas ses désirs, pour ton ennemi il y aura secours*

7. šumma DAN ibbalkituma išidsu paṭir alik pâni ummân nakri
qâta ummâni-ia ikaššad-(ad)

si le dan *est déplacé et que sa base est fendue, celui qui marche
devant l'armée ennemie s'emparera de mon armée*

8. šumma DAN ikanniš-(iš) ašib ali adi bîtuka ana nakri
ikannaš-(aš)

si le dan *se courbe, celui qui habite la ville ainsi que ta maison
à l'ennemi se soumettra*

9. šumma DAN ikannišma BIR paṭrat-(át) aššat amêli pirištu
uṣṣû

si le dan *se courbe et que le* bir *est fendu, de l'épouse de l'homme
les mystères sortiront*

10. šumma DAN ana meni ikanniš-(iš) šarru bušû ekallišu ana
nakrišu innadin-(in)

si le dan *devant le* meni *se courbe, le roi la possession de son
palais à son ennemi sera donnée*

11. šumma DAN ana SAL . LA ŠA . TAP ikanniš-(iš) šarru maṭam
mâtišu immar-(mar) úlu rubû bitâte ardânišu ireddi-(di)

si le dan *à la — ? du* šatap *se courbe, le roi verra l'amoindrisse-
ment de son pays, ou bien le prince gouvernera les maisons de
ses sujets*

12. šumma DAN ana IS.KU (zibu) itûrma ŠA.TAP iredi-(di)
šakin lišâna ina libbi ummâni-ia illakû

si le dan *devient un* zibu [398] *et suit de près (domine ?) le* šatap,
des protestations partiront du milieu de mon armée

13. šumma DAN ana IS.KU (zibu) itûrma ŠA.TAP iredi-(di)-ma
qaqqadsu GU ṣabit šakin lišâna ina libbi ummâni-ia illakûma iṣṣabatma iddâk

si le dan *un* zibu *devient et suit de près (domine ?) le* šatap
et que sa tête est retenue au gu *(ou tient le* gu*), des protestations partiront du milieu de mon armée, elle sera prise et
massacrée*

14. šumma DAN ibbalkituma qaqqadsu GU ṣabit qiṣra qâtiia
nakru ilaqqi

si le dan *est déplacé et que sa tête tient le* gu, *l'ennemi prendra
la possession de mes mains*

15. šumma DAN ibbalkituma arkatsu paṭrat-(at) niṣirtuka **ana**
nakri uṣṣi

si le dan *est déplacé et que sa partie postérieure est fendue, ton
trésor vers l'ennemi sortira*

16. šumma DAN ibbalkituma ana IS.KU (zibu) itûrma ME.NI
innamir ina kakki nakru sadirka ina ûme rûqûte erib-(ib)
mâr šipri

si le dan *est déplacé et devient un* zibu *et qu'on voit le* meni,
*dans le combat l'ennemi te pressera, dans les jours futurs
arrivée d'un messager*

17. šumma DAN ibbalkituma ana IS.KU (zibu) itûrma ME.NI
innamirma arkatsu paṭrat-(at) mâr šipri ša sarrâti erruba-
(ba) [399]

si le dan *est déplacé et devient un* zibu *et qu'on voit le* meni
*et que sa partie postérieure est fendue, un messager de
duplicité entrera*

[398] L'on peut aussi traduire : si le *dan* se transforme en *zibu*.
[399] Dernier signe ▸⊏⊤.

18. šumma DAN ibbalkituma ana IS.KU itûrma KA.DUG.GA
    innamir ummâni-(ni) ina pân ummân nakri izzaz-za [400]

> *si le* dan *est déplacé et devient un* zibu *et qu'on voit le*
> kadugga, *mon armée se tiendra en présence de l'armée*
> *ennemie*

19. šumma DAN ibbalkituma ana IS.KU itûrma elû innamir
    SIG-ú (šaplû) ḪU.SI IMER erruba-(ba) [401]

> *si le* dan *est déplacé et devient un* zibu *et qu'on voit le haut,*
> *celui qui est en bas sera élevé, le — ? entrera*

20. šumma DAN ana IS.KU (zibu) itûrma šaplû innamir tud-
    dannanma nakraka tasakip [402]

> *si le* dan *est déplacé et devient un* zibu *qu'on voit le bas,*
> *tu seras très fort et tu renverseras ton ennemi*

21. šumma DAN ana IS.KU itûrma šubat šumêlitu innamir
    ummâni-(ni) mukil reš damiqtim ilaqqi

> *si le* dan *un* zibu *devient et que la* šubtu *gauche on voit,*
> *mon armée un agent de bonheur prendra*

22. šumma DAN ana IS.KU (zibu) itûrma NA innamir erib-(ib)
    mâr šipri

> *si le* dan *un* zibu *devient et qu'on voit le* na, *entrée du*
> *messager*

23. šumma DAN ana IS.KU (zibu) itûrma ṢI innamir ummâni-(ni)
    ema illaku-(ku) zitta ikkal

> *si le* dan *devient un* zibu *et qu'on voit le* ṣi, *mon armée là*
> *où elle ira, se nourrira de détresse*

24. šumma DAN ana IS.KU (zibu) itûrma šarir u imaqqut-(ut)
    tazmirtum nukurtum

> *si le* dan *un* zibu *devient, se raidit ? et tombe, gémissement,*
> *inimitié*

---

[400] Après 𒀭 𒅗 lire 𒂊 𒌋 𒀭 𒍑.

[401] Les trois derniers signes sont : 𒄖 𒌍 𒁹.

[402] Au lieu de 𒄑 lire 𒄑.

25. šumma DAN IS . KU pânišu abiktum (šilimtum ?) ina ûme
rûqûte [403] GUD . UD-it nêše

si le dan *un* zibu *est devant lui ; défaite ; dans les jours futurs
apparition de lions*

26. šumma DAN IS . KU pânišuma ina ḫirišunu U inadi-(di) ina
kakki girû imaqqut-(ut)

si le dan *un zibu est devant lui et qu'entre eux un enfoncement* [404]
(trou) est placé, dans le combat l'ennemi tombera

27. šumma elânu DAN IS . KU šakinma elû innamir qamtum
(kamtum) kakku u ŠU . NIR

si en haut du dan *un* zibu *se trouve et qu'on voit le haut,
hostilité ?, combat et — ?*

28. šumma šaplânu DAN IS . KU šakinma šaplû innamir ana rubi
šir zumrišu aiumma ana limuttim itebbišu

si en bas du dan *un* zibu *se trouve et qu'on voit le bas, pour
le prince, quelque chose atteindra son corps pour le mal*

29. šumma DAN zibe (IS . KU-meš) ṣaḫir mâtu rubi . . . . [405]
šubtu neḫtu ittašab-(ab)

si le dan *est entouré de* zibus, *le pays du prince . . . . , une
demeure tranquille sera habitée*

30. [šumma DAN] U-meš ṣaḫir ilu TI . PAL I . ZI-meš ikkal
si le dan *est entouré de trous ?, le dieu dévorera le* tipal *des* izi

31. [šumma DAN] ṣaḫir KU (ṭêmu) mâti iššanni-(ni) [406]
URU . ZAK-ia nakru ilaqqi-(qi)

si le dan *est entouré (enveloppé), l'esprit du pays sera transformé, l'ennemi prendra ma ville*

32. [šumma DAN] ṣaḫirma ina libbišu U innadi-(di) URU . ZAK-ia
nakru ilaqqi-(qi)

si le dan *est entouré et que dans son intérieur un enfoncement
(trou) est placé, ma ville l'ennemi prendra*

---

[403] Au lieu de ⊢⟨⟨ lire ⊢ ⟨⟨.

[404] U désigne aussi le lobule de Spiegel (voir plus haut).

[405] Après ⊢𒐉 une lacune.

[406] ⟨⟨ 𒑰 est rendu aussi par *ušanni*, *cf.* Craig, *A.A.T.*, 93, l. 14.

33. [šumma DAN] ZI ? (GI ?) . A sahip nakamṭa išâtu ikkal

si le dan *le — ? renverse, le feu dévorera le trésor*

34. . . . . meš   ḫušaḫḫu ina mâti ibašši-(ši)

. . . .,   *il y aura famine dans le pays*

35. . . . . šakin lišâna ina libbi ummâni-ia uṣṣû

. . . . *des protestations sortiront du milieu de*

mon armée

36. . . . . UD . DU úlu libbi ekalli pirištu bêlišu uṣṣû

. . . . *ou bien de l'intérieur du palais sortiront*

les mystères de son maître

37. . . . . TIG . TUR [407] šakin-(in) libbi ekalli

pirištu bêlišu uṣṣûma iṣṣabatma iddâk [408]

. . . . *a la forme d'un* tiktur, *de l'intérieur du*

palais les secrets de son maître sortiront, il sera pris et tué

38. [409] . . . . (signes cunéiformes)

. . . . libbi ekalli pirištu bêlišu ilaqqima

ḫâit

. . . . *de l'intérieur du palais les secrets de*

son maître il prendra et — ?

39. . . . . ut amêlu ekalla ireddi-(di)

. . . . *l'homme le palais gouvernera*

40. . . . . mâr šipri ša mâti nakri ana šarri

itebbi-(bi) [410]

. . . . *le messager du pays ennemi au*

(vers le) roi s'avancera

[407] Un produit végétal.

[408] Lire ainsi la fin de la phrase : (signes cunéiformes).

[409] Cette phrase a été omise dans mon édition.

[410] Lire (signe) au lieu de (signe).

41. . . . . zu[411]-ú ana rubi itebbi-bi [412]

. . . . *inconnu ? vers le prince s'avancera*

42. [ne]-iḫ-tú

. . . . *tranquille*

VERSO.

1. . . . . MEŠ izuzzû

. . . . *seront divisés*

2. . . . . atum iḫabbatušu

. . . . *le dépouilleront*

3. . . . . šumma qabal DAN paṭir GAB . UŠ (gibšu ?)

. . . . : *si le milieu du* dan *est fendu, (il y aura)* gibšu

4. . . . . pânika ašbu amâteka ana nakri [413] ušeṣṣû (uštenissû)

. . . . *qui devant toi se tiennent tes paroles à l'ennemi transmettront*

5. . . . . šumma imnu (*sic !*) ekim-(kim) karti [414] ummâni-(ni)

. . . . *si le droit est arraché, — ? de mon armée*

6. karti ummân nakri

. . . . *— ? de l'armée ennemie*

7. . . . . TUR TAG-meš rubû mâtsu urappaš-(aš) ma ana pânišu ušallak

. . . . *seront frappés, le prince son pays agrandira et devant lui fera prospérer*

411 ➤𒁹 plutôt que 𒂘.

412 𒐊 et non 𒐊.

413 ✶ et non ✶ ; même phrase dans Hunger, *Becherwahrsagung*, page 44, l. 44.

414 Après 𒐊 ajouter ➤𒁹.

8. . . . . [GI]-NA-meš ＾ šumma DAN lâ šakin nipḫu

. . . . *seront stables ? : si le* dan *ne se trouve pas,
(il y aura) embrasement*

9. . . . . ir [415] mukil reš damiqtim

[*si le* dan *est — ?*], *agent de bonheur*

10. . . . . ir mukil reš limuttim

[*si le* dan *est — ?*], *agent de malheur*

11. . . . . mudu ina eqli šulmi-(mi) ilâni itti ummâni-ia illakûma nakra adâk

. . . . — *? dans la campagne prospère, les dieux avec
mon armée marcheront et je tuerai l'ennemi*

12. [šumma DAN ulluṣ] ulluṣ libbi ummâni-(ni) ＾ šumma DAN
kima ZA . NA . UŠ ummân rubi miḫra lâ iši-(ši)

[*si le* dan *est dilaté ?* [416], *joie du cœur de mon armée : si le* dan
est comme un munu *?* [417], *l'armée du prince n'aura pas de
rivale*

13. [šumma DAN . . . . . .] rubû [418] ṣumrat libbiša lâ ikaššad-(ád)

[*si le* dan] *est — ? le prince n'obtiendra pas le désir de son cœur*

14. [šumma DAN ulluṣ] ulluṣ libbi ummâni-(ni)

si le dan *est dilaté ?, joie du cœur de mon armée*

15. [šumma DAN . . . . . .] irdi-(di) ûme rubi errikû

[*si le* dan . . . . . .] *suit de près (domine), les jours du prince
· seront longs*

16. [šumma DAN ana [419] . . . .] uštelim rigmu-(mu)

[*si le* dan *vers le — ?] s'élève, clameur*

---

[415] ⋺⃫ et non ⋺⃫ .

[416] Voir plus haut page 105 où ce mot est traduit hypothétiquement par
plantureux, tandisqu'ici je traduis par " dilaté " sans vouloir rien préciser.

[417] Un petit animal.

[418] Lire ►𝈹 et non ⋝𝈹 ?

[419] Après *ana* faut-il restituer ⊏𝈱 (*zibu*) d'après des passages similaires ?

17. [šumma DAN ana ....] uštelimma elišu GAB ḫattum ana
ummân nakri imaqqut-(ut)

[*si le* dan *vers le* — ?] *s'élève et sur lui une fissure, la crainte
tombera sur l'armée ennemie*

18. [šumma DAN] ...... arim,[420] nipḫu

si le dan *de* — ?] *est* — ?, *embrasement*

19. [šumma DAN eli] minâtišu irtabi-(bi) nipḫu

si un dan *est plus grand que ses proportions habituelles, embrasement*

20. [šumma DAN] GAB-meš tebu-ut ummâni-(ni)

[*si le* dan *a*] *des fissures, soulèvement de mon armée*

21. šumma DAN GAB-meš-ma GAB-meš-šu sâmu ṣarpu tebu-ut
ummân Sutti ana mâti-ia

si le dan *a des fissures et que ses fissures sont colorées en rouge,
invasion de l'armée des Suti dans mon pays*

22. šumma DAN GAB-meš-ma GAB-meš-šu sâmu pilâ ṣarpu
tebu-ut âribe ana mâti-ia

si le dan *a des fissures et que ses fissures sont colorées en rouge
pilâ,*[421] *invasion de sauterelles dans mon pays*

23. šumma DAN GAB-meš-ma GAB-meš-šu urqu ṣarpu kalbe
imâtû

si le dan *a des fissures et que ses fissures sont colorées en jaune,
les chiens mourront*

24. šumma DAN ṣalmu iši ummâni-(ni) ilâniša ezzibûša &
šumma DAN uruq ummâni-(ni) mê ikallû

si le dan *est noir, mon armée ses dieux l'abandonneront : si le
dan est vert, mon armée les eaux l'arrêteront*

25. šumma DAN raḫiṣ-(iṣ) zanan-(an) šame-(e)

si le dan *est mouillé, pluie des cieux*

---

[420] *arim* de *arâmu,* voir plus haut page 96, où le sens de "encadrer, border"
est hypothétique.

[421] *pilâ* = *sâmu, cf.* Jensen, *K.B.,* VI, 570 et *pilâ* = rouge ; traduire : brun
rouge.

26. šumma DAN rapiš-(eš) rûbû ina ekalli-šu pû etilli išakan-(an)

> *si le* dan *est ample, le prince dans son palais un ordre de despote donnera*

27. šumma reš DAN parit (pašiṭ [422]) ummâni-(ni) ilâniša ezzibûši

> *si la tête du* dan *est tranchée (mutilée), mon armée ses dieux l'abandonneront*

28. šumma qabal DAN parit (pašiṭ) mâtu ilâniša ezzibûši

> *si le milieu du* dan *est tranché (mutilé), le pays ses dieux l'abandonneront*

29. šumma išid DAN parit (pašiṭ) ummâni-(ni) kišpu iṣabbatûšu

> *si la base du* dan *est tranchée (mutilée), mon armée les maléfices (l'ensorcellement) la saisiront*

30. šumma DAN pilsu nuballum ummâni-(ni) imaqqut-(ut)

> *si le* dan *est — ?, le* nuballum [423] *de mon armée tombera*

31. šumma DAN šabiṭ miqitti-(ti) ummâni-(ni) ⟡ šumma DAN sâmu [424] ṣarip napaḫ išâti

> *si le* dan *est contusionné ?, chute de mon armée : si le* dan *est coloré en brun, embrasement du feu*

32. šumma DAN ipir (ibir) rigmu — ? [425] ina mâti ibašši-(ši)

> *si le* dan *est — ?, clameur de — ? dans mon pays sera*

33. šumma ištu išdi DAN uṣurtu ana puridi [426] šumêli išrit nêšu innandarma alaktu ipparras-(as)

> *si depuis la base du* dan *un sillon vers la jambe gauche est tracé, un lion rugira et la marche sera empêchée (arrêtée)*

---

[422] *parid* de *parâdu* ?

[423] *nuballum* ou *nupallum* engin de guerre, bélier ? ; pour ce mot voir Jensen, *K.B.*, VI, 416 ; *pilsu* d'un *palâsu* ; mais je ne suis pas certain de la véritable lecture.

[424] ⟣ (*sic !*).

[425] Entre ⟤ et ⟝ un ou deux signes indistincts.

[426] *puridu* = jambe d'après Jensen ; à remarquer que le *dan* en est voisin.

34. šumma ištu puridi šumêli uṣurtu ana išdi DAN iṣrit nêšu
innandarma idâkûšu

si depuis la jambe gauche un sillon vers la base du dan *est tracé,*
un lion rugira mais on le tuera

35. šumma ina DAN uššurtum-(tum) AN.KU úlu atalû

si dans le dan *il y a une ouverture (lésion), famine ? (épidémie ?)*
ou éclipse

36. šumma ina DAN uššurtum-(tum)-ma ina pî uššurtum-(tum) U
inadi-(di) ḫattum ana ummâni-(ni) imaqqut-(ut)

si dans le dan *il y a une ouverture et qu'à l'entrée de l'ouverture*
il y a un U *(enfoncement), la crainte tombera sur mon armée*

37. šumma ina imitti DAN U inadi-(di) miqitti-(ti) ummâni-(ni)
✦ šumma ina šumêliti DAN U inadi-(di) miqitti-(ti) ummân nakri

si à la droite du dan *il y a un enfoncement, chute de mon armée :*
si à la gauche du dan *il y a un enfoncement, chute de l'armée*
ennemie [427]

38. šumma·ina imitti DAN u šumêliti DAN U inadi-(di) GAB.UŠ

si à la droite du dan *et à la gauche du* dan *il y a un enfonce-*
ment ?, il y aura abondance ?

39. šumma DAN ina šibbi imni ME.NI šakin-(in) ekalla rubi
nakru ilaqqi-(qi)

si le dan *est placé dans le* šibbu *droit du* mênu, *l'ennemi prendra*
le palais du prince

40. šumma DAN ina šibbi šumêli ME.NI šakin-(in) ekalla nakri
rubû ilaqqi-(qi)

si le dan *dans le* šibbu *gauche du* mênu *se trouve, le prince*
prendra le palais de l'ennemi

41. šumma ME.NI NE.NE.KU rigmu ina mâti ibašši-(ši)
si le mênu *— ? clameur dans le pays sera*

duppu IV kan-ma KU.GAR šumma ŠI-ṬU
tablette, la quatrième de la série : si le ši.ṭu

<hr>

[427] La gauche n'est donc pas le côté défavorable.

En marge on lit :

> .... amêlu ḫabbâte (SA.GAZ-meš) išširma lâ iḫḫabbat
>
> .... *des Bédouins (pillards) réussira et ne sera pas dépouillée*

Rm. 2, 103.
DA., p. 11.

Ce document magnifique, l'un des plus complets que je connaisse, a été collationné à l'aide de photographies et se rapporte comme le précédent à l'examen des viscères.   K. 1401*a* (DA. p. 95) complète ce texte.

1. šumma šumâti [428] šibi mukallimti ša NA ana pânika [429]

   si les signes (noms) du šibu *de la série* mukallimtu *du na sont devant toi*

---

2. šumma NA u niru (GIR) šaknû išid NA qabli niru (GIR) innamirma

   si le na *et le* niru *se trouvent et que la base du* na *au milieu du* niru *est vue*

3. šumma NA kabis (KA.BI.AB) niru (GIR) ekim NA GIR kabsu

   si le na *est comprimé que le* niru *est arraché que le* na *le* gir *sont comprimés*

4. šumma DAN [430] DI kabsu DAN kabis [431] (KA.BI.AB)

   si le dan *le* di *sont comprimés, que le* dan *est comprimé*

5. šumma DI [432] niru (GIR) šumêlu ṢI kabsu DI kabis (KA.BI.AB)

   si le di *le* niru *gauche compriment le* ṣi, *que le* di *est comprimé*

[428] *šumu* comme en hébreu doit aussi être pris dans le sens de אות (*cf.* Dictionnaire de Siegfried Stade).

[429] Après 𒀹 lire ainsi : [cunéiformes].

[430] 𒄊 etc.

[431] *kabis* de *kabâsu*, mais il se pourrait fort bien aussi que nous ayions une forme idéographique KA.BI.AB d'un *kabâbu* ; je ne tranche pas la question.

[432] Au lieu de [cunéiforme] ? lire [cunéiforme].

6. šumma ina šalim-tim NA kabis marṣu imât

   si dans le cas heureux le na *est foulé, le malade mourra*

7. šumma ina šalim-tim DI [433] kabis marṣu ibaluṭ-(uṭ)

   si dans le cas heureux le di *est foulé, le malade vivra*

8. šumma qabal [434] qidi (kidi) TI ana epeš(-eš) asûti u ašiputi lâ išallim

   si le milieu du qidi *est — ?, pour faire la médecine et la conjuration ce n'est pas propice*

9. šumma NIN[435]-tum kîma pirḫê ṣaḫirma NIN-tum rabima uššurtum-(tum)

   si la — ? comme des jeunes pousses est petite, et que la — ? est grande, il y aura scission

10. šumma NIN-tum išidṣa idannin ikabbirma IS . KU [436]

   si la — ? sa base est vigoureuse et épaisse, il y aura combat ?

11. šumma NIN-tum kîma lilluti [437] kîma ḫallurti

   si la — ? est comme de la — ? comme de la — ?

12. šumma NIN-tum kîma pirḫê kîma TIG.TUR uššurtum-(tum)[438]

   si la — ? est comme des jeunes pousses, comme du tiktur,[439] *il y aura scission*

13. šumma NA kîma pû ṣilli SIG emûqu ina išdišu

   si le na *est mince* [440] *? comme la bouche d'un — ?, il y aura force à sa base*

14. šumma DI kîma pû ṣilli SIG emûqu ina rêšišu

   si le di *est mince ? comme la bouche d'un — ?, il y aura force à sa tête*

---

[433] Au lieu de ⊟ lire ⟨|⊟.

[434] ⊟⟨⫶⟩ au lieu de ⟶⤬⧸; derniers signes : ⤲ ⊟ ⪤ ⟨|.

[435] Une partie fatidique de la victime.

[436] = combat, ou, si l'on transcrit *zibu* = (*digtu*) percussion, blessures.

[437] *lillutu* dans les textes de Labartu IV R. 58, 40*a* = *Z.A.* XVI, p. 170; lire ⊨||| au lieu de ⊨||↑ et ⟼ au lieu de ⟼.

[438] ⤲ et non ⤸.

[439] produit végétal.

[440] SIG = *qatânu* être mince, Jensen, *K.B.*, VI, 456.

15. šumma diḫu NA innamir ribu diḫu rabu-(ú)

si le diḫu *du* na *on voit, il y aura* ribu ;[441] *(si c'est un) grand* diḫu

16. duru arat [442] bu ra-bu ú napašu ša ma'die

? ? *agrandissement et extension des multitudes*

17. šumma DI BIR ina eli BIR eṣir ša ana damqi u limni iqbû-(ú)

si le di *du* bir *sur le* bir *est formé, on dit que c'est heureux et malheureux*

18. îneša [443] ana imitti šaknûma damiq ana šumêliti šaknûma uššurtum-(tum)

si ses yeux vers la droite se trouvent, c'est favorable, si vers la gauche ils se trouvent, scission

19. šumma NUMME (elitu) ṬU (ḫašû)-(ú) ša ina libbišu šikin U atû

si la partie supérieure du viscère ? dont à l'intérieur la position du U (lobule ?) on doit examiner ?

20. ša iqbû ittašu lâ taddannu la tušeippišu

on dit : son augure tu ne donneras pas tu ne le feras pas faire

21. ša ina libbišu šikin ŠU . SI tammaru [444] kîma iqbû-(ú)

pour ce qui concerne la position à l'intérieur, tu mesureras le šusi (*lobe*), *c'est ce que l'on dit*

22. šumma šanu-ú muni NUMME ṬU (ḫašû)-(ú) PAR [445] imnu

si le second muni *de la partie supérieure du viscère — ? à droite*

[441] *rîbu* = tremblement ; y-a-t-il un *rîbu* assyrien = hébreu רִיב querelle, discussion ?

[442] *arat*, DA. 38, l. 2, V. et 97, l. 14.

[443] Les "yeux" de ces divers organes sont fréquemment mentionnés, par ex. K. 1600 (inédit) : si les yeux du ṣi à droite se trouvent.

[444] *tâmmaru* = tu mesureras, plutôt que : tu verras. *ammar qaqqad ubâni ṣiḫirti,* Sm. 1064, traduit par Johnston, *J.A.O.S.* 18, p. 161 = the size of the tip of the little finger. *tammar* = après des chiffres ; dans K. 8865 document, qui se rattache directement au nôtre et à K. 5414a (voir le Catalogue). Ces deux textes sont de première importance pour l'étude de la *bârûtu.* K. 8865 me paraît renfermer des explications données au jeune devin touchant les mesures à prendre de certaines parties de la victime et l'apparence des viscères.

[445] *PAR* ne semble pas être un verbe.

23. nindanu ša barûti NU . UM . ME elitum

science (institution, art) des haruspices numme = elitum

24. [cuneiform signs]

elitum   imittum du ?   . . . . . tum

la partie supérieure, la droite   — ?

25. šumma šalšu muni ana amêli manma ul iqabbi

si (c'est) le troisième muni, *à un homme quelconque il ne parlera pas*

26. šumma NA niru (GIR) KA . DUG . GA DAN ME . NI DI ṢI
nikis-(is) pân ummâni nakri, RU . AŠ . TE

si le na, *le* gir, *le* kadugga, *le* dan, *le* meni, *le* di, *le* ṣi, *le trancher de l'armée ennemie, le RU . AŠ . TE* [446]

27. šumma ŠU . SI BIR u niru ina ŠU . SI asli [447] ŠU . SI rabiti-(ti)

si le lobe du bir *et le* niru *dans le lobe de la victime, le grand doigt*

28. ŠU . SI ṣiḫirti-(ti) ŠU . SI amêl barû III ŠU . SI tan manda

le petit doigt, le doigt du devin, trois doigts mesurent

29. šumma I ammatu VI ŠU . SI (ubâni) ina ŠU . SI asli ṣiḫirti-ti
siḫirti-(ti) banti

si une coudée six doigts pour le (?) de la victime, le petit autour du bantu [448]

30. šumma I ammatu VI šusi ina ŠU . SI asli banti rabiti-(ti)

si une coudée six doigts pour le — ? de la victime du bantu *grand*

31. miqitti-(ti) duri duri bûlu maṣallu purussû Šibišallat

ruine des chaumières, des abris des bestiaux, des gîtes, oracle de Šibišallat [449]

---

[446] parties fatidiques de la victime, lire ainsi [cuneiform signs].

[447] *K. B.*, VI, 418.

[448] Je ne saurais dire de quelles mesures il s'agit ; une coudée six doigts, indiquent des dimensions assez considérables prises autour du *bantu.*

[449] Personnage historique, peut-être de la même classe que ceux mentionnés dans la liste V R. 44, Col. 1.

32. ina šalimtim-(tim) damiq ina TAG-ti uššurtum-(tum) [450] kibsu
(aliktum ?) kašittum (karittum) šaknat-(at)

> *dans le cas heureux c'est favorable, dans le cas contraire, scission,
> la trace (l'aliktum) kašittum* [451] *se trouve-t-elle*

33. šêpu šumêlu ana pânišu imašširma ekal rubi (*sic !*) issapaḫ-
(aḫ)-ma

> *le pied gauche devant lui il posera et le palais du prince sera
> détruit*

34. zikiršu uṣṣi rab zikru rab šarru

> *sa renommée sortira, grand de nom grand le roi*

---

35. šumma minâte [452] ŠI.ŠI.RU ina šalimti-(ti) kišitti-ti qâti-ia

> *si les — ? sont — ?, dans le cas heureux, conquête de ma main*

36. ilu Šarru iâti annummeš [453] ša ittalku

> *le dieu Šarru (avec) moi immédiatement celui qui va*

---

37. šumma GAB imnu [454] lu ša ŠI.ṬU lu ša ḪAR I GAB lâ
damiq II GAB lâ damiq

> *si un* gab *droit soit du* ši.ṭu *soit du* ḫar *un* gab, *ce n'est
> pas favorable, deux* gab *ce n'est pas favorable*

38. III GAB damiq ina III-ši nakir-(ir) u imnu I. lâ damiq
II GAB lâ damiq

> *trois* gab *c'est favorable, dans les trois changement et à droite
> un, ce n'est pas favorable, deux* gab *ce n'est pas favorable*

---

[450] *bartum* ou *uššurtum* pris dans un sens plus général = malheur, chose néfaste.

[451] *kašittum*, II R. 43, 2, *a.*

[452] *minâti* est douteux ; 𒂍𒐊 désigne aussi une partie fatidique, voir plus haut, p. 107, l. 9 ; K. 6237 les 𒂍𒐊 du *niru* (*GIR*).

[453] *annummeš* de *annummu* = *luman*. Aurait-on *annummu* et *annummeš* ? La phrase est obscure. Pour *luman* voir Meissner, Supplem., s. *annumma* ; Zimmern, *G.G.A.*, X, p. 809 ; Jensen, *K.B.*, VI, 527.

[454] ⟨𒈬 et non ⟨𒉿.

39. III damiq ina III-ši nakir-(ir) GAB šumêlu lu ša ŠI.ṬU lu
ša (*sic !*) ḪAR I GAB damiq

trois, favorable, dans les trois, changement, le gab *gauche soit du*
ši . ṭu *soit du* ḫar *un* gab, *favorable*

40. II GAB damiq III GAB lâ damiq ina III-ši nakir-(ir) u
šumêlu I damiq II damiq

deux gab, *favorable, trois* gab, *non favorable, dans les trois*
changement et à gauche un, favorable, deux, favorable

41. III lâ damiq ina III-ši nakir-(ir) šumma ŠAG.UŠ.MEŠ
šaknû damiq

trois, non favorable, dans les trois, changement, si les — ? se
trouvent, favorable

42. šumma tarṣi aḫameš šaknû aḫameš innamrû lâ damiq

s'ils se trouvent en face ensemble, qu'on les voit ensemble, ce n'est
pas favorable

43. kartum kîma IS.KU-ma tuštappal manma ša damqu III-ma
lâ damiq.

(*si*) *la* kartu *est comme le* zibu (*IS.KU*) *et correspond, quoique*
ce soit qui est favorable, (*si*) *c'est trois, n'est pas favorable*

44. manma ša lâ damqu III-ma damiq ina III-ši [455] nakir-(ir)
ša iqbû

quoique ce soit qui n'est pas favorable, (*si*) *c'est trois, est favo-*
rable, dans les trois, changement, c'est ce qu'on dit

45. šumma ŠAG.UŠ.MEŠ šaknû lâ damiq šumma tarṣi aḫameš
šaknû aḫameš innamrû damiq

si les — ? se trouvent, ce n'est pas favorable, si en face ensemble
ils se trouvent, qu'on les voit ensemble, c'est favorable

---

46. šumma ummânka iša'lka mâ IS.KU (zibu) imnu eliš innamir
lâ damiq

si ton armée te demande ainsi " le zibu *droit est-il vu en haut,"*
ce n'est pas favorable

[455] Lire ▸ 𒐈 et non ▸𒐉.

47. IS . KU (zibu) šumêlu eliš innamir damiq mâ ina reš ṣiri imni
ŠU . SI IS . KU (zibu) šakinma eliš innamir

> " *le* zibu *gauche est-il vu en haut* " *c'est favorable ;* " *sur la tête
> du dessus droit du lobe le* zibu *se trouve-t-il et voit-on en
> haut.*"

48. mâ amminie ana damqi itûr mâ ina reš ṣiri šumêli ŠU . SI

> "*pourquoi redevient-il favorable ;*" "*sur la tête du dessus gauche
> du lobe*"

49. IS . KU (zibu) šakinma eliš innamir mâ amminie ana lâ damqi
i[tûr]

> "*le* zibu *se trouve-t-il et voit-on en haut,*" "*pourquoi ne re-
> devient-il pas favorable*"

50. mâ šîr KIN (= têrtu) ina libbi šu'i TI la [456] kî ša tu . . . . .

> "*l'augure dans l'intérieur du mouton—? prendras tu ? ? . . . .*"

51. reš ŠU . SI šapliš ŠI AL ina annie ša imnu damiq ša šumêlu
lâ [damiq] . . .

> *la tête du lobe en bas voit-on un ? dans le — ? de droite, favo-
> rable, de gauche, non favorable*

52. mâ kidu (qidu) u DI imnu innamrû damiq mâ ammini . . . .

> "*le* qidu *et le* di *droit sont-ils vus, (c'est) favorable, pourquoi ?
> . . . .*"

53. mâ kakkab ŠU . PA ina nipḫišu innamir kakkab ŠU . PA

> " *voit-on l'étoile* ŠU . PA *dans son lever, l'étoile* ŠU . PA . . . .*"

Col. II.

1. kakkab ŠU . PA . . . . pânišu šaknu iqbi-(bi)

> *l'étoile* ŠU . PA . . . . *devant lui se trouve on dit*

[456] TI . LA = *balṭu* vivant, n'est pas probable. TI = *laqû* prendre.

2. DI ilu Rammân ri [457] . . . . ilu Martu pânišu šaknu

    — ? le dieu Rammân . . . . le dieu Martu devant lui se trouve

---

3. šumma ana ta [458] . . . . maršu [459] ibaluṭ-(uṭ) ḪA . A ši

    si au . . . . le malade vivra — ? — ?

4. ? [460] . . . . nakru ? immar

    . . . . l'ennemi ? verra

5. . . . . nakru ina TAG-ti illaka-(ka)

    . . . . l'ennemi dans le cas contraire ? marchera

6. ina šalimti-(ti) . . . . . illaka-(ka) lu šarru lu amêl šangû [461]

    dans le cas heureux . . . . marchera, soit le roi, soit le prêtre

7. ina šalimti iššakan-(an) ina šalimtim-tim la iḫabbat

    dans le cas heureux elle aura lieu (l'éclipse), dans le cas heureux il ne dépouillera pas

8. ina TAG-ti iḫabbat ina šalimti-(ti) atalû lâ iššakan-(an)

    dans le cas contraire il dépouillera, dans le cas heureux l'éclipse n'aura pas lieu

9. ina TAG-ti iššakan-(an)

    dans le cas contraire elle aura lieu (l'éclipse)

---

10. ša kiṣri (qiṣri) [462] gabri BAL . BE ki

    d'après le contenu (extrait) d'un exemplaire (copie ?) d'Assur

---

[457] ⸻ et non ⸻ ?

[458] ⸻.

[459] Le signe incomplet est ⸻.

[460] ⸻.

[461] ⸻ ? ⸻ ? (ou ⸻) ⸻.

[462] III R. 63, 33 *b*, 12 *qiṣruta gabrâtum*, douze extraits copiés ? ; *qiṣru* doit avoir ici le sens de extrait, abrégé.

11. šumma NA išu ilu ina [463] niqe amêli izziz-(iz) šibušu

si le na *est, le dieu auprès des sacrifices de l'homme se tiendra,* šibušu

12. šumma ŠI.BAR [464] uššurat ina reš niqe amêli lâ [465] izziz-(iz) [466]

si le šibar *est ouvert (scindé), au sommet des sacrifices il ne se tiendra pas*

13. šumma NA kîma LID.ḪA rubû kakkešu eli kakke nakri [467] [ŠEŠ.MEŠ]

si le na *est comme un — ?, le prince ses armes sur les armes de l'ennemi* [*l'emporteront*]

14. kîma LID.ḪA-ma kibiršu ibbalkitu-(tu) ši-[bu-šu]

comme un — ? et son bord est déplacé (il y aura) šibušu

15. šumma NA kalâma [468] . . . .

si le na *tout entier* . . . .

16. šumma NA arik-(ik) ûme . . . .

si le na *est long, les jours* . . . .

17. šumma šanu-ú muni NA kîma annummat . . . .

si le second munu *du* na *comme l'*annummat [469] . . . .

18. šumma III-šu NA išquma ana nâri ṬU ikšud-(ud) [470] . . . . . .

si le troisième du na *est haut et atteint la rivière du* ṭu [471]

·19.   maškanšu umašširma an ? ma ? . . . .

sa place il abandonnera et . . . .

---

[463] Ajouter ⊱.

[464] Partie fatidique.

[465] ⟊ ou ⟊ ou ⟊ mais ⟊ me paraît plus indiqué.

[466] Derniers signes : 𒌋 𒌋.

[467] ⟊ au lieu de 𒌋.

[468] 𒌋 𒌋 𒌋 𒌋 𒌋 𒌋.

[469] Au lieu de 𒌋 lire 𒌋.

[470] Au lieu de 𒌋 ? lire 𒌋 𒌋 . . ; plusieurs phrases semblables se retrouvent dans K. 1401*a* publié DA. p. 95 ; cette ligne correspond donc à la ligne 6 de K. 1401*a* ; l. 21 correspond à l. 7 de K. 1401*a*, etc.

[471] Le *nâru* du *ṬU* et le *nâru* du *bantu* (⟨⟨⟨⟨) l. 20 désignent des lieux fatidiques dans les entrailles. L'hébreu מְטֻחוֹת (voir plus haut, p. 90, me paraît correspondre à *ṬU*.)

20. šumma IV-ú muni nâru bantu ana NA teḫi ⟨𒀭⟩ . . . . . .
   si le quatrième munu *de la rivière du* bantu *au* na *touche* . . . .

21. šumma NA išquma ana nâri ṬU la (*sic!*) . . . .
   si le na *est haut et à la rivière du* ṭu [*n'atteint*] *pas*

22. ištu maškanšu SAG . UŠ iširma [472] . . . .
   de sa place le — ? *se lèvera* . . . .

23. . . . . ? ? . . . .

24. — ? [473] ú III ? ŠU.SI uradda . . . .
   ? ? *doigts ? il ajoutera* . .

25. išadadma ana nâri ṬU . . . .
   il tire et vers la rivière du ṭu . . . .

26. šumma NA *kabis* (KA . BI . AB ?) šibušu šumma NA . . . . . .
   si le na *est foulé,* šibušu, *si le* na . . . .

27. šumma NA ṣalmu ibaši MI ša . . . .
   si le na *est noir, obscurité de* . . . .

28. šaniš GAB ṣalmu lipittum-(tum) lâ ṭâbu ? . . . .
   ou bien le gab *noir, le* — ? *pas bon ?* . . . .

29. NU . BI . DA ana mimata . . . .
   — ? — ? — ? . . . .

30. šumma NA kîma addimma DIR . . . .
   si le na *comme un* addu *est foncé* . . . .

31. addu mašgašu [474] u DIR . . . .
   addu = mašgašu *et foncé* . . . .

32. kîma mašgišimma u 𒂗𒆠 . . . .
   comme un mašgišu *et ?* . . . .

[472] Ajouter 𒂗𒆠 .
[473] 𒂗𒆠 n'est pas sûr.
[474] *mašgašu, cf.* Del., *H.W.,* p. 687 = engin meurtrier ; d'après l. 31 *addu*
étant synonyme aurait le même sens.

33. šumma šanu-ú muni išdu . . . .
si le second munu *la base* . . . .

34. šumma III-šu NA uruq u sâma-(ma) ? . . . .
si le troisième du na *est vert et rouge ?* . . . .

35. šumma IV-ú NA uruq kakku šarri (GI ?) [475] . . . .
si le quatrième du na *est vert, l'arme du roi stable* . . . .

36. ṢA I GI gunu u SA (*sic!*) . . . .
— ?   — ?   — ? . . . .

37. šumma V-šu NA kalušuma . . . .
si le cinquième du na *tout entier* . . . .

38. šumma VI-šu NA kîma mimaṭṭi [476] . . . .
si le sixième du na *comme un ?* . . . .

39. šumma NA ina . . . . ša III-šu . . . .
si le na *dans* . . . . *troisième* . . . . . .

40. šumma NA ana ⸢signe⸣ [477] ⸢signe⸣ i ?-lul III-šu ⸢signe⸣
si le na *vers le* — ? *pend ?, troisième* . . . .

41. šumma IV-ú NA kirib . . . .
si le quatrième du na *au milieu* . . . .

42. šumma NA niru (GIR) ikšud-(ud) ši[bušu]
si le na *atteint le* niru, *il y aura* šibušu

43. šumma ŠI . BAR ana niru isniq šubulti (šupulti)
si le šibar *vers le* niru *se rapproche (se serre), il y aura* šupulti

44. ana šarri . . . .
au roi . . . .

45. šumma NA niru (GIR) ibir . . . .
si le na *dépasse le* niru . . . .

[475] On distingue bien le signe ⸢signe⸣ ; "l'arme du roi sera prépondérante" (*ikûn*) est une expression courante dans les "omina."
[476] *mišaddu, minaṭṭu,* etc. ; lecture certaine inconnue.
[477] Cela ne paraît pas être ⸢signe⸣.

Col. III (DA. page 17).

1. šumma NA . . . .
   si le na . . . .

2. šumma NA . . . .
   si le na . . . .

3. bar (an ?) . . . .
   — ? . . . .

4. ? . . . .

5. šumma NA GAB-meš . . . .
   si le na *a des fissures* . . . .

6. šumma NA ḫisiḫ [478] pu . . . .
   si le na *est* — ? . . . .

7. ḫabiš [479] (ḫabiṣ ?) . . . .
   — ? . . . .

8. uzakar [480] . . . .
   il nommera (uzaqar = *il élèvera*) . . . .

9. šumma šanu-ú NA II-ma . . . .
   si le second du na *est double et* . . . .

10. šumma ina šibbi NA eli . . . .
    si dans le šibbu *du* na *sur* . . . .

11. ina kakke ilâni riṣûti . . . .
    par les armes des dieux secoureurs . . . .

12. ina ûme [481] rûqûte lânšu eli amêli [482] . . . .
    dans les jours futurs son image ? sur l'homme . . . .

13. šumma ina šibbi NA elinu-(nu) NA NA mimma . . . .
    si dans le šibbu *du* na *sur le* na, *un autre* na . . . .

---

[478] 𒂖𒐲 ḫisiḫ, ḫilil, etc.

[479] 𒐳𒐲 ou 𒂖𒁹.

[480] 𒐲.

[481] 𒁹 𒐲 et non 𒐲.

[482] 𒂖.

14. ina kakke ilâni riṣûti bêl šu'i illak ? [483]

    par les armes des dieux secoureurs, le sacrificateur marchera ?

15. ša ana damiqtim iqbû ana pânika šibušu

    l'on dit que c'est heureux, pour toi (en revanche il y' aura) šibušu

16. šumma NA ŠAG-UŠ [484] šakinma šanu-ú ina qaqqadi NA eṣir

    si le na *se trouve — ? et qu'un autre à la tête du* na *est formé*

17. šumma III-šu NA SAG-UŠ šakinma šanu-ú ina qaqqadišu ina [485] imitti eṣir

    si le troisième du na *se trouve — ? et qu'un autre à sa tête à droite est formé*

18. šumma lânšu [486] eli amêli imqut-(ut) ša ana aḫiti

    si son image ? sur l'homme tombe, c'est funeste (défavorable) [487]

19. iqbû-(ú) ana pânika nâḫu PAT šibbi imni NA

    l'on dit, mais pour toi, repos; (si) le ? du šibbu *de la droite du* na

20. maškanšu ezibma ina šibbi šumêli NA elinu-(nu) NA ina šumêli šakin

    sa place abandonne et dans le šibbu *gauche du* na *au-dessus du* na *à gauche il se trouve*

21. šumma šanu-ú muni NA SAG-UŠ šakinma šanu-ú ina šumêli šakin

    si le second munu *du* na *se trouve — ? et qu'un autre à gauche se trouve*

22. amêl UD.KA.BAR.LU ina niqe šarri ittenziz (= ittezziz)? [488]

    le —, ? auprès des sacrifices du roi se tiendra

---

[483] Après ⟦𒑐⟧ il y a encore un signe incertain.

[484] = *kaiamânu*, immuable ; indique un état stationnaire, fixe, mais le sens précis reste encore à trouver ; il s'agit de l'apparence ou de la position du *na*, position élevée ou état d'immobilité.

[485] ⟦𒌋⟧ est à supprimer.

[486] Graphie curieuse, voir plus haut l. 12.

[487] Opposé de *damiqtim*.

[488] ⟦𒁹⟧ a-t-il la valeur *il* ; cette lecture *ittenziz* ressort du contexte.

23. šumma NA SAG-UŠ šakinma šanu-ú ina šumêli šakin

si le na *se trouve — ? et qu'un autre à gauche se trouve*

24. šarru mâtsu nadita [489] ušešib [490]

le roi son pays ruiné rendra habitable

25. ša ana damiqtim iqbû ana pânika šibušu

l'on dit que c'est heureux, (mais) pour toi il y aura (cela indique)
šibušu

26.[491] šumma NA [492] SAG-UŠ šakinma šanu-ú ina šibbi šumêli
NA eṣir

si le na *se trouve — ? et qu'un autre dans le* šibbu *gauche du*
na *est formé*

27. šumma NA IV-ma II elânu-(nu) II šaplânu-(nu) . . . .

si le na *est quadruple et que deux en haut deux en bas . . . . .*

28. ša ana damiqtim iqbû-(ú) . . . .

l'on dit que c'est heureux . . . .

29. šumma NA ibbalkituma u GAB-meš . . . .

si le na *est déplacé et des fissures . . . .*

30. šumma NA kîma urutu . . . .

si le na *est comme un* urutu ? . . . .

31. šumma 𒐈 . . . .

si . . . .

32. šumma ina reš NA [493] . . . . bu . . . .

si à la tête du na . . . .

33. ina reš NA u . . . . GIL-at iṣ [494] . . . .

à la tête du na . . . . *se dresse* . . . .

[489] Au lieu de 𒐋 lire 𒐋.
[490] Au lieu de 𒐋 lire 𒐋.
[491] Dans mon édition (DA.), cette phrase a été intervertie avec la précédente.
[492] 𒐋 est à supprimer.
[493] Au lieu de 𒐋 lire 𒐋.
[494] 𒐋 𒐋 𒐋 𒐋 𒐋 𒐋 𒐋 𒐋 𒐋 𒐋 𒐋.

34. iṣ nerpaddu . . . .

les os . . . .

35. šumma reš NA PA iši-(ši) ummâni-(ni) ummân nakra X-meš
PA-šu (appašu) innasiḫ-(iḫ) [495]

si la tête du na *a une tige, mon armée l'armée ennemie vaincra ?,
son sommet sera arraché*

36. šumma reš NA ana imitti [496] PA iši-(ši) ša ana damiqtim
iqbû-(ú)

si la tête du na *vers la droite a une tige, l'on dit que c'est
heureux* [497]

37. appašu saḫirma šapliš niru (GIR) innamir šibušu

son sommet entoure-t-il et voit-on dessous le niru, (*il y aura*)
šibušu

38. šumma reš NA ana libbânu [498] PA iši-(ši)-ma u PA šuâtu išid
NA lâ ibaši [499]

si la tête du na *au milieu a une tige et que cette tige la base du*
na *n'a pas*

39. šumma reš NA ana šumêliti ana libbânu PA iši-(ši)-ma u PA
šuâtu išid NA lâ ibâši

si la tête du na *vers la gauche au milieu a une tige et que cette
tige la base du* na *n'a pas*

40. šibušu reš NA ana šumêliti PA iši-(ši)

šibušu, (*si*) *la tête du* na *vers la gauche a une tige*

41. šumma NA kîma kurši [500] ana imitti šibušu išid NA ikbub
(ikpup)

si le na *comme un* kurši *à la droite,* šibušu, (*si*) *la base du* na
est courbée ?

---

[495] Dernier signe [cunéiforme].

[496] [cunéiforme] et non [cunéiforme] ?.

[497] Littéralement : l'on dit que dans un sens heureux (cela doit être interprété).

[498] Rien ne manque entre [cunéiforme] et [cunéiforme].

[499] [cunéiforme] plutôt que [cunéiforme].

[500] Au lieu de [cunéiforme] lire [cunéiforme].

42. šumma III-šu NA kîma ziqit [501] aqrabi aššat amêli ina dubub

   si le troisième du na *est comme l'aiguillon du scorpion, l'épouse de l'homme dans le méditer*

43. suḫsiešu išâta ana bîti amêli inadi-(di)

   ses — ? le feu à la maison de l'homme mettra

44. šumma suḫsu ana pânika suḫsu kînu

   s'il y a un suḫsu *devant toi,* suḫsu *sincère (solide)*

45. kînatma ina kîniša išâta ana bîti amêli inadi-(di)

   est-il stable et dans sa stabilité ?, on mettra le feu à la maison de l'homme

46. šumma IV-ú [502] išdu NA šallaḫma [503] ana imitti niri (GIR) iziz

   si le quatrième (de) la base du na *est détaché et se tient à la droite du* niru

47. šumma NA kîma kuršima [504] ina libbišu U inadi-(di) šibušu

   si le na *est comme un* kurši *et que dans son intérieur un* U *est placé, (il y aura)* šibušu

48. šumma ina išdi NA . . . . ši uššurma [505] ina libbišu U inadi-(di)

   si à la base du na . . . . *est ouvert et que dans son intérieur un* U *est placé*

49. šumma ina [506] libbi NA mê sâme úlu [507] piṣe AB-meš šibušu

   si dans l'intérieur du na *des eaux rouges ou blanches — ?,* šibušu

50. šumma NA SAR MUŠ [508] sâme mali

   si le na *est plein de* šarmuš *rouges*

---

[501] [cunéiforme] (*sic !*).

[502] [cunéiforme] et non [cunéiforme].

[503] [cunéiforme] et non [cunéiforme].

[504] [cunéiforme] et non [cunéiforme].

[505] [cunéiforme], etc.

[506] [cunéiforme] (*sic !*).

[507] Au lieu de [cunéiforme] lire [cunéiforme] [cunéiforme].

[508] Au lieu de [cunéiforme] lire [cunéiforme] ; [cunéiforme] est sûr.

51. šumma NA rapišma UD-ma TIR bît amêl ŠU . LIS . BI . šu
kišpi išattûšu [509]

si le na *est ample et — ? et — ?, la maison de l'homme — ? de
maléfice ils le boiront*

52. šumma [510] šibušu ina libbi NA GA DU . MEŠ . AK gabri

si le šibušu,[511] *dans l'intérieur du* na *— ? adversaire ?*

53. šumma ina reš NA šullu inadi-(di) šibušu

si au sommet du na *un* šullu [512] *est placé il y aura* šibušu

54. šumma [513] reš NA zukurma ina elišu IS . KU (zibu) šakin-(in)

si la tête du na *se dresse et que sur lui un* zibu *se trouve*

55. šumma ina išdi [514] NA IS . KU (zibu) šakinma innamir [515]
šibušu

si à la base du na *un* zibu *se trouve et qu'on voit, (il y aura)*
šibušu

COL. IV (DA., p. 15).

1. šumma ina išdi NA IS . KU (zibu) šakinma imnu innamir

si à la base du na *un* zibu *se trouve et qu'on voit (le droit) la
droite*

2. šumma NA qaqqadsu iššima išidsu kîma PA-ma niru (GIR)
ša ? šumêlu [516] izziz-(iz)

si le na *élève sa tête et sa base est comme une tige et le* niru ?
à gauche se tient

3. šumma šibušu NA kîma ṣirrit [517] pa 〈cunéiforme〉

si le šibušu *du* na *comme une chaîne (anneau) est ? (parit ?)*

[509] 〈signes cunéiformes〉.

[510] 〈signe〉 après 〈signe〉 est à supprimer.

[511] *šibušu* a un sens spécial ici, en général il indique quelque chose de néfaste.

[512] Au lieu de 〈signe〉 lire 〈signe〉.

[513] Supprimer 〈signe〉 après 〈signe〉.

[514] Entre 〈signe〉 et 〈signe〉 un signe indistinct.

[515] Entre 〈signe〉 et 〈signe〉 intercaler 〈signe〉.

[516] 〈signe〉 ? 〈signe〉 ? 〈signe〉 ? 〈signe〉 〈signe〉.

[517] *ṣirritu*, voir *P.S.B.A.*, XX (1898), p. 164, où *ṣirritu* est traduit par
"anneau." Il s'agit dans cet article du passage V R. 9, ll. 105-108, qui pendant
longtemps était resté obscur.

4. šumma NA kîma dâmu ina išdišu karašû . . . . ša

   si le na *comme du sang à sa base le* — ? . . . .

5. šumma NA ḫaliq u têrtu šalmat-(át) šibušu

   si le na *est divisé (séparé) et l'oracle favorable, (il y aura)*
   šibušu [518]

6. šumma NA u niru (GIR) kabsuma têrtu šalmat-(át) [519]

   si le na *et le* niru *sont comprimés et que l'oracle est favorable*

7. šumma NA ḫaliqma ina maškanšu [520] IS . KU (zibu) šakinma
   SIG niri innamir [521]

   si le na *est divisé (séparé) et qu'à sa place un* zibu *se trouve et*
   qu'on voit le bas du niru

8. rubû [522] kakkešu eli kakke nakrišu ŠEŠ-MEŠ

   le prince ses armes sur celles de l'ennemi l'emporteront ?

9. šašu [523] NA u niru (GIR) ḫalqûma [524] ina maškani NA IS.KU
   (zibu) šakinma SIG niri ina-ṭal

   — ? *(si) le* na *et le* niru *sont divisés (séparés) et qu'à la place du*
   na *un* zibu *se trouve et qu'on voit le bas du* niru

10. šumma NA kabis (KA . BI . AB)-ma ina maškanšu [525] U
    inadi-(di)

    si le na *est comprimé et qu'à sa place un trou ? est placé*

11. šumma šanu-ú MI (ṣalim)-ma ina maškanšu [525] U inadi-(di)

    si le second est noir ? [526] *et qu'à sa place un trou est placé*

---

[518] Après 𒈾 tracer tout ce qui suit, ce signe termine la phrase.

[519] 𒈾𒌋 𒋺 𒀉𒌋.

[520] 𒈾 au lieu de 𒌋.

[521] Au lieu de 𒈾 𒅗 lire seulement 𒅗𒈾.

[522] 𒌋𒌋 au lieu de 𒂍𒌋.

[523] En général = *bušû*.

[524] *ḫalâqu* a peut-être un sens plus précis de : déplacement ou de ruine ; lire
𒈾 au lieu de 𒈾 ; au lieu de 𒅗 lire 𒅗.

[525] 𒈾 au lieu de 𒈾 ; de même ligne suivante.

[526] 𒅗 sûr et supprimer 𒂍.

12. amêlu iššallalma ina ali iššallu mitḫušu [527] imât

l'homme sera emmené en captivité et dans la ville, — ? son ? mourra

13. šumma NA abik [528] (apiq) ilu Bêl šarra ša libbišu išakkan-(an)

si le na est ferme, le dieu Bêl établira un roi selon son cœur

14. šumma šanu-ú NA kalâmu ana arki banti šutabru [529]

si le second du na tout entier vers l'arrière du bantu — ?

15. šumma NA kîma uqî šibušu išid NA zukur

si le na est comme un uqî, (il y aura) šibušu, si la base du na s'élève

16. šumma NA kîma gukku [530] u išdu IS.KU (zibu) ippušma qablišu zukur šibušu

si le na est comme un gukku et la base forme un zibu [531] et que son milieu s'élève, (il y aura) šibušu

17. šumma ina reš NA u išid NA II IS.KU šaknûma innamrû

si au sommet du na et à la base du na deux zibu se trouvent et qu'on les voit

18. šumma ina birit DUN ù NA U inadi-(di) šibušu

si entre le dun [532] et le na il y a un trou placé, (il y aura) šibušu

19. šumma ina birit DUN u rêši ŠI.BAR U inadi-(di)

si entre le dun et le sommet du šibar un trou est placé

---

[527] Au lieu de [signes cunéiformes] lire [signes cunéiformes].

[528] *epiq* voir plus haut p. 71.

[529] III₂ de *barû* ? être abondant ?

[530] Lire [signes cunéiformes] au lieu de [signes cunéiformes] ; *gukku, kukku,* voir Thureau-Dangin dans Z.A., XVIII, p. 138. La fin de la ligne est ainsi concue : [signes cunéiformes].

[531] Pointe, formation lobée, voir plus haut.

[532] [signes cunéiformes] voir pour cette valeur *dun* (que j'avais statuée depuis longtemps), Weissbach, *Misc.*, p. 28, et Thureau Dangin, *Z.A.*, XVIII, p. 137. C'est la première fois que je rencontre cet idéogramme dans les " omina." J'avais primitivement regardé ce signe comme une variante de [signes cunéiformes] à cause de la valeur commune *gir* (Brünnow, No. 6965) et en effet c'est ce [signes cunéiformes] qu'on attendrait ici = *niru*. Rien n'empêche cependant, de regarder *dun* comme indiquant aussi une partie fatidique quelconque des viscères, autre que [signes cunéiformes].

20. šumma ina rêši NA panit uṣurti NA U inadi-(di) šibušu

si au sommet du na *devant le sillon du* na *il y a un trou placé,*
(*il y aura*) šibušu

21. šumma ina rêši NA ulluma [533] U inadi-(di)

si au sommet du na — ? *un trou est placé*

22. šumma rêšu NA kanišma [534] ina libbišu U inadi-(di) šibušu

si le sommet du na *s'infléchit et qu'à l'intérieur un trou est placé,*
il y aura šibušu

23. šumma ina rêši NA u ina libbi U inadi-(di)

si au sommet du na *et au milieu il y a un trou placé*

24. šumma ina rêši NA šîru kîma RI GIL II [535] GU-MEŠ
eli [536] rêši NA

si au sommet du na *de la chair comme un* — ? *se dresse ?, que*
deux nœuds ? sur le sommet du na

25. iparrikuma tallu mâšu tuâmu

forment une barrière, tallu = mâšu = tuâmu = *jumeaux*

26. šumma NA kîma niru (GIR) šumêlu ṢI u niru (GIR) šumêlu
ṢI kîma NA šakin-(in)

si le na *est comme le* niru *à gauche du* ṣi *et le* niru *à gauche du*
ṣi *comme le* na *se trouve*

27. ša iqbûma ittašu lâ iddannu-(nu) šumma NA II-ma

l'on dit qu'on ne donnera pas son augure (interprétation) ; si le
na *est double*

28. iṭṭibbuma [537] u ibbalkitû niru (GIR) šumêlu ṢI kîma NA šakin

qu'ils s'enfoncent (?) et se déplacent, que le niru *à gauche du* ṣi
comme le na *se trouve*

29. tagabbi šumma NA kîma niru (GIR) šumêlu ṢI šakinma

tu dis, si le na *comme le* niru *à gauche du* ṣi *se trouve*

---

[533] *ulluma* = quelque part ?

[534] ⟨cunéiforme⟩, etc.

[535] ⟨cunéiforme⟩ et non ⟨cunéiforme⟩.

[536] supprimer ⟨cunéiforme⟩ devant *eli*.

[537] Voir plus haut page 105 sur les diverses manières dont on peut comprendre
ce verbe.

30. U ibbalkitu-(tu) NA kîma niru (GIR) šumêlu ŞI u niru (GIR) šumêlu ŞI

et que le U (lobule ?) se déplace, le na *comme le* niru *à gauche du* şi *et le* niru *à gauche du* şi

31. kîma NA šakin taqabbi-(bi)

comme le na *se trouve tu dis*

32. šumma ina qabal NA IS. KU (zibu) GIL (= zaqip) ummâni-(ni) zitta ikkal [538]

si dans le milieu du na *un* zibu *(pointe) se dresse, mon armée se nourrira de détresse*

33. šumma išid NA PA iši-(ši) ummân nakru ummâni-(ni) X-meš

si la base du na *a une tige, l'armée ennemie mon armée vaincra ?*

34. ša pî ištenit-(it) duppi

selon la première tablette

35. šumma NA kabsu DAN ibbalkitu-(tu) ušallamšu [539]

si le na *est comprimé, que le* dan *est déplacé, il l'accomplira*

36. šumma šibušu NA ina šibbi šumêli MENI šakin [540]

si le šibušu *du* na *dans le* šibbu *gauche du* meni *se trouve*

37. šumma NA kabis (KA. BI. AB) DAN šakin šibušu

si le na *est comprimé, que le* dan *se trouve, il y aura* šibušu

38. šumma NA ina šibbi šumêli ME. NI šakinma ibbalkitu-(tu)

si le na *dans le* šibbu *gauche du* meni *se trouve et se déplace*

39. ša pî III-ti duppi

selon la troisième tablette

40. šumma ina rêši NA IS. KU (zibu) šakinma NA irdi-(di)

si sur le sommet du na *une pointe se trouve et domine le* na

duppu II-kan mukallimtum

deuxième tablette de la série mukallimtum

---

[538] ᚷ [cuneiform signs]

[539] Il y a un sous-entendu peut-être *ûmu* voir Thompson, *Astrolog. Reports*, No. 140, Rev. 2.

[540] [cuneiform sign] = *kin.*

K. 1999, DA., p. 36.[541]

Ce document se rapporte également à l'hépatoscopie. Les diagrammes[542] qu'il renferme, (col. III) lui donnent un intérêt tout particulier, car ils rendent l'image approximative du lobe droit du foie, c'est-à-dire, du 𒀭𒀭𒀭𒀭, examiné par le *bârû*. J'ai pu faire, grâce à une photographie, quelques rectifications à mon édition de 1894.

COL. I (DA., p. 38).

1. 𒀭𒀭𒀭 𒀭 𒀭? 𒀭 𒀭

2. arat   ali   ana IS.KU miqittu? . . . .
   — ? *de la ville, dans le combat   chute* . . . .

3. šumma VII-ú muni ina birit ŠU.SI ḪAR qi?[543]-di?-tum?
   si le septième munu *entre le lobe du foie* — ?

4. U inadi-(di) miqitti-(ti) alik pâni ummâni-(ni) ûlu GUD.UD nêši
   le u *est placé, chute de celui qui marche en tête de mon armée ou sortie (apparition) d'un lion*

5. šumma VIII-ú muni û[544] u kubši ḪAR U inadi[545]-(di) dûru imaqqut-(ut)
   si le huitième munu *"idem" et le* kubšu *du foie le (un)* u *est placé, la muraille tombera*

6. elippu iṭebi tuššu eli amêli imaqut-(ut)
   le vaisseau sombrera, l'adversité? sur l'homme tombera

7. šaniš ilu Zagar[546] abulli-ia imaqqut-(ut) nakru pân abulli[547] — ? — ?
   ou bien le dieu Zagar; ma grande porte tombera, l'ennemi devant la grande porte

---

[541] Il y a eu dans mon édition confusion entre le recto et le verso.

[542] Voir la reproduction phototypique de ce document dans le second fascicule de DA.

[543] Au lieu de 𒀭 𒀭 𒀭?, lire 𒀭 𒀭 𒀭.

[544] 𒀭𒀭 𒀭 𒀭.

[545] 𒀭 et non 𒀭.

[546] Dieu des visions, King, Magic, No. I, Obv. 25.

[547] Les deux derniers signes sont indistincts.

8. šumma ina birit ŠU . SI ḪAR ṣiḫirti u šumêli ḪAR U
   inadi-(di)

   si entre le lobe du foie petit et la gauche du foie il y a un u placé

9. ša iqbû-(ú) SIG-ú ša mâti nakri imât

   l'on dit : le — ? du pays ennemi mourra

10. šumma šaplânu mukil reš U inadi-(di)

    si au-dessous du mukil reš[548] *le (un) u est placé*[549]

11. ilu Rammân eli mâti marṣiš-(iš) išasi-(si)

    le dieu Rammân sur le pays douloureusement parlera

12. šumma šanu-ú muní ina ŠU . SI ḪAR qiditum ṣiḫirtum ša
    imni U inadi-(di)

    si le second munu *dans le lobe du foie du petit* qiditu *de droite
    un* u *est placé*

13. miqitti-(ti) âlik pâni ummâni-(ni)

    chute de celui qui marche en tête de mon armée

14. šumma ina birit kubši[550] ḪAR u mukil reš ḪAR šîru kîma
    sikkatu izziz-(iz)

    si entre le kubšu *du foie et le* mukil reš *du foie de la chair
    comme une barre se tient*

15. ša (šakin) uššurtum II kîma sikkatu ana eli appišu

    conséquence : scission ; "idem" si comme une barre sur sa face

16. ibbalkitma izzaz-(az)-ma ana aḫiti qabi-(bi)

    elle se dresse et reste stationnaire et qu'on dit que c'est défavorable

17. tebu-ut iššakan-ma ilu[551] Bêl kumi niše u rêmi niše

    *un soulèvement s'ensuivra et le dieu Bêl la méchanceté des peuples
    et la bonté des peuples*

---

[548] Partie du foie.

[549] Même phrase dans Sm. 674 (duplicata de notre document, Catalogue,
p. 1425).

[550] 𒀭 au lieu de 𒀭.

[551] 𒀭 sic !

18. ina sikkati[552] illalma ša iqbû-(ú) tebu-(ut) nakri

dans la balance pèsera[553] et l'on dit : arrivée de l'ennemi

19. alâlu   šaqâlu

alâlu = šaqâlu = *peser*

20. šumma ina kubši[554] ḪAR libbânu U inadi-(di) bît ili

si dans le kubšu *du foie, au milieu; un* u *est placé, le temple*

21. SIG-am   išâtu ikkal

sera abaissé (s'affaissera), le feu dévorera

22. šumma šanu-ú   ḪI-BI[555]

si un autre, effacé

23. šumma kubšu ŠU . SI ṣiḫirti illaqi-(qi) ašru ša murṣi-ia

si le kubšu *du foie petit est pris, le lieu de ma maladie*

24. nakru ilaqqi ina ûme rûqûte[556] erîtu liblibša innada-(a)

*l'ennemi prendra, dans les jours futurs la femme enceinte, son
fruit sera détruit*

25. šumma šanu-ú muni[557] rêš ŠU . SI ḪAR ṣiḫirti ša pâni kišâdi
    ḪAR

si second munu *la tête du lobe du foie petit, qui devant le col
du foie*

26. šapliš ekim nakru ina libbi ašri-ia[558] idâkanni[559]

dessous est arrachée, l'ennemi au milieu de ma retraite me tuera

---

[552] Le sens de "balance" ressort du contexte *sikkatu* = levier de la balance.

[553] *Cf.* Daniel, v, 27 ; Daniel est le type accompli du *bârû* et son livre est imprégné de l'atmosphère augurale babylonienne.

[554] ⟨cuneiform⟩, etc. ; *kubšu* "le bonnet" désigne comme *mukil rêš* un lieu du foie.

[555] Écrit en petits caractères sur l'original.

[556] Lire ⟨cuneiform⟩.

[557] *muni* que j'ai toujours laissé non traduit, peut signifier, "partie, part, fraction."

[558] ⟨cuneiform⟩ plutôt que ⟨cuneiform⟩.

[559] ⟨cuneiform⟩ au lieu de ⟨cuneiform⟩.

27. šumma šaplânu kubši[560] ḪAR šîru kîma assukku
    si dessous le kubšu *du foie de la chair comme un* assukku

28. assukku   kirbânu
    assukku = kirbânu = *pelote, masse*[561]

29. šumma bamâtu (SA . TI) ša iqbû-(ú) qaqqadṣa ina ṣîri Ḫ \R
    šaknu
    si la bamâtu *dont on dit, sa tête est placée sur le dos du foie*

30. kîdu ṣieru[562] ṣiritum kîma II
    kîdu ṣieru ṣiritum *comme "idem"*

COL. II (DA., p. 39).

1. šumma šanu-ú . . . .
   si une (partie) quelconque . . . .

2. šumma šalšu mu-[ni] . . . .
   si troisième munu . . . .

3. ema (itti ?) mukil . . . .
   là où (avec ?) le mukil . . . .

4. IMER ru-du ?[563] . . . .

5. úlu rubû[564] . . . .
   ou bien le prince . . . .

6. šumma zululti ina . . . .
   si la zulultu *dans* . . . .

---

[560] ⟨𒌋𒈨⟩.

[561] *kirbânu* expliqué ainsi par Küchler, *A.B.M.*, p. 125.

[562] *ṣîru* et *bamâtu* ont l'idéogramme commun 𒁲 v. Brünnow, Nos. 6469 et 6492 (pour 𒐊 . 𒈨 = *bamâtu* voir plus haut, et *P.S.B.A.*, XXV (1903), p. 23, note 2) et *ṣirriti* a aussi l'idéogramme 𒁲 V R, 29, 69 a b, Del., *H.W.*, p. 576; j'ignore si *kîdu = ṣieru = ṣiritum* dans notre texte; *bamâtu* désigne aussi une partie du viscère.

[563] 𒈨 au lieu de 𒂍.

[564] 𒈨 au lieu de 𒁹.

7. lâ mâtu ?[565] nukurtum — ? . . . .

8. GAB ana[566] kiditi (qiditi) i — ?[567] . . . .
   si le gab (*fissure?*) *à la* qiditu . . . . . .

9. qiditum ikattam ŠU . SI (sic!) . . . .
   la qiditu *recouvre le lobe.* . . . .

10. ana damiqtim qabi-(bi) ṣullultum SUR[568] . .
    comme favorable l'on dit   — ?   — ?

11. šumina šanu-ú muni šaplânu zulultum kappi[569]
    si second munu *dessous le* zulultum — ?

12. imnu GAB ina nipte nakru GUD . UD-id
    à droite une fissure, par l'ouverture l'ennemi sortira

13. ummân[570] nakri daṣâti itti ili itami
    l'armée ennemie des paroles de révolte contre le dieu prononcera

14. šumma zulultum kappi ḪAR imni u šumêli GAB GAB . UŠ
    (gibšu)
    si la zulultu *du* kappu *du foie à droite et à gauche a une fissure,
    il y aura* gibšu (*abondance, masse*)

15. šumma šanu-ú muni GAB . MEŠ-šu lâ ? ŠI . ŠI . LUM mâtu
    šubatṣa innadi-(di[571])
    si second munu *ses fissures ne sont pas?* — ?, *le pays sa situation
    sera ruinée*

16. šumma KAR-tum ša zululti ḪAR ša imni u šumêli ša kîma
    KAR . MEŠ
    si la kartu *de la* zulultu *du foie, de droite et de gauche comme
    les* — ?

---

[565] ⸤signes cunéiformes⸥ .

[566] ⸤signe cunéiforme⸥ sic!

[567] ⸤signe cunéiforme⸥ est douteux.

[568] Il manque environ deux signes à la fin.

[569] Voir l. 14, d'après laquelle *pi* est assez probable.

[570] ⸤signe cunéiforme⸥ au lieu de ⸤signe cunéiforme⸥ ; ⸤signes cunéiformes⸥ .

[571] ⸤signe cunéiforme⸥ est sûr ; est-ce une faute pour ⸤signe cunéiforme⸥ ?

17. ša SAL . LA ḪAR la itappala ṣullula

   de la —? du foie ne correspondent pas, sont —?

18. kîma annimma ana ṣullulti surrâti tuštappal

   comme (quand même) —? à la ṣullultu, *tu feras répondre des paroles de trahison*

19. šumma naqab ḪAR imni u šumêli GAB-ma šîru šalim ša II damqâtiša

   si la partie creuse du foie à droite et à gauche est fendue et que le signe est favorable, l'on dit[572] *que ses indices favorables*

20. ma'du naqab ḪAR imni u šumêli GAB[573]-ma

   sont nombreux ; si la partie creuse du foie à droite et à gauche est fendue et

21. šîru lummun ša II BAR[574]MEŠ-ša ma'du

   le signe est funeste, l'on dit que ses signes néfastes (fâcheux) sont nombreux

22. šumma naqab ḪAR imni u šumêli GAB-ma šîru mitḫar[575] ša iqbû-(ú)

   si la partie creuse du foie à droite et à gauche est fendue et que le signe n'est ni bon ni mauvais, l'on dit que

23. damqâtiša u limnêtiša

   ses indices favorables et ses indices fâcheux

24. šutapulu

   se balancent (c'est-à-dire : sont dans un rapport égal)

25. šumma mukil reš ḪAR ša imni u šumêli ittanatbak[576]

   si le mukil reš *du foie de droite et de gauche pend*

26.　　imnu　　　　innamrû

   qu'on (les) voit　　à droite

---

[572] 𒑱 𒈫 veut dire ici *ša iqbû*.　　　[573] *paṭirma.*

[574] ⊣ opposé de ⟨𒐊⟩.　　　[575] *mitḫar* = égal de part et d'autre.

[576] IV₂ de *tabâku.*

COL. III (DA., p. 37).

1. šumma kubšu[577] ḪAR kîma ⸻ . . . .
   si le kubšu *du foie comme* . . . .

2. mâru . . . .

3. šumma šutabulta uṣurâti[578] . . . .
   si les signes (formes) sont abondants . . . .

4. šumma ŠU . SI ḪAR MURUB[579] ina SIG . NI ša KIRRUD
   NI[580] . . . .
   si le lobe droit du foie dans le bas du —? du —? —

5. ana panit-(it) uṣurti i-ip-ša[581] ša SIG . NI ša KIRRUD[582] . . . .
   devant le sillon —? du —? — du —?

6. terit išallimma ŠU . SI ḪAR MURUB . . . .
   le signe est favorable et le lobe droit du foie . . . . . .

7. nabalkutu[583] enitum   tam-mar ? . . . .
   la révolte (ou plutôt le changement), le changement tu verras

8. annitum   uṣurtu[584]. . . . .
   tel est le dessin (la forme) . . . .

9. šumma ŠU . SI ḪAR MURUB enita ana pânika
   si le lobe droit du foie est tourné vers toi

10. ibbalkatma ša pîša ina šumêli iššakan-(an)
    se dresse et sa bouche à gauche est placée ?

---

[577] ⟨≡‖≢ .

[578] Après ◁≣ il manque quelques signes sur l'original (voir DA, p. 45, première ligne).

[579] Voir plus haut, p. 77.

[580] Après NI il manque un ou deux signes.

[581] ⊫ ⊩ ▽ plutôt que ⊫ ⊟ ▽, les signes ne sont pas très clairs.

[582] Au lieu de ⟨⊟ ? lire ⟨⊫ suivi d'une petite lacune de un ou deux signes.

[583] D'après le contexte *nabalkuttu = enitum*, II R 30, No. 4, rev. 16 (Del., *H.W.*, p. 99); *enitu* a l'idéogramme ✝ et le sens de "déplacement, hostilité" se trouve par là confirmé.

[584] Le dessin se trouve en effet en marge à gauche du texte, voir la planche.

11. annitum   uṣurtu ša . . .

tel est   le dessin (son dessin ? sa forme) . . .

12. [signes cunéiformes]   šumma   BAR-ati GAB ? ? . . . . ana pânika

si les   —? du —?   sont devant toi

13. PAL enû PAL nabalkutu

pal = enû *changer* pal = nabalkutu *déplacer, changer*

14. šumma ŠUSI ḪAR MURUB kîma[585] GAB šakin ?

si le lobe droit du foie comme un gab *se trouve ?*

15. [signes cunéiformes]

COL. IV (DA., p. 36).

1. šumma ŠU . SI ḪAR . MURUB imittu ša imitti šumêlitu ša imitti u šumêlitu ipparrasma

si le lobe droit du foie, la droite de la droite, la gauche de la droite et la gauche est séparée (partagée)

2. lû ema kirbit (qirbit) imittu u šumêlitu

soit là où la qirbit à droite et à gauche

3. lu ema niṣirtu ḪAR imittu šumêlita teḫi šaniš iṣṣabbat-(bat)

soi là où la niṣirtu du foie la droite touche à la gauche, ou bien est retenue (saisie)

4. šumma ŠU . SI ḪAR MURUB imittu ša imitti šumêlitu ša šumêliti illaqima

si le lobe droit du foie la droite de la droite, la gauche de la gauche est prise

5. qablâteša SIG-MEŠ-ma izzazza[586]-(za) imittu u šumélitu ša

ses milieux sont minces (?) et sont fixes, sa droite et sa gauche

6. ipparrasma ema kirbit (qirbit) imittu u šumêlitu teḫima

est séparée, là où la qirbit la droite et la gauche touche et

---

[585] Au lieu de [signe] lire [signe].

[586] [signes] (sic !) ; [signe] ? est faux.

7. U[587] qabli ša šîri SIG-ma izzaz
   le lobule? au milieu de la chair est mince (?) et est fixe

8. šumma ŠU . SI ḪAR . MURUB imittu u šumêlitu liqat ana
   II ipparras-ma
   *si le lobe droit du foie la droite et la gauche est prise? est
   partagée en deux*

9. mišilša ana kirbit (qirbit) imittu mišilša ana kirbit (qirbit)
   šumêlitu teḫi
   une moitié à la kirbit (*à*) *droite, une moitié à la* kirbit (*à*)
   gauche touche

10. šumma ŠU . SI ḪAR . MURUB qidâti iparrassûši
   si le lobe droit du foie des qidâti *le partagent*

11. ana II ipparrasma zulultaša ina ašriša teḫi
   en deux il est partagé et sa zulultu *dans sa place touche*

12. šumma šanu-ú muni ŠU . SI ḪAR . MURUB ana II litat[588]
   si second munu *le lobe droit du foie en deux est partagé*

13. šumma ŠU . SI ḪAR . MURUB ana imitti endit (endid)[589]
   si le lobe droit du foie vers la droite se tient

14. šumma šibušu[590] ŠU . SI ḪAR . MURUB ana imitti teḫat-(at)
   si le šibušu *du lobe droit du foie vers la droite adhère*[591]

15. šumma šalšu ŠU . SI ḪAR . MURUB imittu IT . BAL
   BAR[592]
   si le troisième du lobe droit du foie à droite du itbal *est partagé*

16. šumma IV-ú ŠU . SI ḪAR . MURUB ana imitti GUD .
   UD .-id[593]
   si le quatrième du lobe droit du foie vers la droite s'élève (sort)

---

[587] Il ne manque rien entre ⟨ et ⊨⟨⟨⟨⟨⟩.

[588] *litû*, Meissner, Supplem., p. 55 ; d'après les passages cités *litû* doit s'gnifier,
couper, trancher, partager.

[589] Permansif 3ᵉ fémin. singul. de *emedu*.

[590] *šibušu* ; comme nous l'avons vu plus haut ce mot s'emploie (1°) pour indiquer
la nature de l'oracle et plutôt dans un sens péjoratif, (2°) pour désigner une partie,
une fraction d'un viscère, ici du foie.

[591] *teḫû* pour *ṭeḫû*.

[592] Lire ⊬ au lieu de ⟨⟩.

[593] *šaḫâdu*.

17. šumma ŠU . SI ḪAR . MURUB ana imitti teḫat-(at) u sandat
 si le lobe droit du foie vers la droite adhère et — ?

18. šumma šibušu ŠU . SI ḪAR . MURUB ana imitti teḫat-(at) u
 ruššuqat
 si le šibušu *du lobe droit du foie vers la droite adhère et est — ?*

19. šumma II-ú ŠU . SI ḪAR . MURUB ana imitti GUD . UD-id. .
 si le second du lobe droit du foie vers la droite s'élève (sort) . . .

20. šumma ŠU . SI ḪAR . MURUB TAG-it . . . . . .
 si le lobe droit du foie est touché (?) . . . .

21. qaqqadṣa u . . . .
 sa tête et . . . .

22. šumma ŠU . SI ḪAR . MURUB . . . .
 si le lobe droit du foie . . . .

---

23. šumma ša . . . .
 si . . . .

24. ša 〚cuneiform〛 . . . .

25. šumma GAB . . . .

K. 59 + Sm. 900 + Sm. 1511 + 80-7-19, 124.

RECTO (DA., p. 225).

1. šumma têrta teppušma ina šalimti-(ti) RU . AŠ . TE[594] paṭir
 rubû ina ma'iâlišu igallud-(ud) lâ šalmat-(át) ina lâ šalimti-(ti)
 šalmat-(át)
 *si tu fais l'examen (des viscères) et que dans le cas heureux (ou
 normal) le* ru.aš.te *est fendu, le prince sur sa couche aura
 peur, ce n'est pas heureux ; dans le cas non heureux,[595] c'est
 heureux*

[594] Nom d'une partie fatidique des entrailles.

[595] L'on distingue ici deux cas, celui où le phénomène se présente d'une
manière heureuse (ou plutôt normale) mais qui peut être, malgré cela, interprété
d'une manière défavorable et le cas inverse.

2. šumma têrta teppušma ina šalimti-(ti) RU.AŠ.TE ibbal-
kitu-(tu) nakru ašra ša murṣiia ikaššad-(ád) bêl pân innasiḫ
šaniš NE.GAR Û

> *si tu fais l'examen et que dans le cas heureux le* ru.aš.te *se
> déplace, l'ennemi s'emparera du lieu de ma maladie, le* bêl pân
> *sera emmené ou bien il y aura* ne.gar [596] "*idem*"

3. šumma têrta teppušma ina šalimti-(ti) RU.AŠ.TE III tebu-ut
šarri IM.GI [597] ana IS.KU abiktu-(tu) lâ šalmat-(at) ina
lâ šalimti šalmat-(át)

> *si tu fais l'examen et que dans le cas heureux le* ru.aš.te *est
> triple, avènement d'un roi — ?, dans le combat défaite, ce
> n'est pas heureux ; dans le cas non heureux, c'est heureux*

4. šumma II-ma ina šalimti-(ti) RU.AŠ.TE IV kît-(it) [598] palê
ṭêmu mâti iššanni šaniš šêpu nakri ana mâti-ia iḫḫabata Û

> *si "idem" et que dans le cas heureux le* ru.aš.te *est quadruple,
> fin du règne, l'esprit du pays sera transformé, le pied
> (passage) de l'ennemi dans mon pays, il pillera*

5. šumma II-ma ina šalimti-(ti) ina RU.AŠ.TE IS.KU (zibu)
siḫru šakin ša lâ mâtsu kussa iṣabbat lâ šalmat-(at) ina lâ
šalimti-(ti) šalmat-(át)

> *si "idem" et que dans le cas heureux dans le* ru.aš.te *un zibu
> (pointe) circulaire se trouve, quelqu'un qui n'est pas de son
> pays s'emparera du trône, ce n'est pas heureux ; dans le cas
> non heureux, c'est heureux*

6. šumma II-ma ina šalimti-(ti) RU.AŠ.TE ana rêši banti kisir
NE.GAR lâ šalmat-(at) ina lâ šalimti-(ti) šalmat-(át)

> *si "idem" et que dans le cas heureux le* ru.aš.te *vers la tête du*
> bantu *est barré?, il y aura* negar, *ce n'est pas heureux ; dans
> le cas non heureux, c'est heureux*

---

[596] L'analyse de cet idéogramme donne le sens de "consumer, brûler," en
tout cas de quelque chose de fâcheux, "ruine, diminution, anéantissement."

[597] IM.GI ; sens inconnu, fréquent dans les omina III R 56, 32 ; 60, 49 ;
T.S.B.A., III, 255, Sayce traduit par "self-appointed."

[598] ⤝ d'après le contexte, signifie ici plutôt fin du règne, que longueur de
règne.

7. šumma II-ma ina šalimti-(ti) panit-(it) RU . AŠ . TE paṭir alu
ašibušu ezzibûšu lâ šalmat-(at) ina lâ šalimti-(ti) šalmat

> *si "idem" et que dans le cas heureux le devant du* ru.aš.te *est
> fendu, la ville ceux qui y séjournent l'abandonneront, ce n'est
> pas heureux ; dans le cas non heureux, c'est heureux*

8. šumma II-ma ina šalimti rêš banti BAR-ma GAB GAB . UŠ
(gibšu) lâ šalmat-(at) ina lâ šalimti-(ti) salmat-(át)

> *si "idem" et que dans le cas heureux le sommet du* bantu *est
> partagé et fendu, (il y aura)* gibšu, *ce n'est pas heureux ; dans
> le cas non heureux, c'est heureux*

9. šumma II-ma ina šalimti-(ti) ina rêši banti BAR-ma U inadi-
(di) NE . GAR lâ šalmat-(at) ina lâ šalimti-(ti) šalmat-(át)

> *si "idem" et que dans le cas heureux à la tête du* banti *qui est
> partagée il y a un* u *placé, il y aura* negar, *ce n'est pas
> heureux ; dans le cas non heureux, c'est heureux*

10. šumma II-ma ina šalimti bantu ina arki banti šaknat-(át) ša lâ
mâtsu kussa iṣabbat lâ šalmat-(at) ina lâ šalimti šalmat-(át)

> *si "idem" et que dans le cas heureux le* bantu *derrière un* bantu
> *se trouve, quelqu'un qui n'est pas de son pays s'emparera du
> trône, ce n'est pas heureux ; dans le cas non heureux, c'est
> heureux*

11. šumma II-ma ina šalimti bantu kíma imšukkima [599] qarrat [600]
ala nîtu ilammi-(mi) lâ šalmat-(at) ina lâ šalimti šalmat-(át)

> *si "idem" et que dans le cas heureux le* bantu *est comme un*
> imšukku *et — ?, la ville un siège enveloppera, ce n'est pas
> heureux ; dans le cas non heureux, c'est heureux*

12. šumma II-ma ina šalimti-(ti) imittu ŠU . SI ekim(-im) miqitti-
(ti) ummâni-(ni) lâ šalmat-(at) ina lâ šalimti-(ti) šalmat-(át)

> *si "idem" et que dans le cas heureux la droite du* šusi *(lobe) est
> enlevée (arrachée), chute de mon armée, ce n'est pas heureux ;
> dans le cas non heureux, c'est heureux*

[599] Voir plus haut, p. 116.
[600] *garáru* ou *garáru* ?

13. šumma II-ma ina šalimti-(ti) šumêlitu ŠU.SI ekim-(im) miqitti-(ti) ummâni nakri marṣu imât lâ šalmat-(at) ina lâ šalimti uššurtum

> *si " idem " et que dans le cas heureux, la gauche du* šusi *(lobe) est enlevée (arrachée), chute de l'armée ennemie, le malade mourra, ce n'est pas heureux ; dans le cas non heureux (il y aura) scission*

14. šumma II-ma ina šalimti-(ti) imittu ŠU.SI tarik[601] ana rubi aiumma ina ḫarrâni mâtišu ibbalkatsu lâ šalmat-(at) ina lâ šalimti-(ti) šalmat-(át)

> *si " idem " et que dans le cas heureux la droite du* šusi *est tranchée, au prince quelqu'un sur la route de son pays se détachera de lui, ce n'est pas heureux ; dans le cas non heureux, c'est heureux*

15. šumma II-ma ina šalimti-(ti) rêšu ŠU.SI BAR-ma paṭir adirti ? ešitu sapaḫ bîti amêli Û

> *si " idem " et que dans le cas heureux la tête du lobe est partagée et fendue, deuil, trouble, destruction de la maison de l'homme " idem "*

16. šumma II-ma ina šalimti-(ti) rêšu imnu ŠU.SI paṭir nikis-(is) qaqqadu ummâni-ia GAB.LAḪ (TAḪ.TAḪ = gilittu?)[602] ummâni-ia zumirat ummâni-ia lâ ikkaššadû Û

> *si " idem " et que dans le cas heureux le sommet de la droite du* šusi *(lobe) est fendu, décapitation de mon armée (c'est-à-dire, que le chef de l'armée sera tué), crainte de mon armée, les désirs de mon armée ne seront pas atteints*

17. šumma II-ma ina šalimti-(ti) rêšu šumêlitu ŠU.SI paṭir nikis(-is) qaqqadu ummâni nakri gilittu ummâni nakri zumirat lâ ikkaššadû

> *si " idem " et que dans le cas heureux la tête à gauche du* šusi *(lobe) est fendue, décapitation de l'armée ennemie, crainte de l'armée ennemie, les désirs ne seront pas atteints*

---

[601] *tarâku* ici a le sens de "couper, trancher," comme dans 83, 1–18, 1335 Rev. Col. III, 29.

[602] GAB = TAḪ et TAḪ, alterne avec LUḪ, et de l'association de ces deux idéogrammes, on peut statuer le mot *gilittu*. Voir aussi *K.B.*, VI, p. 35, note 3.

18. šalmat-(at) ina TAG-ti uššurtum-(tum)[603]

   c'est heureux, dans le cas contraire, scission

19. šumma II-ma ina šalimti-(ti) ṣêre ša ŠU . SI I tan paṭrû nakru
   ša maṣṣarâtiia ištu dûri imaqqutâ

   si "idem" et que dans le cas heureux les dessus du šusi (*lobe*)
   *sont fendus d'une unité, l'ennemi quand mes gardes seront
   tombés de la muraille*

20. ḫarrana mâti ibbalkitanni bêl pân innasiḫ la bêl pân iššakan-(an)
   šumma amêlu ina ṣît pîšu ilu Mûtânu iḫḫazma imât Û

   *sur le chemin de mon pays contre moi s'avancera (m'attaquera),
   le* bêl pân[604] *sera emmené, aucun* bêl pân *ne sera placé (ne
   se trouvera), si c'est un homme, à son ordre le dieu* Mûtânu
   saisira, il mourra "idem"

21. šumma II-ma ina šalimti-(ti) ina rêši ŠU . SI BAR-ma U
   inadi-(di) atalû, mât rubie, lipit-(it) pûti šu'i bennu uštaḫḫa[605]

   si "idem" et que dans le cas heureux au sommet du šusi (*lobe*)
   qui est partagé un u *est placé, éclipse, mort du prince, attouche-
   ment (profanation) du devant de la victime, le* bennu[606] *se
   fera sentir (?)*

22. ana IS . KU miqitti-(ti) ummâni-(ni) ûlu ilu Rammân eli
   ummâni-ia išasi-(si) maqat-(at) dûri ana BAR . EN . KAK
   imât ûlu bîtsu issapaḫ

   dans le combat défaite de mon armée, ou Rammân *contre mon
   armée rugira, chute de la muraille, pour le* bar.en.kak[607] *il
   mourra, ou sa maison sera détruite*

---

[603] *bartum* ou *uššurtum*.

[604] *bêl pân* paraît être le titre d'un commandant d'armée, général, etc.

[605] Cette phrase se retrouve textuellement dans K. 6777, qui est par conséquent document correspondant au nôtre. *uštaḫḫa* pour *uštamḫa* III₂ de *maḫû*, Del., *W.*, p. 396. .

[606] Nom d'une maladie, voir Jensen, *K. B.*, VI, p. 389.

[607] [cunéiforme] Brünnow, No. 1871 ; K. 4017 : Si un homme (dans son rêve) l'*ašlakutu* au [cunéiforme] telle ou telle chose arrivera. K. 3952 (dans un passage non publié DA., 197, Col. II, l. 3). K. 8336 [cunéiforme].

23. úlu nakru ana mâtiia iḫḫabbatta[608] ṭêmu mâti iššanni lâ
šalmat-(at) ina lâ šalimti-(ti) šalmat-(át)

*ou l'ennemi vers mon pays fera une razzia, l'esprit de mon pays
sera transformé, ce n'est pas heureux, dans le cas non heureux,
c'est heureux*

24. šumma II-ma ina šalimti-(ti) ina rêši ṣîri ŠU . SI qabli U
inadi-(di) IS . KU bartum[609] amêl SIG-ú ša tu? . . . . . .
. . . . . . Bêl? . . .

*si "idem" et que dans le cas heureux au sommet du dessus du
lobe au milieu un u est placé, combat, révolte, le faible . . . .*

25. ilu Rammân bûl ṣêri šamê u irṣitim[610] iraḫiṣ šaniš IS . KU
NE . GAR nîtum išâtu šîru[611] šuâtu . . . . . .

*Rammân inondera les animaux des cieux et de la terre, ou bien,
combat, negar, siège, feu, cet augure . . . .*

26. šumma II-ma ina šalimti šîru imnu ŠU . SI u šîru šumêlu
ŠU . SI ekim . bi? . . . . . .

*si "idem" et que dans le cas heureux le dessus droit du lobe et
le dessus gauche du lobe sont enlevés . . . . . .*

27. šumma II-ma ina šalimti-(ti) ina rêši ṣîri u qabli IS . KU (zibu)
šakinma šaplis innamir . . . . .

*si "idem" et que dans le cas heureux au sommet du dessus et au
milieu une pointe se trouve et qu'on voit dessous . . . . .*

28. ina kuṣṣi zunnun-(nun) šamê lâ . . . .

pendant le froid la pluie des cieux ne . . . pas . . . .

29. šumma II-ma ina šalimti-(ti) ina ṣîri imni ŠU . SI kamtum
nadat-(at) . . . . .

*si "idem" et que dans le cas heureux sur le dessus droit du lobe
une kamtum est placée . . . . . .*

---

[608] Quoique cette forme soit passive, je crois, qu'il faut traduire comme si
tait la forme active ; l'emploi de ce verbe avec *ana* est nouveau, voir plus haut
l, et III R 58, 49 a (Del., *H. W.*, p. 269).

[609] ◁ ▽ = *bartu*, Thompson, Reports, et Craig, *A.A.T.*, 52, l. 18, et 94,
14 : révolution (*bartu*) dans le palais sera.

[610] ⊨𝍦 n'est pas sûr, lire 𝍦.

[611] *nîtum* = ⤬, V R 21, 44 c.

30. šumma II-ma ina šalimti-(ti) ina qabli ṣîri ŠU . SI qabli lû kamtum . . . . .

si "idem" et que dans le cas heureux au milieu du dessus du lobe milieu soit une kamtum . . . . .

31. ûme rubi BAR-meš šîru šuâtu ḪAR . . . .

les jours du prince seront courts (?) cet augure du . . . .

32. šumma II-ma ina šalimti . . . . NE ḫielṣat[612] rubû PAL (palû) ki . . . . .

si "idem" et que dans le cas heureux . . . . est arrachée, le prince le règne . . . . .

33. šumma II-ma ina šalimti-(ti) . . . . . qaqqadu pilaqqi ṭêmu mâti . . . .

si "idem" et que dans le cas heureux . . . . . la tête d'une hache, l'esprit du pays . . . .

34. . . . . ekim ina IS . KU ummâni ur . . . . . .

. . . . est arraché, dans le combat mon armée

35. . . . . nu-ur . . . .

36. šumma II-ma ina šalimti . . . . . šanu . . . . . inadi-(di) . . .

si "idem" et que dans le cas heureux . . . . . . est placé . . . .

37. šumma II-ma ina šalimti-(ti) qabal ṣîri ŠU . SI . . . . rit bûl ṣêri[613] šame irṣitim issarar . . . . meš . . . . . .

si "idem" et que dans le cas heureux le milieu du dessus du lobe est — ?, les animaux des cieux de la terre seront — ?[614] . . .

38. šumma II-ma ina šalimti-(ti) ina imitti ŠU . SI u šumêliti ŠU . SI . . . . . inadi-(di) ummâni-(ni) u ummân nakru išteniš RU . . .

si "idem" et que dans le cas heureux à la droite du lobe et à la gauche du lobe un — ? est placé, mon armée et l'armée ennemie ensemble — ?

---

[612] Voir plus haut, p. 100.

[613] ⊏⊐ et non ⊏⊐.

[614] *sarâru, H. W.,* p. 512?

39. bantu? UD . UD-ma lu a-a-bi-ma ana KU . KU . PAR[615] . RU
    lâ šalmat-(at) ina lâ šalimti šalmat-(át)

*(si) le bantu est — ? ou — ? vers le kukuparru,[616] ce n'est pas
heureux, dans le cas non heureux, c'est heureux*

40. šumma II-ma ina šalimti-(ti) ina imitti ŠU . SI U . MEŠ III
    RU . MEŠ GAB . LAḪ (gilittu?) ummâni-ia lâ šalmat-(at)
    ina lâ šalimti šalmat-(át)

*si "idem" et que dans le cas heureux à la droite du lobe il y a
trois u placés, crainte? de mon armée, ce n'est pas heureux ;
dans le cas non heureux, c'est heureux*

41. šumma II-ma ina šalimti-(ti) ina šumêliti ŠU . SI U . MEŠ III
    RU . MEŠ GAB . LAḪ (gilittu) ummâni nakri šalmat-(at)
    ina TAG-ti uššurtum

*si "idem" et que dans le cas heureux à la gauche du lobe il y a
trois u placés, crainte de l'armée ennemie c'est heureux, dans
le cas contraire, il y aura scission[617]*

42. šumma II-ma ina šalimti-(ti) ina ŠU . SI GAB . UŠ-tum
    (gibšûtum) ittabši ana ḫarrâni inadi-(di) lâ illak-(ak) nakru
    ummânka idâk

*si "idem" et que dans le cas heureux au lobe il y a un épaississe-
ment?, dans l'expédition il tombera, il n'ira pas, l'ennemi
anéantira (tuera) ton armée*

43. šaniš mimmû amêlu ḪA . . . . . . mimma amêlu inanak

ou bien tout l'homme perdra (?) . . . tout l'homme — ?

44. šumma II-ma ina šalimti-(ti) ina rêši niri panit-(it) SIG ṢI
    paṭir kar[tu] ummâni-(ni) lâ šalmat-(at) ina lâ šalimti-(ti)
    šalmat-(át)

*si "idem" et que dans le cas heureux au sommet du niru le
devant du bas (?) du ṣi est fendu, souffrance (?) de mon armée,
ce n'est pas heureux ; dans le cas non heureux, c'est heureux*

---

[615] ⚹ plutôt que ⚹ ?

[616] Voir plus haut, p. 107.

[617] On peut lire aussi *bartum*, qu'on traduit généralement par "révolte," mais
on peut lire également *uššurtu*, que je traduis par "scission."

45. šumma II-ma ina šalimti-(ti) ina rêši niri IS . KU (zibu)
šakinma imnu innamir kartu ummâni-(ni) Û

> *si "idem" et que dans le cas heureux au sommet du* niru *une
> pointe? se trouve, qu'à droite on voit, souffrance? de mon
> armée "idem"*

46. šumma II-ma ina šalimti-(ti) ina rêši niri IS . KU (zibu)
šakinma šumêlu [innamir] . . . .[618] šarru ikân (GI . NA)
šalmat-(at) [ina] TAG . ti uššurtum

> *si "idem" et que dans le cas heureux au sommet du* niru *une
> pointe se trouve et qu'on voit à gauche, la —? du roi sera
> stable, c'est heureux ; dans le cas contraire, scission*

47. [šumma II-ma] ina šalimti-(ti) ina RU . AŠ . TE[619] NE . GAR
šakin lâ [šalm]at-(at) ina lâ šalimti-(ti) šalmat-(át)

> *[si "idem"] et que dans le cas heureux sur le* ru.aš.te *un negar
> se trouve, ce n'est pas heureux, dans le cas non heureux, c'est
> heureux*

48. [šumma II-ma] ina šalimti-(ti) ina eli BIR IS . KU (zibu)
šakinma šapliš innamir GUR . . . . ina LAL . AL . . . .

> *si "idem" et que dans le cas heureux sur le* bir *une pointe se
> trouve et qu'on voit dessous —? —?*

49. [šumma II-ma ina šalimti] ina eli BIR U inadi-(di) GUR . . .
ina LAL . AL . . . .

> *[si "idem" et que dans le cas heureux] sur le* bir *un u est
> placé —? —?*

50. [šumma II-ma ina šalimti] ina eli BIR BAR-ma paṭir ZI . GA
(tebû) . . .

> *[si "idem" et que dans le cas heureux] sur le* bir *qui est séparé (?)
> il y a une fissure, attaque . . . .*

51. šumma II-ma ina šalimti-(ti) DI BIR (?) šakin šalm[at] . . . .

> *si "idem" et que dans le cas heureux le* di *du* bir (?) *se trouve,
> c'est heureux . . . .*

---

[618] Il me paraît qu'il manque quelque chose devant *šarru*, peut-être 𒂿 𒂷 arme, je n'ai pas pu collationner ce texte.

[619] Lire 𒐏 𒑊 𒌋 au lieu de 𒑱 𒑰 𒌋.

52. šumma II-ma ina šalimti-(ti) rêšu ḪAR imnu u šumêlu GAB
(paṭir) GAB-rum? . . . .
*si "idem" et que dans le cas heureux le sommet du foie à droite
et à gauche est fendu* . . . .

53. šumma II-ma ina šalimti-(ti) rêšu ḪAR imnu u šumêlu
paṭir . . . .
*si "idem" et que dans le cas heureux le sommet du foie à droite
et à gauche est fendu* . . . .

56.[620] šumma II-ma ina šalimti-(ti) GAB . UŠ-tum (gibšûtum) ina
ḪAR . . . .
*si "idem" et que dans le cas heureux un épaississement dans le
foie [se trouve]* . . . .

57. ana ḫarrâni inadi-(di) lâ illak šaniš. . . . .
dans l'expédition il tombera, il n'ira pas ou bien. . . . .

58. šumma II-ma ina šalimti-(ti) IMER ḪAR imnu ekim . . . . .
*si "idem" et que dans le cas heureux le bord (?) du foie est
arraché* . . . . .

59. ana ašri u kušir[621] . . . .
pour le salut? et la réussite? . . . .

etc., etc.

VERSO.

Dans les premières lignes incomplètes l'on observe les différentes
parties du foie, le 𒐊, le 𒐊, etc.

13. [šumma II-ma ina] šalimti-(ti) ina ŠU . SI ḪAR qi[ditum]
GAB . UŠ-tum (gibšûtum) ittab[ši] . . . . . .
*si "idem" et que dans le cas heureux dans le lobe du foie qiditum
un épaississement se trouve* . . . .

14. . . . . . lâ kašad-(ad) ṣibûtu diḫu ummâni-(ni) iṣabbat-(bat)
šumma nakru ummâni-(ni) . . . .
*le non atteindre le désir, le diḫu (accablement?) saisira mon
armée, si l'ennemi mon armée* . . . .

[620] Les lignes 54 et 55 sont identiques à la ligne 53.

[621] *kušir* ou *tušir*, Meissner, Supplem., p. 51. K. 6473 : Si les *riḫḫi* (organe
quelconque) d'un homme sont perforés *tallakti la kušir (tušir) illakû*, ils marcheront dans une voie non salutaire.

15. . . . . . . ilu Rammân isadirma šeam innaššir šumma . . . .

. . . . Rammân sévira, le froment sera ravagé (?) si . . . .

16. [šumma II-ma ina] šalimti-(ti) ŠU . SI ḪAR . MURUB ana
imitti endit[622] hiṣni ilâni . . . .

*si "idem" et que dans le cas heureux le lobe droit du foie vers la
droite se tient, garde des dieux . . . .*

17. ina TAG-ti . . . .

dans le contraire . . . .

18. šumma II-ma ina šalimti-(ti) ŠU . SI ḪAR . MURUB ana
imitti GUD . UD-at ina IS . KU nakru ina manzazi . . . .

*si "idem" et que dans le cas heureux le lobe droit du foie vers la
droite s'élève, dans le combat l'ennemi au lieu . . . . . .*

19. šumma II-ma ina šalimti-(ti) ŠU . SI ḪAR . MURUB ana
imitti u šumêliti TI-at (laqat?) ik . . . . lâ šalmat-(at)
ina lâ šalimti-(ti) šalmat-(át)

*si "idem" et que dans le cas heureux le lobe droit du foie vers la
droite et la gauche est pris (?) . . . . ce n'est pas heureux,
dans le cas non heureux, c'est heureux*

20. šumma II-ma ina šalimti-(ti) rêšu ŠU . SI ḪAR . MURUB
BAR-ma paṭir (?) nakis miqittu (?) SUD? za itarra-(ra) ina
TAG-ti šalmat-(at)

*si "idem" et que dans le cas heureux la tête du lobe droit du foie
est séparée, fendue, coupée, chute (?) — ? il tournera (?), dans
le cas contraire c'est heureux*

21. šumma II-ma ina šalimti-(ti) ŠU . SI ḪAR . MURUB imittu
u šumêlitu natqat (natkat)[623] GAB . UŠ (gibšu) lâ šalmat-(at)
ina lâ šalimti-(ti) šalmat-(át)

*si "idem" et que dans le cas heureux le lobe droit du foie (à) la
droite et la gauche est arraché, (il y aura) gibšu (affluence), ce
n'est pas heureux ; dans le cas non heureux, c'est heureux*

---

[622] Reisner, 30, 9, *tibutsu šamû endit* (*emedu*). Son attaque (son arrivée)
atteint le ciel.

[623] *matqat, latqat*, etc. *natâqu* = hébreu נתק (?) arracher ; Meissner, Supplem.,
p. 70, donne peut-être le même verbe.

22. šumma II-ma ina šalimti-(ti) ŠU.SI ḤAR.MURUB nukurat
 . . . . lâ šalmat-(at) ina lâ šalimti-(ti) salmat-(át)

 si "idem" et que dans le cas heureux le lobe droit du foie est maltraité (?)[624] . . . . ce n'est pas heureux, mais dans le cas non heureux, c'est heureux

23. šumma II-ma ina šalimti-(ti) ŠU.SI ḤAR.MURUB ḫalqat
 . . . . lâ šalmat-(at) ina lâ šalimti-(ti) šalmat-(át)

 si "idem" et que dans le cas heureux le lobe droit du foie est séparé (divisé), ce n'est pas heureux, mais dans le cas non heureux, c'est heureux

24. šumma II-ma ina šalimti-(ti) kaskasu imnu u šumêlu NA maššil[625] . . . UŠ nakru lâ immar-(mar) Û

 si "idem" et que dans le cas heureux le kaskasu à droite et à gauche le na partage(?) le —? l'ennemi ne verra pas "idem"

25. šumma II-ma ina šalimti-(ti) kaskasu imnu paṭir . . . . . ka kartu illak-(ak) Û

 si "idem" et que dans le cas heureux le kaskasu droit est fendu, ton [armée] ira dans la souffrance? "idem"

26. šumma II-ma ina šalimti-(ti) kaskasu šumêlu paṭir[626] ummân nakru kartu illak-(ak) ina TAG-ti uššurtum

 si "idem" et que dans le cas heureux le kaskasu gauche est fendu, l'armée ennemie ira dans la souffrance, dans le cas contraire : scission (?)

27. šumma II-ma ina šalimti-(ti) NI libbi imnu u šumêlu MI iši[627] GAB.UŠ (gibšu) ina lâ šalimti-(ti) abiktum-(tum) ?[628]

 si "idem" et que dans le cas heureux le —? du cœur à droite et à gauche est noir?, il y aura affluence (?), (avantage), dans le cas non heureux : défaite

[624] *naqâru* = aiguiser, tailler en parlant des pierres, voir Jensen, *K.B.*, VI, 502, et Dalman, Dict., p. 265 ; j'ignore comment il faut transcrire et dans le doute, je m'en tiens à *nakâru*, Del., *H.W.*, p. 464.

[625] Voir D.A., p. 234, l. 21 : *šumma kaskasu imni u šumêli NA maššil têrtu lâ šalmat-(át)* : si le *kaskasu* à droite et à gauche le *na* partage (?) (voir plus haut, p. 98), cet augure n'est pas favorable.

[626] Il ne manque rien après ⟨cunéiforme⟩.

[627] Après ⟨cunéiforme⟩ restituer ⟨cunéiforme⟩ d'après DA., p. 234, l. 19.

[628] *šilimtum, šišitum*, voir Meissner dans *M.V.A.G.*, 1904, 3, 16 ; ici le sens de "mutterleib" ne convient pas.

28. šumma II-ma ina šalimti-(ti) RI libbi imnu u šumêlu sâmu
pa . . . ḫu iši GAB . UŠ-tum (gibšûtum) lâ šalmat-(at) ina
lâ šalimti-(ti) šalmat-(át)

*si "idem" et que dans le cas heureux le ri du cœur à droite et à
gauche est rouge —? est (?) affluence (?), ce n'est pas heureux,
mais dans le cas non heureux c'est heureux*

29. šumma II-ma ina šalimti-(ti) irru saḫirûti — ?[629] —? —?
TAG-meš TAG-meš lâ šalmûtiša limnûtiša išu šalmat-(át)

*si "idem" et que dans le cas heureux l'intestin —? —? —?
contraires, ses (signes) non heureux, ses (signes) funestes
sont-ils en petit nombre, c'est heureux*

30. šumma II-ma ina šalimti-(ti) irru saḫirûti PAL . . . .
mâti-ka . . . . . ib lâ šalmat-(at) ina [lâ šalimti] šalmat-(át)

si "idem" et que dans le cas heureux, l'intestin —?, ton pays(?) . .

31. šumma II-ma ina šalimti-(ti) irru saḫirûti ana II BAR-meš
mât-ka . . . . .

*si "idem" et que dans le cas heureux l'intestin en deux est
partagé (?), ton pays . . . . .*

32. šumma II-ma ina šalimti-(ti) irru saḫirûti u . . . .

si "idem" et que dans le cas heureux l'intestin et . . . .

33. šumma II-ma ina šalimti-(ti) irru saḫirûti MAN NE GAR
ummânu ina ṭeḫi mâta nakri . . . . .

*si "idem" et que dans le cas heureux l'intestin est —? —?,
l'armée en touchant le pays de l'ennemi . . . . .*

34. šumma II-ma ina šalimti-(ti) irru saḫirûti ŠI-meš u BAR-meš .

si "idem" et que dans le cas heureux l'intestin est vu? et —? . . .

35. šumma II-ma ina salimti-(ti) ina irru saḫirûti GAB . UŠ-tum
(gibšûtum) ittab[ši ana ḫarrâni] sipra ša mâti umaṭṭa

*si "idem" et que dans le cas heureux sur l'intestin il y a un
épaississement (?), dans l'expédition le* sipru[630] *du pays on (il)
retranchera*

---

[629] ⟨𒀾 n'est pas sûr, il y a deux ou trois signes obscurs.

[630] Ce *sipru* est nouveau ; faut-il le rapprocher de סְפַר frontière, Dalman,
Dict., p. 285?

36. šumma II-ma ina šalimti-(ti) irru saḫirûti ina menûtišunu
lippaša a . . . . . . nun . . miqitti-(ti) ummâni-(ni)

*si "idem" et que dans le cas heureux l'intestin dans leur
nombre* (?) — ? — ? . . . . . ., *chute de mon armée*

37. šumma II-ma ina šalimti-(ti) ina irru saḫirûti GAB . UŠ-tum
(gibšûtum) ittabši . [. ana ḫarrâni si]pra ša mâti umaṭṭa

*si "idem" et que dans le cas heureux dans l'intestin un épaissis-
sement se trouve,* [*dans l'expédition le* si]pru *du pays on* (*il*)
retranchera

38. tebu-ut ummâni-ia lâ (?) . . . . . . DU . . . meš šarru murṣa
danna murṣu elišu (?)

soulèvement de mon armée . . . . *le roi une maladie,
grave maladie sur lui* ?

39. šumma II-ma ina šalimti-(ti) karšum elânu-(nu) — ? lâ šalmat-
(at) ina lâ šalimti-(ti) šalmat-(át)

si "idem" et que dans le cas heureux l'estomac en haut est — ?,
ce n'est pas heureux, mais dans le cas non heureux c'est heureux

40. šumma II-ma ina šalimti-(ti) karšum šaplânu-(nu) akulišša iziq
ina šalimti-(ti) ummâni-(ni) ina riti ili illak

si "idem" et que dans le cas heureux l'estomac en bas son — ?
pousse (?), *dans le cas heureux mon armée marchera sous la
conduite du dieu*

41. ina lâ šalimti-(ti) ummân nakru ina riti[631] ili illak

*dans le cas non heureux, l'armée ennemie marchera sous la
conduite du dieu*

42. šumma II-ma ina šalimti-(ti) ina karši GAB.UŠ-tum (gibšûtum)
ittabši ana ḫarrâni sipra ša mâti ilu Rammân iraḫiṣ-(iṣ)

*si "idem" et que dans le cas heureux dans l'estomac un épaissis-
sement se trouve, dans l'expédition le dieu Rammàn inondera
le* sipru *du pays*

---

[631] *ritu* = *rê'ûtu*, gouvernement, conduite et ne peut être ici *rîtu*, pâturage.

43. ŠA . HUL[632] (lumun libbim) mâtu immar karê[633] šarri immašša'[634] úlu biblum mâti ubbalu[635]

> *le pays verra la méchanceté, les greniers du roi seront pillés (dépouillés), le produit du pays sera emporté*[636]

44. maḫiru iṣaḫir-(ir) meništum ibaši-(ši) mâr šarri ina ḫarrâni abišu ibar (imaš)[637]

> *le marché sera diminué, il y aura affaiblissement, le fils du roi dans l'expédition son père — ?*

45. aššum ina bârûti ša mâr amèl bâri

> *selon [qu'il est écrit] dans la science de l'haruspice*

Ce document se termine par la formule habituelle : "Tablette d'Asourbanapal, le grand roi, le roi puissant, le roi du monde, roi d'Assyrie, l'aimé des grands dieux, auquel Schamasch et Adad ont donné un vaste entendement, qui apprit (*iḫuzzu*) l'haruspicine (*bârûtu*), mystère des cieux et de la terre, science de Schamasch et de Adad et développa son intelligence (*uštabil karassu*) ; cette tablette il rédigea, examina, écrivit lisiblement et dans son palais il déposa.

[632] Voir plus haut, p. 174, notes, III R 65, 12, 13 b.

[633] III R 61, 12 b, *karie mâti iriqqa.*

[634] III R 65, 42 a, *bušû mâtika lâ imašša'* (au lieu de ◁⊨ lire ◁→).

[635] III R 60, 62, 70 b.

[636] La traduction de Delitzsch, *H. W.*, p 166 (s. *biblu*) est inacceptable.

[637] *ibar* d'un thème *bâru* d'où *bartum*, Thompson, Reports (ḪI-GAR) ; ou bièn *imaš* moins probable, de *mâšu*, Del., *H. W.*, p. 391, " mépriser."

PRÉSAGES FOURNIS PAR LES RIVIÈRES.

K. 47 + K. 2237 + K. 3522 + K. 3573 + K. 4049 + K. 8164,
DA., p. 59.

Ce texte est identique à K. 8191 + K. 8192 + K. 8193 publié par moi, DA , p. 51, et la traduction suivante est basée sur l'un et l'autre qui se complètent. mais spécialement sur K. 47. La transcription donne souvent les corrections nécessaires, sans qu'il en soit fait une mention spéciale au bas des pages.

1. šumma nâru mûša SI(G) . ME uṣṣûnimma ina elišunu mê piṣê utâlum[638]

   si une rivière (de) son eau des —? sortent et que sur eux des eaux blanchâtres sont étendues

2. inbu AŠ . AN . NA TIG . GAL TIG[639] . TUR TIG . ŠA . ḪAR . RA lâ iššir

   les fruits, l'ašan, le tiggal, le tigtur, le tigšaḫarra[640] ne réussira pas

3. šumma ina araḫ Araḫšamna mûša kîma ḫaḫḫi izzazma u elišu ḫurḫummat asidi

   si dans le mois de Araḫšamna[641] son eau comme de l'écume se tient et sur elle de l'ḫurḫummat de l'asidi

4. 'ulama uptaḫḫaru enuma še'u kabar ilu Rammân iraḫiṣ-(iṣ)

   —? et s'accumule, lorsque le froment sera grand, Adad l'inondera

5. šumma mîlu kîma mû iṣṣie SI(G) ḫašše u ina[642] elišunu bubu'tu[643] MI . ma . . . . .

   si une crue comme l'eau des —? —? et que sur eux de la boue (?) noire (?) . . . . .

[638] De נאל, Del., *H. W.*, p. 438.
[639] Omis dans mon édition ; je n'ai pu collationner ce texte.
[640] Pour ces produits végétaux, voir Zimmern, Ritualtafeln, p. 149. Avec ⟨signes cunéiformes⟩ on faisait des vêtements, V R 14, E. F., 11, 12, 13.
[641] Octobre-Novembre.
[642] *u ina* me paraît plus sûr que ⟨signe⟩.
[643] Voir plus haut, p. 84.

6. tâlukšunu[644] kibra nâri ušallaṭ urpâti abnê . . . .

leur course la berge du fleuve entraîne, des nuages, des pierres

7. zanan šamê ilu Rammân ina pîšu . . . . ?-tar

pluie des cieux, le dieu Adad avec sa voix . . . .

8. šumma ina araḫ Kisilimu[645] mû zakuma nâru qirib ša ašri
HAL išapilma mâtu mu . . . .

*si dans le mois de Kisilimu l'eau est limpide et que le fleuve au
milieu du — ? s'abaisse et . . . .*

9. šumma mû zuki[646] uṣṣû (?) . . . .

si des eaux zuki sortent . . . .

10. ina šaqi ša eqli[647] . . . .

dans l'irrigation de la campagne . . . .

11. nišê mârê . . . .

les peuples les enfants . . . .

12. šumma mû zuki uṣṣûnimma[648] nâru kibru . . . .

si des eaux zuki sortent et que le fleuve la berge . . . .

13. turruku u bubu'tu malû-(û) . . . .

de turruku et de la boue remplis . . . .

14. šalamtum ina mâti ul . . . .

un cadavre dans le pays ne . . . .

15. šumma ina araḫ Ṭebitum mêša kîma ṭîṭu ina pânišunu . .

si dans le mois de Ṭebit, ses eaux comme de l'argile devant elles .

16. ina qabli nâri ittanaḫḫis[su][649] . . . .

au milieu du fleuve se déplacent (?) . . . .

17. šumma mûša kîma martu pânišunu ina nâri izzazma iš[tu
šaḫat] nâri

*si son eau comme du fiel devant elles dans le fleuve se tient et que
depuis le bord du fleuve*

---

644 Del., *H.W.*, p. 69.

646 pures?

648 𒁹— et non 𒁹 —.

645 Novembre-Décembre.

647 DA., p. 53, Col. B.

649 Voir DA., p. 53, l. 7.

18. ittanaḫḫis napaš eburi ⟜ [mâtu] ṣiḫru[650] ana mâti [rabi]

se déplace, surproduction de céréales ⟜ le petit pays au grand pays

19. mâtu rabû ana mâti ṣiḫri ana balâṭi(-ṭi) . . izzaz[651]

le grand pays au petit pays pour la vie aidera

20. šumma mûša kîma aṣi ina nâri izzazma ištu qabli nâri mû ša
a[ḫat]

si son eau comme un aṣû *dans le fleuve se tient et que du milieu
du fleuve l'eau de la rive*

21. 'iluma kisal nâri [naḫis mû šaḫ]at nâri Û mû ša[ḫat . .] . .

monte et le kisal[652] *du fleuve est entraîné l'eau du bord du fleuve
"idem" l'eau du bord*

22. ['ilu eburu mâti rabi išširma mâtu] ṣiḫru ana mâti rabi ana
buri? lu? . . (cf. n. 651) . . .

*monte, la récolte du grand pays sera prospère, le petit pays au
grand pays . . . . . .*

22.[653] šumma ina araḫ Addaru[654] mû kaiamanutu ina libbišunu
nabli išâti ištanaḫḫitu[655]

*si dans le mois de Adar les eaux stationnaires dans elles, des
flammes d'un feu s'élèvent*

23. abub našpanti šakin mîla uṣṣima napḫar mâti ubbal

*un cyclone de violence, qui provoque l'inondation éclatera et
ravagera le pays tout entier*

24. šumma nâru mû kaiamanutu ubilma ina libbišu nabli išâti
ištanaḫḫitu

*si une rivière de l'eau constante entraine et que de son milieu les
flammes d'un feu s'élèvent*

---

[650] ⟦cuneiform⟧ et non ⟦cuneiform⟧.

[651] Lire ainsi ⟦cuneiform⟧ cf. DA., p. 78, l. 15.

[652] Fond, bas-fond (?).

[653] Je saute quelques lignes incomplètes, du paragraphe renfermant les présages
du mois de *Šabaṭu* et passe au paragraphe suivant; il faut se reporter à DA.,
p. 54, l. 22 et suivantes.

[654] Février-Mars.

[655] *šaḫâṭu.*

25. nâru šuâtu issikkirma alu ina libbiša ? limuttu iṣabbat-(bat)

cette rivière sera obstruée et la ville dans son milieu ? le malheur saisira

26. šumma nâru mû kaiamanutu ubilma ina libbišu nabli išâti ana kibri

si la rivière des eaux constantes entraîne et que de son milieu les flammes d'un feu

27. ištanaḫḫiṭu nâru šuâtu mû uṣamma

vers le bord s'élèvent ce fleuve, l'eau manquera

28. šumma nâru mû kaiamanutu ubilma ina libbišu aban erê ana kibri

si la rivière des eaux constantes entraîne et que dans son milieu des pierres erê vers le bord

29. ištanaḫḫiṭu nâru šuâtu issikkirma

s'élèvent, cette rivière sera obstruée et

30. . . . . ta u mašqita uṣamma

la nourriture? et la boisson seront rares

31. [šumma nâru mû] kaiamanutu ubilma ina libbišu laqudda ana kibri ištanaḫḫiṭ

[si la rivière de l'eau] constante entraîne et que dans son milieu du lagudda vers le bord s'élève

32. . . . . uṣamma mâtu arbutam illak nišê iššallala

. . . . manquera, le pays sera ravagé, les habitants seront emmenés en captivité

33. [šumma nâru mû kai]amanutu ubilma ina libbišu mû aneḫutum ana kibri

[si la rivière de l'eau] constante entraîne et que dans son milieu de l'eau stagnante au bord

34. . . . . ku nišê nâru šuâtu nakru isadirma ištanaḫḫiṭ

. . . . des peuples, ce fleuve l'ennemi se présentera (devant) et détournera (?)

35. [šumma nâru mû kai]amanutu ubilma mûša kîma râṭi igarrurum

    [si la rivière de l'eau] constante entraîne et que son eau coule comme une gouttière

36. . . . . araru mâtu šuâtu birqu ibarriqši

    . . . . ce pays la foudre le foudroiera

etc., etc.

CoL. II (DA., p. 60).[656]

1. šumma ina araḫ Nisannu mîlu ikânma nâru kîma dâmi ṣarip [ina mâti mîtu ibaši-(ši)]

    si dans le mois de Nisan une crue a lieu et que le fleuve a la couleur du sang, dans le pays la mort sera?

2. šumma nâru kîma dâmi pili murṣê [ina mâti] ibašû

    si le fleuve comme du sang brun, des maladies dans le pays seront

3. šumma nâru kîma dâmu da'mu SU-ma ibballu-(lu)[657] [eburu] mâti lâ iššir

    si le fleuve comme du sang noir est épais et comprimé, [la récolte] du pays ne prospérera pas

4. šumma nâru puṣâm ibballu-(lu) arki šatti ilu Rammân iraḫiṣ-(iṣ)

    si le fleuve avec du puṣû *est obstrué, à la fin de l'année Rammân inondera*

5. šumma nâru kîma mû nâri šadi ina apsi ilu Ea atala išakan-(an)

    si le fleuve comme l'eau d'une rivière de montagne, aans l'océan le dieu Ea occasionnera une éclipse

6. šumma nâru kîma mû saḫḫi[658] ina mâti sualum ibaši-(ši)

    si le fleuve comme l'eau d'une mare (?), il y aura dans le pays la maladie du sualu[659]

---

[656] Voir aussi DA., p. 51, qui permet de compléter et corriger le texte.

[657] DA., 121, l. 13, *nâru ibbala.*

[658] Del., *H.W.*, p. 493.

[659] Meissner, Supplem., p. 105; Küchler, *A.B.M.*, p. 65; Wright, De Goeje, Arabic Grammar, p. 113, où شَقَال a la signification de "violent or continuous motion." Dans notre texte il s'agit d'un genre de maladie quelconque, qui provoque une toux dangereuse.

7. šumma nâru amurriqânu ašû amurriqânu ina mâti ibaši

   si le fleuve des amurriqânu[660] *encombrent, il y aura dans le pays la maladie de la jaunisse*

8. šumma nâru kîma LU . KU . ŠIR ina mâti aḫḫazu ibaši-(ši)

   si le fleuve comme un — ?, dans le pays il y aura le démon de la fièvre

9. šumma nâru mû kaiamanutu ina elišunu mê ṣalmê iḫḫulu ina mâti mušgarru ibaši

   si le fleuve des eaux constantes et que sur elles des eaux noirâtres — ?, dans le pays il y aura le mušgarru[661]

10. šumma nâru kîma mîlu kaiamanimma ina elišunu da'mê 'iḫulum

    si le fleuve comme une inondation constante et que sur elles (les eaux) des (eaux) rougeâtres — ?

11. ina mâti mušgarru amêli ibaši-(ši)

    dans le pays il y aura le mušgarru *de l'homme*

12. šumma nâru kîma zîqi nâri ina kibri nâri utâ'lu

    si le fleuve comme l'impétuosité d'un fleuve au bord du fleuve (les eaux) s'étendent

13. Û ina kibri nâri ušappilu mâtu sunqam immar-(mar)

    "idem" au bord du fleuve s'abaissent, le pays verra la détresse

14. šumma nâru kîma mû alapie Û kîma alapie ina kibri nâri

    si le fleuve comme l'eau des plantes alapie "idem," si comme des alapie au bord du fleuve

15. utâ'lu Û ušappilu mâtu ušurti ramâniša iṣabbat-(bat)

    s'étendent "idem" s'abaissent, le pays sa propre ruine saisira

16. šumma nâru kîma qadûtu u bubu'tu nadû eburu mâti iššir

    si le fleuve comme de la boue et de la fange se trouvent, la récolte du pays prospérera

17. mâtu lîbbi ṭâbtam immar

    le pays à l'intérieur verra le bonheur

---

[660] Espèce de plante.
[661] D'après Del., *H. W.*, p. 428, une espèce de serpent.

18. šumma nâru kîma ṭiṭu ṣalmu eburu mâti biblu ubbal

   *si le fleuve comme de l'argile noire, la récolte du pays produira
   en abondance*

19. šumma nâru kîma ṭiṭu ittanatlaḫu[662] meḫirtum ina mâti ibaši

   *si le fleuve comme de l'argile (ses eaux) sont troubles, il y aura
   adversité dans le pays*

20. šumma nâru kîma idri(itri)[663] šinni iḫammaṭu šarru mâta
   unakkir-(ir)

   *si le fleuve (les eaux) comme l'émail de la dent brillent, le roi
   tyrannisera le pays*

21. šumma nâru kîma idri(itri) ṭâbti iḫammaṭu Û aḫu išû

   *si le fleuve (les eaux) comme le poli du sel brillent, "idem" un
   autre sera*

22. ina libbi[664] mâti atmû nišêšu ṭâbu ⟨ lâ ṭâbu

   dans le pays la parole de ses peuples sera bonne : pas bonne

23. šumma ina araḫ [?] mîlu ikânma nâru mûša ana eṣini irissunu
   lâ ṭâbu

   *si dans le mois de [?] une crue a lieu et que le fleuve son eau
   pour sentir son odeur n'est pas bonne*

24. ilu Rammân . . . . . ikkalma mâtu bussa uṣṣan

   le dieu Rammân . . . . . dévorera, le pays sentira (?) le bussa

25. šumma nâru iris[su] . . . . ri Û kîma napiš[665] iṣṣurâte

   *si le fleuve son odeur . . . . "idem" comme l'odeur
   des oiseaux*

26.   ina mâti . . . . meš

   dans le pays . . . . seront

27. šumma nâru irissu[666] lâ . . . . . . tum nûne ina mâti ibaši-(ši)

   si le fleuve son odeur . . . . de poissons dans le pays sera

---

[662] IV₂ de *dalâḫu.*
[663] Est-ce un idéogramme ?
[664] C'est ainsi qu'il faut lire.
[665] Jensen, *K.B.,* VI, p. 428.
[666] Au lieu de 𒂊𒈠 lire 𒂊𒈠.

28. šumma nâru kîma mû bûri qadûtu . . . . . . [eburu] mâti iššir

    si le fleuve comme l'eau d'un puits de la boue . . . . . la récolte du pays sera prospère

29. šumma nâru kîma mû barû [zurrupu šamaššammu lâ iššir[667]]

    si le fleuve comme l'eau [dont se sert] l'haruspice est [limpide, le sésame ne prospérera pas]

30. šumma nâru bamat zakû [bamat dalḫu šarru mâti ittišu]

    si le fleuve des vagues[668] pures des vagues troubles le roi du pays, à lui son pays

31.   kittam [ul itame]

    la vérité [ne dira pas]

32. šumma nâru kima ṣîru uktapluma[669] ana maḫarti [uzaqapu]

    si le fleuve comme un serpent se replie et devant [se dresse] . .

24[670]. bûl ṣêri šaknu iṣabbat-(bat)

    le gouverneur prendra les bestiaux

25. šumma ina araḫ Simânu mîlu ikânma mûša kibra nâri ušallatu

    si dans le mois de Sivan une crue a lieu et que son eau la rive du fleuve détache

26. ana arki šatti ilu Rammân bitâte iraḫiṣ-(iṣ)

    après une année Adad inondera les maisons

27. šumma sâmtu[671] ina suḫḫi[672] nâri tarka kisal mû sakkir

    si de la pierre sâmtu dans la vase du fleuve — ?, le fond de l'eau obstrue

28. mugirtu (muburtu) ubbalu

    ils produiront du mugirtu

---

[667] A partir d'ici voir aussi DA., p. 52, l. 21 et suiv.

[668] *bamât* du *nâru*, sens analogue à בָּמֳתֵי־יָם.

[669] DA., p. 52, l. 23 : *uktappaluma*. Pour *kapâlu* voir plus haut, p. 153.

[670] Pour la suite voir DA. p. 52, l. 24 et suiv.

[671] Jensen, *K.B.*, p. 405 : malachite ; rien ne fait supposer qu'il s'agisse ici de cette pierre.

[672] Hébreu סוּחָה, Esaïe v, 25, qu'on traduit par balayures.

29. šumma nâru muša NE . ZA . ZA[673] malû sassûru ina mâti ibaši

   si la rivière son eau est pleine de nezazu, il y aura la sassûru[674]
   dans le pays

30. šumma nîš mîli ikânma . . . . ta matta ukallu

   si la crue montante a lieu . . . . nombreuse ils tiendront

31. sassur LIT . . . . IB ḪI . A ina mâti ibaši

   la sassûru *des bestiaux . . . . dans le pays sera*

etc., etc.

Col. III (DA., p. 62).

Pour ces deux colonnes III et IV, l'on peut consulter la reproduction phototypique de K. 47 communiquée par Bezold dans le cinquième volume de son catalogue, Pl. XII.

1. šumma ina araḫ Abu mîlu ikân(-an) abiktu nûne ilu Ea

   *si dans le mois de Abu une inondation a lieu, destruction des
   poissons du dieu Ea*

2. šumma ina araḫ Ululu Û imḫullu isadirma . . . .

   si dans le mois de Ululu " idem," une tempête sévira. . . . . . .

3. šumma ina araḫ Tašritu Û ḫegallu ina mâti [ibaši]

   si dans le mois de Tešrit " idem," l'abondance dans le pays sera

4. šumma ina araḫ Araḫšamna Û zunnu izannan ilu Rammân
   dûrâni . . . .

   *si dans le mois de Araḫšamna " idem," la pluie sera abondante,
   le dieu Adad les murs[675] . . . .*

5. šumma ina araḫ Kisilimu Û ilu Rammân u ilu Nergal ina mâti
   ikkalû[676] . . .

   *si dans le mois de Kislev " idem," le dieu Rammân et le dieu
   Nergal dans le pays dévoreront . . .*

[673] Ce terme désigne un animal, voir Rm. 2, 532 et K. 7985 ; dans ce dernier document, on donne les présages pour les cas où une chèvre met au monde un cheval, un renard, un serpent, un [signes cunéiformes], etc.

[674] Une espèce de mouche d'après Del., *H. W.*, p. 677.

[675] Après [signes cunéiformes] lire [signe cunéiforme].

[676] Après [signe cunéiforme] lire [signe cunéiforme] . . . . .

6. šumma ina araḫ Ṭebitum Û eburu mâti rabi lâ iššir

si dans le mois de Ṭebit "idem," la récolte du grand pays ne prospérera pas

7. šumma ina araḫ Šabaṭu Û ilu Rammân ina gimri ra ? . . .

si dans le mois de Šabaṭ "idem," le dieu Adad dans la totalité ? . . .

8. šumma ina araḫ Addaru Û libbi mâti iṭâb . .

si dans le mois d'Adar "idem," l'intérieur du pays sera heureux

9. šumma nâru mîlu ikân-(kan) mûšu kîma dâmu ṣarpu šattu VI kan Û ina . . . .

si la rivière une crue a lieu, que son eau comme du sang est colorée, la sixième année "idem" . . . .

10. . . . . ilu Rammân iraḫiṣ-(iṣ) mâtu . . . .

. . . le dieu Adad inondera le pays . . . .

11. . . . . . mat[677] Û nišê ušur[678] . . . .

. . . . . "idem," les peuples . . . .

12. . . . . [signes cunéiformes]

13. . . . . Û mîtûti ina mâti ibašû u[679] dimtu . . . .

. . . . "idem" des morts dans le pays seront et des larmes . . . .

14. . . . . Û šamah ebûru iššir[680] . . . .

. . . . . . "idem" florissante la récolte, elle prospérera. . . . .

15. . . . . zunnê u mîlê ipparrassû Û urpâti i . . . .

. . . . les pluies et les inondations seront arrêtées "idem" les nuages . . . . .

etc., etc.[681]

---

[677] [signe] ?

[678] [signe] et non [signe] ? *ušurtu* = défaite.

[679] [signe] plutôt que [signe].

[680] Au lieu de [signes] ? [signe] ? [signe] ? lire [signes].

[681] L. 18 au lieu de [signes] lire [signes] ? [signe] ?.

23. šumma nîš mîli sadru . . . .
si l'inondation montante se fait sentir violemment . . . .

24. šumma piṣû   . . . .
si (l'eau) est blanche   . . . .

25. šumma ṣalmu   . . . . . .
si elle est noire   . . . . .

26. šumma sâmu   libbi . . . .
si elle est rouge,   *l'intérieur . . . . . .*

27. šumma arqu atalû ilu Ea nazaq mâti Û nadû . . . .
si elle est jaune, éclipse du dieu Ea, dévastation du pays "idem"
     destruction . . . . . .

28. šumma dalḫu eburu mâti . . . .
si elle est trouble, la récolte du pays . . . .

29. šumma zakû ⟨ šakû[682] nazaq[683] . . . .
si elle est limpide : haute, dévastation . . . . .

30. šumma maṭi   nazaq   . . . .
si elle (l'inondation) baisse, dévastation . . . . . .

31. šumma râq libbi mâti iṭâb
si elle — ?, l'intérieur du pays sera heureux

32. šumma nîš mîli isaniq sapaḫ mâti . .
si l'inondation montante s'avance, destruction (dissolution) du
     pays . .

33. šumma danniš gabšu nazaq . . .
si elle est extrêmement violente, dévastation . . .

34. šumma rabû-(ú) nazaq . . . . . .
si grande elle est, dévastation . . . . . .

35. šumma ma'du nazaq . . . .
si abondante elle est, dévastation . . . .

[682] *šaqû.*

[683] Au lieu de 𒂊𒌋𒌋𒌋 lire 𒂊𒂊 et de même à la ligne suivante.

36. šumma butuqtu[684] ma'du nazaq . . . .

si débordement abondant il y a, dévastation . . . .

37. šumma butuqtu kašdu nazaq[685] . . . .

si le débordement envahit de plus en plus, dévastation . . . .

38. šumma madû   nazaq . . . .

s'il est abondant (?), dévastation du pays

39. šumma kaiamanu libbu mâti iṭâb-(ab)

s'il est persistant, l'intérieur du pays sera heureux

40. šumma takkussa nadû našû maqat mâti nakri

si des —? se trouvent, montent, déclin du pays ennemi

41. šumma kuzata nadû amêl nakru imaqqut-(ta)

si des —? se trouvent, l'ennemi tombera

42. šumma kulili[686] tâmtu kîma tubušâti madât butuqtu atru ikân

si des oiseaux kulili *de mer, comme des —? en grand nombre, un débordement considérable sera*

43. šumma kulili našû libbi mâti iṭâb-(ab)

si des oiseaux kulili *se lèvent, l'intérieur du pays sera heureux*

44. šumma kulili piṣû našû nazaq mâti

si des oiseaux kulili *blancs se lèvent, dévastation du pays*

45. šumma kulili ṣalmû našû libbu mâti iṭâb-(ab)

si des oiseaux kulili *noirs se lèvent, l'intérieur du pays sera heureux*

46. šumma kulili sâmu našû miqitti-(ti) nikrûtu-(tu) mâtu amêl nakri imaqut-(ta)

si des oiseaux kulili *bruns se lèvent, chute des rebelles?, le pays de l'ennemi tombera*

---

[684] A . MAḪ = *butuqtu*, Reisner, No. 4, l. 32 ; III R 59, 5, Rev., l. 4 ; III R 61, Col. I, Rev., l. 9, 𒌋𒌋 𒂊𒉌 𒁀 *ubattaq.*

[685] Voir DA., p. 56, Col. A, Verso.

[686] *kulili*, C.T., XIV, Pl. 4, K. 4325 + 13692 ; Pl. 6, K. 4318 ; Pl. 7, K. 4206 + 83-1-18, 441, oiseau aquatique.

47. šumma kulili arqu našû sapaḫ mâti

si des oiseaux kulili *jaunes s'élèvent, destruction (dissolution) du pays*

48. šumma kulili ana usalli isibbû (isippû) libbu mâti ṭâbu niš mîli gazari . . . .

si des oiseaux kulili *vers le marais disparaissent, l'intérieur du pays heureux, l'eau montante les terrains délimités* . . . .

49. šumma kulili ana usalli isanniqu Û la isanniqu ḫi . . . .

si les oiseaux kulili *vers le marais s'approchent "idem," ne s'approchent pas —?* . . . .

50. šumma kulili ana usalli isabu'a nazaq . . . .

si les oiseaux kulili *vers le marais se retirent, dévastation* . . . .

51. šumma kulili ana usalli ḪI . BI . EŠ . . . .

si les oiseaux kulili *vers le marais, effacé* . . . .

52. šumma [ḫurḫumma]ti ina pâni mû kîma ša butiqti madat ana mâti mîlu atru ikân-(kan)

si de l'écume à la surface de l'eau comme celle d'un canal est abondante, au (pour le) pays une inondation considérable aura lieu

53. šumma ina pâni mû kîma šaman iddû Û kîma šamnu iqqaṣruma iqqilippû

si sur la face de l'eau il y a comme un dépôt[687] *de bitume "idem" comme de l'huile se concentre et s'étend*

54. muš[garru] u NE A . SÁ . GA mâta iṣabbat-(bat)

le —?[688] *et le —?*[689] *saisiront*[690] *le pays*

55. šumma kîma mû [akkula] sâmu iqqilippû ḫaḫḫu u siḫḫu iṣabbat-(bat)

si comme l'eau trouble brune s'étend, le ḫaḫḫu[691] *et le* siḫḫu *saisiront le pays*

---

[687] *šamnu* = l'huile, littéralement.

[688] *mušgarru*, est-il ici le nom d'un animal ou d'une maladie?

[689] NE A . SÁ . GA nom d'une maladie, littéralement la chaleur de la campagne, fièvre, ou nom d'animal?

[690] Saisira, plus exactement. [691] Noms de maladies?.

56. šumma nâru [mûša kîma šaman iddû Û] kîma šamnu nâru
ubbal

> *si le fleuve son eau comme un dépôt de bitume " idem," comme de l'huile le fleuve entraîne*

57.   um[manam]   sunqu   iṣabbat-[bat]

> *l'armée   la famine   saisira*

58. šumma nâru [šamna u]bil nâru šuâtu šapiku sâma-(ma)

> *si le fleuve de l'huile entraîne, ce fleuve une masse (?) rougeâtre*

59. itâ[tiša] rigmu ḫulqu[692] šaḫluqtu Keš[693]

> *à ses bords, clameur, ruine, destruction de Kiš*

60. šumma nâru gabšatma[694] mûša ana namgarâti lâ irrubû

> *si le fleuve est impétueux et que ses eaux n'entrent pas dans les canaux*

61. butuqtu ina mâti ibašima lâ issikkir Û butuqtu nâri lâ ibaši

> *le débordement dans le pays sera, il ne sera pas entravé, " idem," le débordement du fleuve ne sera pas*

62. šumma nâru mûša išmuruma u kibraša ikkal nâru šuâtu issikkirma

> *si le fleuve ses eaux sont violentes et il ronge sa rive, ce fleuve sera endigué*

63. aban êrê zântu innammar

> *(celle qui est) ornée de la pierre de fécondité on verra*

64. šumma nâru mûša kîma dâma ubbal naqbe ummân Elamti ina
IS . KU imaqqut-(ut)

> *si le fleuve son eau comme du sang entraîne, des sources ; l'armée d'Elam dans le combat tombera*

---

[692] *ḪA . A* = aussi *tebû* dans IV R 15, ll. 27, 28. *AB . TA ḪA . A-meš* = *ittenenbû,* Del., *H.W.,* p. 698 ; l'on ne peut transcrire *rigmu iḫaliq* tout au plus *rigmu itabbi* ; dans le doute j'ai transcrit : *ḫulqu,* quoique cela soit bien peu probable.

[693] Dans mon édition (DA.) la ligne 60 a été intervertie avec la précédente.

[694] Après ⬡ lire ⬡ ⬡ ⬡, etc.

65. sunqu mâta iṣabbat-(bat) nakru u ummâni-(ni) ina IS . KU
imaqqut-(ut)

la famine saisira le pays, l'ennemi et mon armée dans le combat tomberont (tombera)

66. šumma nâru kibraša ubbal agû agâ kašid u ittanablakkat

si le fleuve sa rive entraîne, que le flot pousse le flot et fait irruption

67. eburu ellima maḫiru ikân

la végétation montera, le marché sera ferme

68. šumma nâru mûša kîma šaman šadi ubil šulu u diḫu ḫaḫḫu
mâta iṣabbat-(bat)

si le fleuve son eau comme de l'huile de montagne entraîne il y aura šulu et diḫu,[695] *le ḫaḫḫu saisira le pays*

Col. IV.

1. šumma nâru mûša kîma digmini ṣalmi ubil

si le fleuve son eau comme un digminu[696] *noir entraîne*

2. mesat[697] ilu Ea mîlu ina naqbi ipparrassa

punition d'Ea, l'inondation dans la source sera empêchée

3. šumma nâru mû u šamna ubil ilâni šabsûtum ana mâti itarûni

si le fleuve de l'eau et de l'huile emporte, les dieux irrités retourneront vers le pays

4. mâtu šubtu neḫtu ittašab-(ab)

le pays (comme) un séjour tranquille sera habité

5. šumma nâru dâma ubil mâtu itti mâti izakkal (= isakkal) bîtu
itti bîti ittakir-(ir)

si le fleuve du sang entraîne, le pays avec un pays luttera, la maison contre une (autre) maison sera hostile

[695] *diḫu* et *šulu* sont mentionnés II R 43, ll. 13 et 14 e. f. ; il s'agit de maladies comme pour *ḫaḫḫu*.

[696] *digmenu* désigne une plante *C. T.*, Part XIV, Plate 27, K. 4162, di-ik(k)-me-nu.

[697] *mesat* d'après Del., *H. W.*, p. 420 = *kabistum*, c'est-à-dire, action de fouler aux pieds ; ce terme se retrouve dans les Annales de Sargon, édit. Winckler, p. 12, l. 58, et p. 88, l. 54 (Salle XIV), *mesat ilu Aššur.*

R

6. aḫu šîra aḫi ikkal ṣâbe iṣaḫarû

   l'un dévorera la chair d'un autre (massacrera), les guerriers seront en petit nombre

7. šumma nâru ina mîli mûša kîma IṢ . ZI . IM[698] ubil mîtûte ina mâti ibašû

   si le fleuve pendant la crue son eau comme du — ? entraîne, il y aura des morts dans le pays

8. šumma nâru ina mîli mûša kîma gapišu [ú[bil] ḪI . BI Û uzzat ilu Ea

   si le fleuve pendant l'inondation son eau comme du gapišu entraîne, effacé, " idem " colère du dieu Ea

9. šumma nâru ina mîli ellima ina qabliša ittakis ittaḫis

   si un fleuve pendant la crue s'élève et que dans son milieu — ?, s'abaisse

10. zunne u mîle lâ ibašû ibašû

    des pluies et des crues ne seront pas ; seront

etc., etc.

Remarques.

La fin de ce document renferme plusieurs termes inconnus. L. 11, lire ⟦cunéiforme⟧ au lieu de ⟦cunéiforme⟧. L. 14, ⟦cunéiforme⟧ et ⟦cunéiforme⟧ forment un seul signe, de même à la l. 16. L. 48, le signe qui précède ⟦cunéiforme⟧ n'est pas clair ⟦cunéiforme⟧. Les dernières lignes de la tablette[699] concernent les différentes plantes ou herbes, qu'on peut voir dans les fossés (*ina ḫurit*) d'une ville. K. 116 (DA., p. 69) qui se rattache à ce qui précède, renferme les présages suivants :

1. šumma ina kirûtiša[700] nâru mû la ukallu bûru ina ramâniša[701] pitima amiru innamirma mû iššatti

   si dans son lit le fleuve ne peut retenir l'eau et qu'une source d'elle-même s'ouvre, que — ? on voit et que l'eau on boit

---

[698] Un végétal quelconque.

[699] Cette tablette est la soixante et unième de la grande série : Si une ville se trouve sur une hauteur.

[700] *Kirûtu* n'a rien à voir avec *kirû*, plantation.

[701] *bûru* est donc du genre féminin comme le suppose Del., *II, IV.*, p. 164.

2. ašru šuâtu iḫarrumma (= iḫarrubma) ana arkat ûme ittašab-
   (ab) karê ina libbiša   uqtarranu

   *ce lieu sera déserté, mais dans la suite des temps il redeviendra
   habitable, les greniers y regorgeront de provisions*

3. šumma ina II bûru pitima mûša ṭâbu tašmû u sâlimu ina mâti
   ibašši-(ši)

   *si "idem," qu'une source s'ouvre, et que son eau est bonne,
   obédience et bienveillance sera*

4. šumma ina II bûru pitima mûša marru atmû kênu ina mâti
   ibašši ûme rubi igdamarû[702]

   *si "idem," qu'une source est ouverte et que son eau est amère, les
   jours du prince seront accomplis*

La suite du texte indique la couleur que peut avoir l'eau de cette
source, l. 5 et 6 ; si elle a la teinte du sang l. 7, si elle est recouverte
de *ḫammu* (algue) l. 8, ce qu'on observe aux alentours de cette
source.   La divination d'après l'aspect des rivières et la pégomancie
proprement dite constituaient donc une branche importante de la
mantique assyro-babylonienne.   Cette couleur du sang, que pouvaient prendre des fleuves comme le Tigre, par ex., a été parfois
considérée comme due à des cataclysmes, tremblements de terre, etc.
En l'an 850 pendant plusieurs jours et au grand étonnement des
habitants, les eaux du Tigre passèrent brusquement du jaune à une
teinte sanguinolente.   Jones auquel j'emprunte cette indication, nous
apprend qu'en 1850 le même phénomène se produisit le 9 août et
dura trois jours.[703]   Lorsqu'on voit par une nuit très sombre des
lueurs intenses vaciller à la surface des eaux, c'est d'un bon augure ;
les riverains de l'Euphrate savent que tous les villages qui verront
passer les ondes lumineuses seront épargnés par la fièvre durant une
année.[704]   Les anciens Babyloniens avaient consigné leurs observations touchant ces mêmes phénomènes, comme l'on peut s'en rendre
compte d'après ce qui est écrit page 237 (DA., p. 54, l. 22 et suiv.).
L. 31 de la colonne III se trouve un terme *ra-aq* (*râku*?), dont je ne
puis indiquer le sens, mais qui revient également dans K. 3860 +
K. 3950 et dans K. 4010.   Dans K. 3860 on donne les présages

---

[702] Thompson transcrit : *ûme rubi labirûti.*
[703] Researches in the Vicinity of the Median Wall of Xenophon, p. 288.
[704] Delitzsch : Im Lande des einstigen Paradieses, p. 28.

R 2

pour les cas où un cheveu est *ḫisi, ebi* (épais), *râq (râk)*, c'est-à-dire, mince? et *kuššu.*

1. 𒑱 ... telle chose arrivera.

2. 𒑱 ...   „   „   „

3. 𒑱 ...   „   „   „

4. 𒑱 ...   „   „   „

Appliqué à une inondation, ce terme *râku (râqu)* signifie peut-être, qu'elle diminue ou disparaît peu à peu.

FRAGMENT D'UN "LIBER DE PRODIGIIS."

Ce document qui termine la publication de mes "Documents relatifs aux présages" renferme l'énumération d'un certain nombre de prodiges recueillis par un Julius Obsequens babylonien. Il m'a paru utile d'en donner ici la traduction, car je ne pense pas, qu'il existe beaucoup de documents de ce genre dans la littérature cunéiforme.

Rm. 155[705] (DA., p. 267).

1. *signes qui au temps de* . . . . . ašeimme ibbi? *le roi?,*[706] *tous ceux qui dans Babylone et* . . . .

2. *une tête coupée* (naksu) *fut inondée de sueur*(?) (iraḫ); *un homme de l'eau dans* . . . .

3. *une jument avait une corne à sa tête à gauche* . . . .

4. *un mouton qui avait quatre cornes fut aperçu* (ittanmar) *à Dûrilu; une femme pourvue de barbe* (ziqna zaqnat) *et à la lèvre inférieure*[707] *un —?*

5. *dans la ville de Daban les toits des maisons furent coupés?*

6. *un —? mit bas* (itta'lad); *la terre journellement —?* . . . .

7. *dans la ville de Bît Albadaia du cuivre dans un endroit caché* (sapanni) *du pays* . . . .

8. *à Babylone un palmier mâle porta* (ittaši) *une datte non mûre* (uḫinu)[708]; *un palmier de six* . . . .

9. *au sommet des petits palmiers une panicule* (sissinna) . . . .

10. *dans le mois de Ṭebit un palmier un —?* . . . .

11. *un chien, un chacal, un cochon de la cannaie vers la ville* . . . .

12. *un chien dans les maisons fut aperçu; le territoire de Nippour* . . .

[705] Ce que dit le Catalogue, Vol. IV, p. 1587, à propos du contenu de Rm. 155 est erroné.

[706] ⟨⟨ avec le sens de roi, se trouve aussi K. 13947 (Catalogue, p. 1350). Fréquent dans les textes astrologiques.

[707] Del., *H.W.*, p. 678 conteste, que *šaptu šaplitu* puisse signifier : lèvre inférieure. Un autre *šaptu šaplitu* dans 13074 voir Meissner, *M.V.A.G.*, 1904, 3, 23.

[708] Pour ce mot *ḫinu*, voir Zimmern dans les Gött. Gel. Anz., 1898, No. 10, p. 818.

13. *dans le territoire d'Accad, de Babylone et ses villes on vit — ?*

14. *un homme eut commerce avec sa mère, un homme eut commerce avec sa sœur, un homme eut commerce avec sa fille, un homme eut commerce avec sa belle-mère*

15. *un bœuf saillit un cheval, un renard saillit un chien, un chien saillit un cochon*

16. *un — ?[709] blanc un* atḫu *blanc dans la ville furent vus*

17. *dans le mois de Araḫšamna il y eut un incendie* (miqitti išâti) *dans le temple d'Esagila dans Bît-Tinûri*

18. *un incendie dans* KÁ . GAL . IB (abul Ninib) *eut lieu* (ittabši) ; *l'on vit* (ittanmar) *un mauvais signe* (mukil reš limuttim) *dans le sanctuaire, dans le vase[710]* rituel

19. *des astres (météorites) tombèrent des cieux; au pays des Chaldéens un chien mâle mit bas* (itta'lad[711])

20. *dans la ville on vit du sel; au bord de la rivière on vit uriner* (?) (šâni[712]) *un mouton[713]* (?)

21. *à Babylone dans le* tušši *du guerrier de Bêl, un cadavre une hyène* (?)[714] . .

22. *incendie* (miqittim išâti) *dans le mois de Ṭebit dans Esagila dans Bît Ukkus* (?)

Verso.

5. . . . . *dans Borsippa dans Ezida l'eau dans les murs* . .

6. . . . . *Eridou dans les jours Bêl* . . . . *karâna le sceau du pays détruisit* (?) (inâr) *— ?* . . .

[709] ⸺𒅊𒀸 𒁹𒀜𒌋 𒊬𒀭 ⸺𒅊 oiseau quelconque de même que AT . ḪU (𒊬𒀭 ⸺𒅊 = idéogramme); le premier est mentionné K. 13195 (voir le Catalogue) et Sm. 230 : Si un ⸺𒅊𒀸 𒁹𒀜𒌋 𒊬𒀭 ⸺𒅊 noir dans la ville est vu, dans ce même mois il y aura une éclipse, etc., toutes sortes de choses funestes sont prédites.

[710] Pour ce mot voir Jensen, *K.B.*, VI, 536, kankannu est ⸺ 𒆪𒋢𒉣, Dalman, p. 367.

[711] *itta'lad* ne peut pas être traduit ici par : il naquit; qu'un chien mâle naquit au pays des Chaldéens, cela n'aurait point constitué un fait extraordinaire.

[712] Meissner, Supplem., p. 91.

[713] Jensen explique ainsi *bibbu*.

[714] Meissner, Supplem., p. 70, sâru est un animal.

7. *dans Dilbat*[715] *dans les plantations de dattiers des dattes non mûres* . . . . .

8. *un* namtar[716] *et un* — ?[717] *au milieu d'un dattier furent aperçus*

9. *à Dûrilu au repas des dieux réunis un signe funeste fut aperçu*

10. *dans le pays des Chaldéens un palmier cornu*[718] (*l'on vit*)

11. *dans KÁ Hilisir*[719] *un signe funeste fut aperçu dans le vase rituel*

12. 47 *signes mauvais* (*funestes*) *qui pour la ruine d'Accad eurent lieu*

13. *rédigé et écrit lisiblement d'après son vieil exemplaire*

14. *tablette de Nabûzugubgina le scribe*

Remarques.

L. 18. *mukil reš limuttim* est connu. On trouve aussi *mukil kuri* (DA., p. 265, l. 18) qui a le même sens. Le mot *tuššu* qui se trouve l. 21 du recto revient DA., p. 38, voir plus haut, p. 211, l. 6, DA., p. 76, l. 29, *KA(atma) tušši* = parole adverse ; K. 32 ; Sm. 1419 : *tu-uš-šu eli amêli imaqqut-(ut)* où je l'ai traduit par "adversité." Le sens exact serait "affaissement" car *tuššu* = *miqtum*, II R 35, G. H., 47. Ici nous avons un autre *tuššu* de même que K. 6765 (Catalogue, p. 808) : Si une hirondelle fait son nid (*iqnun*) dans le *tušši* . .

---

[715] Les plantations de *Dilbat* sont mentionnées, code d'Hammourabi, III, 20. Pour cette ville voir Catalogue, p. 923, K. 8399, qui mentionne le temple de *Bît Ine Anum* à Dilbat. D'après Pinches, Recueil de travaux, 1897, p. 105, serait le moderne Dailem. Oppert, dans son Expédition en Mésopotamie (Tome I, p. 240), dit que la colline de Deylem (au sud de Birs Nimroud) ne le cède en étendue qu'à la colline de Amran. Aujourd'hui encore des plantations de dattiers attestent la fertilité de la campagne. Remarquons enfin que Hammourabi mentionne cette ville après Borsippa.

[716] Pour ce nom de plante, voir Meissner, *M. V. A. G.*, 1904, 3, p. 48.

[717] IȘ MA revient dans les textes publiés par Zimmern, *B. R.*, voir le glossaire ; d'après notre texte IȘ MA ne peut signifier "datte" *suluppu* et il doit désigner un fruit différent.

[718] *qarnu šakin* = une corne se trouvait.

[719] Chapelle de Zarpanit à Esagila.

(*Fin.*)

ADDITIONS ET CORRECTIONS.

P. 3. *katarru* ne m'est pas clair; rien ne prouve que ce soit le nom d'un animal et il eut mieux valu ne pas enregistrer ses présages dans la classe de ceux des animaux.

P. 7, n. 16. *dibiru*, K. 196 (édit. Pinches), Col. I, l. 5; DA., p. 214, l. 34; voir aussi p. 103 de ce volume. Faut-il le rapprocher de دبرة que Lane traduit: "a turn of evil fortune"?.

P. 8. *gudu*, ll. 6 et 7, Meissner, G.G. Anz., 1904, No. 9, p. 742 = DA., p. 85, l. 5. *sapul, šipulu*, ll. 12 et 13, *P.S.B.A.*, 1903, p. 28. Faut-il le distinguer, ce qui me paraît peu probable de *šippuru*, *B.T.*, XVII, Pl. 42, ll. 5 et 11 ?; *l* et *r* permutent dans les langues sémitiques (Haupt, Babyl. Elements in the Levitic Ritual, p. 77, note 104).

P. 14, n. 31. *šagašâtum ibašû* K. 3970 *šagašâti ina mâti ibašû:* des attentats (?) auront lieu dans le pays, DA., p. 132, l. 22. DA., p. 264, l. 10: si un serpent devant l'homme se dresse (*ili*), cet homme un meurtrier (?) le frappera (*šagišu išagissu*).

P. 14, n. 33. *irru* seul se retrouve K. 3166 (publié DA., p. 160), l. 3 : si un être difforme[1] (*isbu*) son ventre est ouvert et que ses intestins sont liés comme un faisceau (*irrušu kîma pikurtu[2] šuk[lu]*). L'assyrien avait deux verbes *šakâlu*, le premier = شكل = "lier," le second = שׁכל = "agir avec prudence." 𒀭 désigne la cavité abdominale, renfermant (voir K. 3166) les intestins (*irru*), le 𒄩, le *qirbu* (= קֶרֶב = entrailles ?), l'estomac (*karšu*), les reins (𒉈 = *kalitu*), le foie = 𒄷 (= aussi *kabittu*, Meissner, G.G. Anz., 1904, No. 9, p. 746); *kabittu* d'après Küchler, *B.M.*, p. 117, cor-

---

[1] *isbu* = (Jensen, *K.B.*, VI, p. 343) "puer trucis corporis" comme dirait Julius Obsequens; pour les Assyriens les naissances monstrueuses étaient d'une grande importance pour la détermination des présages. Voir la grande collection des tablettes 𒈝 publiée par moi, DA., p. 109 et suiv.

[2] Voir plus haut, p. 2, n. 7, où il faut traduire aussi : si des serpents sont liés comme un faisceau.

respond aussi à *libbu*, en sorte que les objections de Jensen exprimées
à plusieurs reprises dans *K.B.*, VI, sont fondées ; ceci montre
combien il est difficile de trouver le sens précis et adéquat de ces
termes ; je regrette que Küchler n'ait pu étudier DA., où il aurait
trouvé un grand choix de mots se rapportant à l'anatomie du corps
humain, *gudu*, *qimṣu*, etc., voir mon glossaire.[3]   Le 𒀭 (l. 8)
de la cavité abdominale = *qašat libbi* = talmud. קֶשְׁתָא, une partie
de l'intestin, le duodenum.   Dans K. 10242 (publié DA., p. 161)
est mentionné le *papan libbi* (voir aussi DA., p. 144, l. 22).   Est-ce
la région qui avoisine le diaphragme, ou la cavité thoracique ?[4]   Dans
ce document et le précédent on indique les présages pour le cas où
la cavité abdominale (*libbu*) dans K. 3166, les reins dans K. 10242
(l. 2 : le rein gauche), le *papan libbi* dans K. 10242 (l. 4) sont ouverts
(𒀜).   Que signifie aussi 𒀭 si fréquemment mentionné dans les
textes divinatoires ?[5]   K. 3166, l. 13 : Si un être difforme (*isbu*) a
son ventre ouvert et laisse pendre son 𒀭, *šumma isbu libbišu
pitima takaltašu ušqalal.*

P. 26, n. 66 *gannu*, cf. Küchler, *B.M.*, p. 117.   Meissner,
G.G. Anz., 1904, No. 9, p. 750.

P. 39. 𒀭 *niru*, cf. K. 3962 (DA., p. 21, l. 7, à partir du
haut de la page) cité p. 115 de ce volume ; d'après ce passage il
désignerait un organe extérieur, membrum virile ?   Il est très possible

---

[3] *gudu*, DA., p. 31 (Rm. 2, 149), ll. 6 et 7 ; *qimṣu*, ll. 8 et 9 ; *sapulu*, ll. 12
et 13 ; *gudu*, DA., p. 85, ll. 5 et 7 ; p. 93, ll. 20 et 22 ; p. 112, l. 16 (?) ; p. 119,
ll. 33, 35, 37 ; p. 152, l. 7.   *bantu*, DA., p. 143, ll. 20 et 21 : si un être difforme
a ses oreilles sur son ventre (?) à droite ou à gauche ; p. 155, l. 3 (K. 3925).
bantu = 𒌋, voir plus haut, p. 109.   Y-a-t-il un autre *pantû* = 𒌋 (Küchler,
B.M., p. 104) ?   En tout cas la lecture est *ba-an-tu* avec "b".   *qimṣu* a été
traduit par moi par "jarret," *P.S.B.A.* (1901), p. 118, l. 15 ; DA., p. 256, ll. 8,
9, 10, 11, 12, 13, 14.   *ḪAL* = *ḫallu* (?) (Küchl., *B.M.*, p. 33, l. 47) = Darm?.
Voir Meissner, G.G. Anz., 1904, No. 9, p. 748, et DA., p. 165, l. 13 : si un être
difforme (*isbu*) ses pieds sont tournés vers son côlon (?) (*ana ḫallišu*).   Je ne puis
citer ici tous les passages, voir mon glossaire.

[4] Haupt d'après ses Babylonian Elements in the Levitic Ritual, p. 76, No. 99,
ne paraît guère avoir étudié les "omina" (surtout K. 3166, DA., p. 160, publié en
1896) qui sont importants pour la lexicographie anatomique.   Les rapprochements
des termes assyriens avec ceux des correspondants dans les autres langues sémitiques, ne doivent venir qu'en dernier lieu.   Ce qu'il dit en outre N. 120, p. 80,
de l'influence des haruspices babyloniens sur les rites des Juifs orthodoxes me
paraît douteux.

[5] Voir le glossaire, que je publierai sous peu.

et même probable que les haruspices,[6] loin de se confiner exclusivement dans l'extispicine, ont aussi examiné les organes génitaux de
la victime ; c'était là un des grands mystères, que celui de la généra-
tion, problème immense qui les captivait également, autour duquel
gravitait incessamment la pensée antique et qui y cherchait une
révélation divine.　M. le professeur Guillebeau de Berne m'avait
suggéré que ⸢[cunéiforme]⸣ = *abnu* aurait pu désigner les testicules et [cunéiforme]
= *niru* la verge, penis.　Dans ce cas là [cunéiforme] équivaudrait à la
vessie et non à la vésicule biliaire.　Voir p. 64, n. 162.

P. 40. La locution [cunéiforme] est expliquée plus loin p. 122.

P. 42, ll. 8 et 9. [cunéiforme] après [cunéiforme] est complément phonétique ; il faudrait transcrire : *erik-(ik)*.

P. 46, n. 107. K. 3954 dont le passage cité est conçu ainsi : *ina
šani qimu* [cunéiforme] *lâ šalmat-(ât)* ferait croire, que [cunéiforme] doit être
transcrit par *qimu*.　DA., p. 148, l. 26, on lit *mâtu qimša itakkal.*
Cette transcription se justifie donc également, mais je pense, qu'il
vaut mieux en se basant sur DA., p. 133, l. 23, lire *ṭêmu išanni
(ṭi-im niše i-ša-an-ni).*[7]　Remarquons que "le jugement, le bon sens"
résidait d'après l'idée des Assyriens, dans le [cunéiforme] auquel Küchler
attribue le sens de " hinterer, after."

P. 51, l. 32. [cunéiforme] désigne une partie du corps.

P. 61. *ḫalâqu* est expliqué plus loin p. 68, No. 173.　On le
trouve employé dans le sens de " fuir, s'enfuir," p. ex., DA., p. 143,

---

[6] On trouve aussi mentionné outre le *bâru*, le *maḫḫû* = [cunéiforme]
dans K. 102 (DA., p. 47) l. 10.　Un passage d'Asourbanapal (Sm., 128, 95) nous
apprend que leur fonction consistait à interpréter les signes et à expliquer les
songes.　Dans K. 2001 (traduit par F. Martin) nous voyons le *maḫḫû* au service
d'Istar.　Il y avait aussi des prêtresses *maḫḫûti*, voyantes, sortes de sibylles.　Je
regarde *maḫḫû* comme étant d'origine sumérienne et ce mot est devenu sous les
Achéménides *magušu* = μάγος. Jérémie xxxix, 3, cite un רב־מג.　Gutschmid a eu
raison dans une certaine mesure de mettre en doute l'origine sémitique des mages,
leur sacerdoce, qui remonte très haut dans l'histoire, paraît avoir été institué par
les Sumériens (?).　L'on a attaché une importance exagérée à ce que dit Hérodote,
I, 101 ; ce passage qui fait des Mages une tribu médique, ne prouve rien en faveur
de leur origine.　Voir ce qui est dit note 1 de la page vi de l'Avant-Propos.
Plusieurs traditions (Spiegel, Erânische Alterthumskunde, I, 555) rapportent que
Manuschir avait exécuté de grands travaux en Babylonie et résidé même à Babylone, ce qui confirme le rapprochement que j'ai fait entre ce prince et *Emmeduranki.*

[7] Voir K. 2210 semblable à K. 102 (DA., p. 47) où on a : [cunéiforme]
[cunéiforme] : *milik ummâni-ia išanni-(ni)* = l'esprit de mon armée changera.

l. 21, le prince ses conseillers s'enfuiront vers le pays ennemi : *rubû mâlike ana mâti nakri iḫalliqû* ; *mâliku* = [cuneiform].

P. 65. D.T. 49 a été reproduit ici par mégarde, quoique ayant été déjà publié DA., p. 248.

P. 69, n. 177. *taráku* est expliqué p. 223, n. 601.

P. 83, n. 208. Pour la traduction de ce document, voir p. 179 du présent volume.

P. 95, n. 240. Au lieu de *kapâru* lire dans le texte inédit (publié dans le présent volume, p. 137 et suiv.) *kapâlu*. Mais *kapâlu* et *kapáru* appartiennent au même thème puisque *r* et *l* permutent. *kapáru* revient Küchler, *B.M.*, p. 91, et *kapâlu* K. 196 (édit. Pinches), Col. I, l. 27 : si sur le fondement récemment établi des serpents s'enroulent (*iktappilu*). Pour d'autres passages voir mon glossaire.

P. 104. K. 7000 est traduit dans le présent volume, p. 179.

P. 106. [cuneiform] pourrait se lire *kartab, qartap*. On serait tenté de rapprocher *kartappu* (*kartabbu*) de *kantappu*, *B.T.*, XVII, Pl. 42, ll. 11, 23, 35. *N* et *r* permutent dans les langues sémitiques et [cuneiform] comme *kantappu* désigne un organe. [cuneiform] = *nappašu*, Brünnow, Nos. 3766 et 12037. A ce thème *napâšu* se rattache *napištu*, auquel Jensen avait attribué aussi le sens de poumon, *K.B.*, II, 143. Le pluriel de ce *napištu* se trouve DA., p. 143, l. 14 : si un être difforme (*isbu*) a ses oreilles placées dessous son *isu* (*šaplânu isišu*) dans ses *napištu* (*ina napšâtišu*), mauvais signe. DA., p. 154, ll. 3, 4, 12, si un être difforme (*isbu*) sa langue dans ses *napištu* (*ina napšâtišu*) etc.—*kisillu* revient DA., p. 258, ll. 9 et 10.

P. 119. [cuneiform] = *zibu, digšu* peut difficilement être traduit par "os" comme l'a proposé dubitativement Myhrman, voir p. 154. Comme on le voit p. 116 l'*isku* peut être "tordu." DA., p. 218, l. 16 ; si du milieu du *meni* une pointe (appendice) tordue (*puttulu*) émerge (*ušarra*) ; *ušarra* de [Hebrew], Del., *H.W.*, p. 687 = pousser, sortir de terre. *digšu*, III R 57, 34, No. 5.

P. 121. *nakâpu*, DA., p. 262, l. 2 : si un serpent dans la rue tourne autour d'un homme de gauche à droite, il mourra d'un coup de corne de bœuf (*ina nikip alpi*).

P. 137. 83-1-18, 422 fait partie de K. 2086, etc., à en juger par ce que le Catalogue dit, Vol. IV, p. vii, de 83-1-18, 421.

P. 149, Col. IV, l. 4. Pour ce passage, qui rappelle un fait rapporté par Annaeus Florus au chapitre XI de son histoire, voir *P.S.B.A.*, 1903, p. 78. Les Dioscures Sin et Schamasch sont mentionnés plus haut, p. 53, l. 18.

P. 164. A propos des signes heureux qui ne sont pas d'un bon augure, voir Julius Obsequens, Prodigiorum libellus, XXXIX : aruspex non placere sibi exta respondit, quoniam prima trunca, *secunda nimis laeta apparuissent.*

P. 175. 𒀭𒌋 revient K. 196 (édit. Pinches), Col. 1, l. 20 : Si pendant qu'on pose les fondations de la maison une parole (𒀭𒌋) il (le dieu) prononce (*idbub*[8]), ou bien il (le dieu) répond (à l'homme dans son rêve, *ipul*) c'est un bon signe ; l. 21, si c'est une parole défavorable, mauvais signe.

P. 186. *ulluṣ libbi* comme en hébreu 1 Samuel ii, 1.

P. 192. *PAR* (= *šubtu*) est le nom d'un lieu, d'une partie fatidique de la victime, voir plus haut, p. 41, l. 3, p. 42, ll. 4, 6 et 7.

P. 211, l. 2. *arat* ou plutôt *arad* comme transcrit Thompson, (Reports of the Magicians), signifie chute, effondrement.[9]

---

[8] L'assyrien emploie toujours le passé dans ces propositions, où nous nous servons du présent. *Ḳaḳâḳu* (voir le haut de p. 175) paraît bien avoir le sens que Hunger lui donne dans les documents qu'il a traduits.

[9] Dans l'introduction (second fascicule) tracer le § 16 qui est entièrement erroné. K. 4030 (DA., p. 220) a trait à l'haruspicine. Lire à la note 2 de la page v : *šumma qaqqar mâti dâmi iḫîl*, etc., au lieu de : *enuma kišad mît iḫîl* et traduire : s le sol du pays de sang déborde, etc. Ce qui est dit au bas de la page iv à propos de K. 6292 est également faux. K. 6292 est identique à D.T. 49 traduit dans ce volume p. 65.

CORRECTIONS A MA PUBLICATION DES PRÉSAGES (DA.[1]).

Je n'ai malheureusement pu collationner ces textes et les quelques corrections, indiquées ici n'ont pas la prétention d'être complètes. J'en ai signalé un petit nombre dans le troisième fascicule, pp. II et III.

P. 2, l. 4 (à partir du haut de la page) lire ⟦cunéiforme⟧ (non ⟦cunéiforme⟧).

P. 4, ll. 4 et 8 (à partir du haut de la page) lire le dernier signe ⟦cunéiforme⟧ et non ⟦cunéiforme⟧.

P. 21, l. 8[2] (à partir du haut de la page) lire ⟦cunéiforme⟧ (non ⟦cunéiforme⟧) ⟦cunéiforme⟧.

P. 21, l. 13   „   „   „   „   ⟦cunéiforme⟧[3] un seul signe.

P. 22, l. 1   „   „   „   „   ⟦cunéiforme⟧ et non ⟦cunéiforme⟧ ?.

P. 23, l. 4   „   „   „   „   ⟦cunéiforme⟧ et non ⟦cunéiforme⟧ pour le dernier signe.

P. 25, l. 7 (à partir du haut de la page) lire ⟦cunéiforme⟧.

P. 26, l. 3   „   „   „   „   ⟦cunéiforme⟧ et non ⟦cunéiforme⟧.

P. 27, l. 1 (à partir du haut de la page) aucune lacune entre ⟦cunéiforme⟧ et ⟦cunéiforme⟧.[4]

P. 27, l. 3 (à partir du haut de la page) lire ⟦cunéiforme⟧ et non ⟦cunéiforme⟧ ?.

   „   l. 4   „   „   „   „   ⟦cunéiforme⟧ et non ⟦cunéiforme⟧ ?.

   „   l. 9   „   „   „   „   ⟦cunéiforme⟧ et non ⟦cunéiforme⟧ ?.

P. 28, l. 2   „   „   „   „   ⟦cunéiforme⟧ et non ⟦cunéiforme⟧.

   „   l. 4   „   „   „   „   ⟦cunéiforme⟧.

---

[1] Documents Assyriens relatifs aux Présages, 3 fascicules, Paris, 1894–1899, chez Emile Bouillon.

[2] K. 8035 est un duplicata, malheureusement sans importance, de K. 3962, comme me l'apprend une copie aimablement communiquée par M. Virolleaud.

[3] Dans tous les textes ces deux signes doivent être réunis en un seul.

[4] Le Recto et le Verso ont été intervertis dans mon édition, M. Pinches a eu l'amabilité de me signaler les corrections ci-jointes.

P. 28, l. 5 (à partir du haut de la page) lire 𒀭 et non 𒀭; 𒐊 et non 𒐊.[5]

P. 28, l. 6 „ „ „ „ 𒂍?.

„ l. 8 „ „ „ „ 𒁹 avant 𒁹, c'est le premier signe de la ligne ; 𒁹 𒀯 et non 𒀸.

P. 28, l. 11 (à partir du haut de la page) lire 𒐊 et non 𒐊.

„ l. 12 „ „ „ „ 𒁹 et non 𒁹, idem, l. 13 et l. 16 ; 𒁹[sic!] 𒁹[sic!].

P. 28, l. 15 (à partir du haut de la page) lire 𒂍 𒂍 et non 𒂍 𒂍 ; 𒂍 et non 𒂍.

P. 28, l. 17 (à partir du haut de la page) lire 𒁹 plutôt que 𒁹.

„ l. 18 „ „ „ „ 𒂍 et non 𒂍 ; 𒀯[sic!] 𒂍? 𒀯.

P. 28, l. 19 (à partir du haut de la page) lire 𒀯 𒂍 et 𒂍 au lieu de 𒂍.

P. 28, l. 20 (à partir du haut de la page) lire 𒂍 au lieu de 𒂍 ; le dernier signe est 𒀯.

VERSO.[6]

1. 𒀯 𒁹 𒁹 𒂍 𒀯

2. 𒀯 𒐊 𒂍 𒂍 𒀯

3. 𒀯 𒂍 𒀸 𒁹 𒂍 𒂍 𒀯

4. 𒀯 𒂍 𒀸 𒁹 𒀸 𒀸 𒀯

5. 𒀯 𒐉 𒂍 𒁹 𒀸 𒀯

6. 𒀯 𒐉 𒂍 𒁹 𒀸 𒀸 𒀯

8. Au lieu de 𒂍 lire 𒀯

9. „ „ 𒐈 (?) „ 𒀯

<hr>

[5] Pinches m'écrit : “This line is indented, as if it were a continuation of line 21.”

[6] C'est en réalité le Recto. Ayant omis deux lignes dans mon édition, je suis la numérotation du texte original d'après les corrections de M. Pinches. La ligne 5 de mon édition est donc la ligne 7 de l'original.

10. Au lieu de [cuneiform] [cuneiform] lire [cuneiform] [cuneiform]

12. „ „ [cuneiform]? [cuneiform] lire [cuneiform]

16. Le premier signe est [cuneiform]; à propos du signe [cuneiform]? M. Pinches m'écrit : "You are right with regard to the character you have queried, but the form is [cuneiform], and is rather interesting."

19. Le dernier signe [cuneiform] est douteux.

20. Après [cuneiform] on distingue [cuneiform].

22. Au lieu de [cuneiform]? [cuneiform]? lire [cuneiform], et au lieu de [cuneiform] lire [cuneiform].[7]

23. Dernier signe [cuneiform].

25. [cuneiform] [cuneiform] [cuneiform] [cuneiform] [cuneiform] [cuneiform] [cuneiform] [cuneiform] [cuneiform] [cuneiform] [cuneiform] [cuneiform]

26. [cuneiform] [cuneiform] [cuneiform] [cuneiform] [cuneiform] [cuneiform] [cuneiform] [cuneiform] [cuneiform] [cuneiform] [cuneiform]

P. 32 (Verso), l. 8. Au lieu de [cuneiform] lire peut-être [cuneiform] (Bezold[8]).

P. 34, l. 1. Aucune lacune entre [cuneiform] et [cuneiform].

„ l. 2. Au lieu de [cuneiform]? [cuneiform]? lire [cuneiform].

„ l. 3. Après [cuneiform] restituer [cuneiform].

„ l. 6. Lire [cuneiform] [cuneiform] [cuneiform] [cuneiform] et non [cuneiform] [cuneiform], etc.

„ l. 12. Lire [cuneiform] [cuneiform] [cuneiform] [cuneiform] [cuneiform] (au lieu de [cuneiform]) [cuneiform], etc.

P. 35, l. 1 (à partir du commencement de la page) [cuneiform] et non [cuneiform] [cuneiform]?.

P. 35, l. 2 „ „ „ „ lire [cuneiform] et non [cuneiform] [cuneiform].

P. 41, l. 1. [cuneiform] [cuneiform] au lieu de [cuneiform] [cuneiform]; [cuneiform] et non [cuneiform].

„ l. 10. Lire [cuneiform] et non [cuneiform].[9]

P. 42, l. 6. Au lieu de [cuneiform] lire [cuneiform] [cuneiform] (King[10]). La note 1 du bas de la page doit être biffée.

---

[7] [cuneiform].

[8] Voir le Catalogue.

[9] Ce texte a été publié depuis par Thompson dans *Reports of the Magicians* No. 256.

[10] *Babylonian Magic and Sorcery*, p. 64, note 1.

P. 43. K. 1352 donne une liste de tablettes relatives à la divination par l'examen des viscères,[11] comprenant deux groupes, l'un de 14 tablettes, l'autre de 17 tablettes. M. Bezold a eu la bonne idée de donner une reproduction photographique du Recto à la page 104, de son livre Ninive und Babylon, 1903, Leipzig.

P. 43, l. 4. ⟨signes⟩ est un seul signe ; ⟨signes⟩ et non ⟨signes⟩.

„ l. 5. Sur l'original on ne distingue aucune trace de signes avant ⟨signes⟩. Au lieu de ⟨signes⟩? lire ⟨signes⟩.

P. 43, l. 7. ⟨signes⟩, etc. ; avant ⟨signe⟩ tracer le signe ⟨signe⟩.

P. 43, l. 8. Au lieu de ⟨signe⟩ lire ⟨signe⟩.

„ l. 9. ⟨signes⟩ sic! ⟨signes⟩.

„ l. 10. ⟨signes⟩ au lieu de ⟨signes⟩? ⟨signe⟩.

„ l. 11. ⟨signe⟩.

„ l. 13. ⟨signes⟩.

„ l. 15. ⟨signe⟩ est un seul signe.

„ l. 16. Tracer ⟨signe⟩.

P. 44, l. 1 (à partir du commencement de la page[12]) ⟨signe⟩ et non ⟨signe⟩?

P. 44, l. 4. ⟨signe⟩ est un seul signe ; le dernier signe n'est pas ⟨signe⟩ mais doit être ⟨signe⟩ ou ⟨signe⟩.

P. 44, l. 5. ⟨signe⟩ est douteux, ne serait-ce pas plutôt ⟨signe⟩ ?

„ ~~l. 6. Au lieu de ⟨signe⟩ lire ⟨signe⟩ ou ⟨signe⟩, mais ⟨signe⟩ est de beaucoup la lecture la plus certaine.~~

P. 44, l. 11. ⟨signe⟩? plutôt que ⟨signe⟩.

„ l. 13. ⟨signe⟩ et non ⟨signe⟩.

„ l. 16. ⟨signe⟩ et non ⟨signe⟩?

„ ~~l. 17. ⟨signe⟩ et non ⟨signe⟩.~~

[11] M. Bezold regarde K. 1352 comme un "catalog zu zwei Sammlungen von Inschriften mit allerhand Vorbedeutungen."

[12] Cette ligne est la dernière du recto.

P. 45, l. 6. [cunéiforme].

„   l. 7. [cunéiforme].

„   l. 10. [cunéiforme].

„   l. 13. [cunéiforme] et non [cunéiforme].

P. 46, l. 3 (à partir du commencement de la page) [signe] est sûr.

„   Verso, l. 1. Premier signe [cunéiforme]; [cunéiforme] et non [cunéiforme].

„   „   l. 2. [cunéiforme] et non [cunéiforme].

„   „   l. 3. [cunéiforme]; [cunéiforme] et non [cunéiforme].

„   „   l. 5. [signe] est sûr ; dernier signe [cunéiforme].

P. 47, l. 10. [cunéiforme] doit être fautif, n'est-ce pas [signe] ?

„   l. 11. Au lieu de [cunéiforme] après [cunéiforme] lire plutôt [cunéiforme] = 16.

„   l. 13. [cunéiforme] et non [cunéiforme].

„   l. 14. [cunéiforme] et non [cunéiforme] ; [cunéiforme] plutôt que [cunéiforme].

P. 47, l. 15. La note du bas de la page est à biffer.

P. 48, l. 1. [cunéiforme] et non [cunéiforme].

„   l. 2. [signe] est fautif, il doit y avoir le signe [cunéiforme] ou [cunéiforme] ou [cunéiforme].

P. 69, l. 5. [cunéiforme].

„   l. 9. [cunéiforme] et non [cunéiforme], de même aux ll. 11 et 13.

P. 70, l. 5. [cunéiforme] et non [cunéiforme].

„   l. 6. [cunéiforme] et non [cunéiforme].

P. 73, l. 26. [cunéiforme] et non [cunéiforme], idem, l. 27.

P. 76, l. 32. [cunéiforme] est impossible ; [cunéiforme] ou [cunéiforme] ?

„   l. 34. Après [cunéiforme] lire [cunéiforme] plutôt que [cunéiforme].

P. 77, l. 42. [cunéiforme] plutôt que [cunéiforme] ?

P. 80, l. 1. [cunéiforme] est fautif, il faut lire [cunéiforme].

„   l. 3. Au lieu de [cunéiforme] je crois qu'il faut lire [cunéiforme].[13]

[13] Voir p. 127, l. 15, et DA., p. 233, l. 8.

P. 80, l. 5. 〔cunéiforme〕, etc.

„ l. 9. 〔cunéiforme〕.

„ l. 14. 〔cunéiforme〕?, etc.[14]

P. 81, l. 19. Aucune lacune sans doute entre 〔cunéiforme〕 et 〔cunéiforme〕.

„ 20. 〔cunéiforme〕 est presque sûr.

„ l. 22. Au lieu de 〔cunéiforme〕? lire 〔cunéiforme〕.

„ l. 23. 〔cunéiforme〕, etc.

P. 82, l. 7. 〔cunéiforme〕? ou 〔cunéiforme〕?.

P. 88, l. 1. 〔cunéiforme〕.

P. 93, l. 17. 〔cunéiforme〕 me paraît étrange, voir p. 85, l. 2.

P. 96, l. 13. 〔cunéiforme〕 après 〔cunéiforme〕.

P. 97, l. 11. 〔cunéiforme〕.

P. 107, l. 4. Dernier signe 〔cunéiforme〕 qui termine la phrase, au lieu de 〔cunéiforme〕.

P. 110, l. 18. 〔cunéiforme〕, etc.

P. 112, l. 14. Aucune lacune entre 〔cunéiforme〕 et 〔cunéiforme〕.

„ l. 17. 〔cunéiforme〕sic!.

„ l. 18. 〔cunéiforme〕sic! 〔cunéiforme〕, etc. ; 〔cunéiforme〕 un seul signe.

„ l. 21. 〔cunéiforme〕 et non 〔cunéiforme〕.

P. 114, l. 20. 〔cunéiforme〕 et non 〔cunéiforme〕?.

P. 115, l. 6. 〔cunéiforme〕.

„ l. 8. 〔cunéiforme〕 [〔cunéiforme〕] 〔cunéiforme〕, etc. (voir p. 110, l. 17).

P. 116, l. 27. Les signes 〔cunéiforme〕 sont peu probables.

P. 122, l. 4. La fin de la ligne est mutilée.

P. 124, l. 17. 〔cunéiforme〕 et non 〔cunéiforme〕?.

P. 129, l. 2. 〔cunéiforme〕? 〔cunéiforme〕.[15]

---

[14] DT. 54 : 〔cunéiforme〕, etc.

[15] *taqtît pale* = fin du règne ; *taqtîtu* vient de *qatû*, Del., *H. W.*, p. 599 ; c'est un mot formé comme *taṣlîtu*, prière, Del., *A. G.*, p. 174 ; DA., p. 174, l. 39, *ta-aq-ti-it*.

P. 134, l. 5. 𒀭 plutôt que 𒀭.

P. 141, l. 7. 𒀭 au lieu de 𒀭 ?

„   l. 8. 𒀭 au lieu de 𒀭 ?

„   l. 14. Entre 𒀭 et 𒀭 restituer 𒀭.

P. 142, l. 7. *mâtu inniŝima*, IV$_1$ de *eŝû* ; restituer 𒀭, voir p. 174, l. 6.

P. 144, l. 23. 𒀭 𒀭 𒀭 𒀭[sic!], etc.

P. 145, l. 25. 𒀭 𒀭 𒀭 𒀭 𒀭, etc.[16]

P. 146, l. 26. 𒀭 𒀭 𒀭 𒀭, etc.

„   l. 33. Après 𒀭 lire 𒀭[17] 𒀭 𒀭 𒀭.

P. 148, l. 33. 𒀭 et non 𒀭, idem, l. 35 et l. 36.

„   l. 35. 𒀭 𒀭 est un seul signe, idem, l. 37.[18]

P. 150, l. 9. 𒀭 et non 𒀭, idem, l. 12.

„   l. 16. 𒀭 et non 𒀭, idem, l. 18.

P. 153, dernière ligne du verso. Les trois derniers signes me paraissent être 𒀭.

P. 157, l. 5. 𒀭 et non 𒀭.

P. 164, l. 4. 𒀭 𒀭.

„   l. 6. 𒀭 ? au lieu de 𒀭 ?

P. 166. Comme l'a reconnu M. Virolleaud, K. 2144 est un duplicata de K. 4031 ; d'après une copie qu'il m'a aimablement communiquée, je vois que la ligne 11 de p. 167 a pour correspondante dans K. 2144 . . . . 𒀭 𒀭 𒀭 𒀭 𒀭 𒀭 𒀭 𒀭 𒀭[𒀭 𒀭]𒀭 𒀭 et la ligne 12 de p. 167 [𒀭]𒀭 𒀭 𒀭 𒀭 𒀭 𒀭 𒀭 𒀭 [𒀭]𒀭. A noter encore ces deux phrases dans K. 2144, [Si un *isbu* (être difforme[19]) a tel ou tel organe commun] avec le chien 𒀭 𒀭 𒀭 𒀭 𒀭 𒀭 𒀭 𒀭 (*mâtu ippira iŝaddad*)

---

[16] Il ne faut pas lire III R 65, 6 a, comme Del., *H. W.*, p. 704 : *mu-diŝ-ŝu*, mais : *ina tcḫi-ŝu te-ḫa-a-al*.

[17] A moins que nous ayons la transcription phonétique de cet idéogramme commençant par : *ba* . . .

[18] Idem, p. 150, l. 11 et ailleurs.   [19] Jensen, *K.B.* VI, 343.

le pays l'épuisement entraînera (attirera).[20]   Dans un autre cas il est dit : *šarru mâtsu ina IS . KU ušamqat*,[21] c'est-à-dire, le roi par la guerre ruinera son pays.

P. 175, l. 32. ⸢cunéiforme⸣ après ⸢cunéiforme⸣ est peu probable ; est-ce ⸢cunéiforme⸣ ?.

P. 183, l. 7. Au lieu de ⸢cunéiforme⸣ lire ⸢cunéiforme⸣.

P. 186. Thompson a republié K. 749 dans ses Astrological Reports,[22] No. 277 ; y-a-t-il vraiment ⸢cunéiforme⸣ à la fin de la ligne 10 sur l'original ?

P. 193, l. 28. ⸢cunéiforme⸣ et non ⸢cunéiforme⸣.

P. 194, l. 29.   „   „

P. 196, l. 2. ⸢cunéiforme⸣ et non ⸢cunéiforme⸣.

P. 214, l. 35. N'est-ce pas ⸢cunéiforme⸣ plutôt que ⸢cunéiforme⸣ ?

P. 216, l. 30. ⸢cunéiforme⸣ au lieu de ⸢cunéiforme⸣.

P. 221, l. 14. ⸢cunéiforme⸣ après ⸢cunéiforme⸣ est certain.

P. 223, l. 18. ⸢cunéiforme⸣ (?) au lieu de ⸢cunéiforme⸣, idem, ll. 19, 20, 21.

P. 228, l. 47. ⸢cunéiforme⸣, etc.

P. 235, l. 2 et suivantes. Pour les corrections, voir plus haut, p. 58.[23]   K. 4050 est un duplicata de ce document.   Il faut selon toute probabilité compléter ainsi DA., p. 236, l. 23 et suivantes :

23. ⸢cunéiforme⸣

24. ⸢cunéiforme⸣

25. ⸢cunéiforme⸣

---

[20] *ippiri* : Jensen, *K.B.*, VI, p. 424 et p. 442.

[21] DA., p. 198, l. 9, *unnaš* = il affaiblira.

[22] Thompson ne connaissait pas ma publication, qui cependant peut être consultée dans la bibliothèque du British Museum.

[23] Lire au haut de la page 59 : l. 14 et non l. 17.

26. [cuneiform]

27. [cuneiform] [24]

P. 242. La note 1 du bas de la page est à biffer.

P. 244. Lorsque j'ai copié Sm. 951 je ne connaissais pas K. 3687 qui s'est révélé comme en faisant partie. Voir Catalogue, Vol. IV, p. viii.

[24] Pour ce genre de textes consulter les Fragments de Textes Divinatoires publiés par Virolleaud, Londres, 1903.

INDEX DES TABLETTES INÉDITES OU DÉJA PUBLIÉES QUI SONT TRADUITES OU SEULEMENT MENTIONNÉES DANS CE VOLUME.

[1] Samuel Alden Smith : *Die Keilschrifttexte Asurbanipals*, Heft III.

[2] A. Boissier : *Documents Assyriens relatifs aux présages.* Paris (E. Bouillon), 1894-1899.

[1] Ch. Virolleaud : *Fragments de Textes Divinatoires Assyriens du Musée Britannique.* Londres, 1903. Harrison et Fils.

[1] *Cuneiform Texts from Babylonian Tablets.* Part VI. 1898. Voir ma Note sur un Monument Babylonien se rapportant à l'extispicine." Genève, 1899.

HARRISON AND SONS, PRINTERS IN ORDINARY TO HIS MAJESTY, ST. MARTIN'S LANE. LONDON.